校企合作财经商贸专业系列丛书
互联网+创新型“十四五”精品教材

供应链与物流管理

（微课版）

主　编　华春革　刘彭恺　刘红娟
副主编　秦　鹏　钱　盈　刘凤琴　刘永锋

哈尔滨工程大学出版社
Harbin Engineering University Press

内 容 简 介

本书共十个项目，主要包括物流管理概述、供应链管理概述、采购与供应物流、仓储管理和库存控制、销售与配送管理、需求预测计划、物流与供应链管理战略及规划、供应链与物流管理的绩效控制、电子商务下的供应链与物流管理、物流与供应链数字技术等内容。

本书可作为职业院校财经商贸相关专业的教材，也可作为相关领域的管理人员和技术人员阅读参考。

图书在版编目（CIP）数据

供应链与物流管理 ： 微课版 / 华春革，刘彭恺，刘红娟主编. -- 哈尔滨 ： 哈尔滨工程大学出版社，2024.6. -- ISBN 978-7-5661-4463-8

Ⅰ. F252.1

中国国家版本馆 CIP 数据核字第 2024UZ5473 号

供应链与物流管理（微课版）

GONGYINGLIAN YU WULIU GUANLI（WEIKE BAN）

策划编辑 张林峰

责任编辑 章银武

出版发行 哈尔滨工程大学出版社

社　　址 哈尔滨市南岗区南通大街 145 号

邮政编码 150001

发行电话 0451-82519328

传　　真 0451-82519699

经　　销 新华书店

印　　刷 唐山唐文印刷有限公司

开　　本 787 mm×1 092 mm　1/16

印　　张 14.5

字　　数 371 千字

版　　次 2024 年 6 月第 1 版

印　　次 2024 年 6 月第 1 次印刷

书　　号 ISBN 978-7-5661-4463-8

定　　价 49.80 元

http://www.hrbeupress.com

E-mail:heupress@hrbeu.edu.cn

前　言

党的二十大报告指出，建设现代化产业体系。坚持把发展经济的着力点放在实体经济上，推进新型工业化，加快建设制造强国、质量强国、航天强国、交通强国、网络强国、数字中国。

在全球化和数字化进程加速的今天，供应链和物流管理已逐渐成为企业成功的核心要素。无论是制造业、零售业还是服务业，均需依托高效的供应链和物流管理体系，以保障生产与交付流程的顺畅，精准满足客户需求，并持续保持竞争优势。

我国现代供应链作为经济发展的重要组织形态，不仅是推动中国经济供给侧结构性改革的关键手段，更是促进经济高质量发展的核心驱动力。此外，现代供应链还是保障国家经济安全稳定的重要基石，对实现“以国内大循环为主，国内国际双循环相互促进”的新发展格局具有深远意义。

本书旨在提供一个全面而实用的指南，帮助读者应对供应链和物流挑战，优化运作，提高效率和竞争力。本书特点如下。

（1）结构新颖、模块丰富。本书在每个项目中都安排了案例导入、知识扩展、课后实践等内容，不但增强学习者的学习动力，而且更易于在发散拓展中激发出创造性的思维火花，从而提升课堂参与度和思维活跃度，体现了以学习者为主体的指导思想。

（2）理论与实践结合。本书既介绍了供应链和物流管理的基本原理和理论框架，又以实际案例和应用场景为基础。读者可以通过实际案例了解供应链与物流管理在不同行业和组织中的应用，并学习如何解决实际问题。

（3）国际化视野。考虑到供应链和物流管理的全球化特点，本书还注重介绍国际供应链和跨国物流管理的概念和策略。读者可以了解全球供应链和物流网络的构建与管理，以及国际物流运作中的挑战和机遇。

本书由华春革（上海民航职业技术学院）、刘彭恺（西北政法大学外国语学院）、刘红娟（西安汽车职业大学）担任主编，由秦鹏（郑州智能科技职业学院）、钱盈（合肥经济职业技术学院）、刘凤琴（昆明市官渡区职业高级中学）、刘永锋（赣州职业技术学院）担任副主编。本书相关资料和售后服务可扫描封底微信二维码或登录 www.bjzzwh.com 下载获得。

在编写本书过程中参考了大量资料，在此向相关人员表示感谢。由于编者水平有限，书中难免存在不足之处，恳请广大读者批评指正并提出宝贵意见。

编　者

目　录　CONTENTS

项目一 物流管理概述

项目导读

物流管理是企业管理的重要组成部分，旨在通过对物品从供应地向接收地的实体流动过程进行计划、组织、协调和控制，以满足客户的需求。物流管理涵盖了运输、储存、包装、装卸搬运、流通加工和信息处理等多个环节，其目标是降低成本、提高效率、优化服务，从而为企业创造价值。在现代物流管理中，需要注重信息化、网络化、智能化等特征，同时要关注新兴领域的发展，以实现物流系统的优化和升级。物流管理需要综合考虑物品、场所、时间、成本、信息等要素，以及不同类型的物流的运作特点和需求，采取不同的管理方法。总之，物流管理是企业管理中不可或缺的一部分，需要不断优化和创新，以适应不断变化的市场环境。

学习目标

知识目标

(1) 了解物流的概念和分类。

(2) 掌握物流的功能。

(3) 了解物流的价值与意义。

(4) 了解物流系统的组成和构成。

技能目标

(1) 能够设计并实施企业物流系统。

(2) 能够分析和解决物流系统中的问题并提出优化方案。

(3) 能够运用物流信息化管理工具进行数据管理和分析。

(4) 能够选择和优化物流系统的供应商和合作伙伴。

素质目标

(1) 提高学生的责任感和使命感，能够承担物流系统运营所带来的社会责任。

(2) 提高学生的组织协调能力和团队合作意识，在物流系统协调与合作中表现优秀。

(3) 提高学生的学习能力和适应能力，不断学习和掌握新的物流技术和管理理念。

思政目标

(1) 提高学生的文化素养，始终坚持科学合理、经验借鉴的原则，提高物流系统的管理水平。

(2) 提高学生的社会责任意识和创新精神，追求企业的长期发展，实现企业社会效益和经济效益的统一。

(3) 提高学生的全面发展意识，不断提高经营管理水平及国际竞争力，使企业在全球经济中占有优势地位。

案例导入

易流科技的智慧物流系统

深圳市易流科技股份有限公司（易流科技）提出了“物流透明”的理念。此理念依托于各类硬件与传感器，对车辆位置等物理数据进行全面采集，进而为公路运输的供需双方提供数据化的服务。

这里所指的物理数据的核心是关于人（司机）、车（含厢）、货、仓等实体的信息。在货物从出库到入库的整个过程中，易流科技利用多种硬件与传感器，如摄像头、GPS、电子锁、门磁、油尺、追货宝、甩挂终端等，对各类物理数据进行采集。这些数据通过信息系统实现可视化，从而对司机、车辆和货物实施有效的安全监控。

在货物安全监控方面，易流科技采取了不同于传统货运安保押运的方法。该方法针对运输流程中的关键节点与行为进行识别，从基本逻辑出发保障货物安全。例如，正常情况下，厢式货车在运输途中是不允许打开后厢门的。如果后厢门被非正常打开，很可能存在货物被调包的风险。为此，易流科技的解决方案是“事先规划路线，标注定点区域”。通过后厢摄像头、GPS 终端、门磁等设备记录每一次开门和货物装卸的场景，若在非定点区域发生货物操作，系统会立即发出警示。

这一方案成功帮助 3C 企业和化妆品企业解决了货物偷盗问题；同时，也为牛奶品牌商实现了从产奶到工厂灌装环节的全程监控，确保了食品安全。在司机与车辆的安全监控方面，易流科技在电子地图上标明了弯道预警路段。当司机靠近这些区域时，系统会自动提醒其减速，从而有效地降低了事故发生的概率。

举一个例子：易流科技在与一家从事保税区运输业务的客户合作时，发现运输环节各参与方之间的单据流转方式非常落后，主要依赖于电话和纸质表格，流程间也缺乏协同，导致错误率较高。为了解决这一问题，易流科技为客户定制了一个简单的应用，将报关作业指令整合至信息系统。通过系统与互联网的对接，大幅降低了业务流转中的错误率，赢得了客户的赞赏。

这一成功的实践促使易流科技认识到，除了物理层面的透明外，业务层面的透明也是提高物流效率的重要因素。因此，他们对物流透明的概念进行了延伸。除了物理信息的透明定义为物流透明 1.0 外，业务信息的透明被定义为物流透明 2.0。

物流透明 2.0 具体涵盖了物流单据流转过程的信息透明、出库、入库、装车、卸货、分拨、配送等各个环节的信息透明以及物流网络节点的信息透明。为了实现这一目标，易流科技利用信息系统与互联网打破信息孤岛现象，整合不同主体的业务数据，通过数据的整合与分析来挖掘效率提升的空间。为了提供相应的物流服务，他们推出了两大 SaaS 平台：运输过程透明管理服务 SaaS 平台和供应链物流服务 SaaS 平台，包括以下方面。

1. 利用积累的物流数据为客户绘制画像

基于 SaaS 平台中积累的海量物理数据和业务数据，易流科技通过车型、业务动态、合作公司信息、月均里程及承运次数、常驻城市及常跑线路等指标为每辆车贴上业务标签和运距标签；同时通过准驾车型、驾龄、车载设备数据等信息建模生成司机驾驶行为，进而对其保险系数、业务水平进行评级；此外还通过业务模式、主要客户、规模、地域、运力等情况对物流企业进行画像。

2. 智能配载和调度

易流科技将前期积累的海量数据作为训练集，通过智能算法的使用建立模型：在输入运单集合后，模型能够在不同运单类型、货品属性、出车地点、装车要求等多维度约束条件下进行动态路由拆分、运单归类、运单捆绑和配装选车，最终输出优化的配载和调度方案。经过优化之后，对于运力池中的自有车、承运商、熟车、常包车和临时车，车辆载重和载积的综合利用率明显提高，空驶率显著降低，等货时间明显减少，发货方和承运方都能从中受益。

3. 路径优化

易流科技选择与阿里云大数据计算平台（ODPS）合作，利用后者的路径优化引擎来进行路径优化。

任务一　物流的概念

一、物流的基本知识

物流概述

作为商品交换的媒介，商业的产生和发展不仅造就了一个新兴、独立的行业，而且对社会经济生活产生了十分深远的影响。在社会化大生产条件下，生产者所需的原材料要通过一定的方式进入生产流程，经营者所购买的商品要通过一定的途径到达消费环节，这就有了物流产生的经济动因。长期以来，人们将物流视作产销过程中一个必不可少的环节。要实现生产过程的连续，完成从商品到货币的惊险跳跃，物流不可或缺。

虽然物流业在很早以前就产生了，但它在以往的商业活动中扮演着默默无闻的角色，并未引起社会和企业界太多的关注，这也导致其发展缓慢。随着企业经营管理理念的变化，以及电子商务的兴起和蓬勃发展，企业界迅速将注意力转向物流业，第三方物流蓬勃发展，现代物流业进入了一个飞速成长的黄金时期。

物流是供应链动作中，以满足客户要求为目的，对货物、服务和相关信息在产出地和销售地之间实现高效率和低成本的正向和反向的流动和储存，所进行的计划、执行和控制的过程。

物流综合了运输、存货、管理、仓储、搬运及包装等相关活动，如图 1-1 所示，包括在整个供应链（从供应商开始一直到客户）的流动的成本与服务水平之间的权衡取舍。

同时，物流包含效率和效益两方面，物流管理的最终目的是满足客户的需求，实现企业的目标。

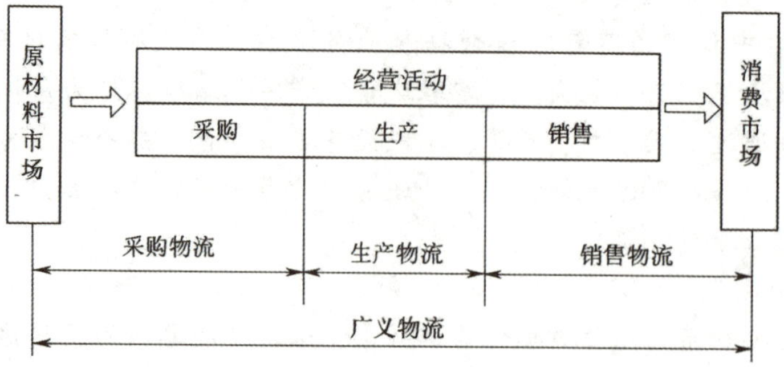

图 1-1　物流的构成

物流管理包含一系列的活动，包括运输、仓储、包装、物料搬运、存货控制、订单处理、需求预测、生产计划、采购、客户服务、工厂和仓库选址、物品回收、零部件及服务保障、废品处理等。企业也可能把上列的一些活动不完全包括在物流部门之下，如强调产成品物流的企业，可以不把采购包括在物流部门之内。总的来说，随着全球经济发展及对物流的重视，物流管理所包含的范围也在不断增加。

在物流内涵中，七个“恰当”（7R）是物流概念的通俗表达，即恰当的产品（right product）、恰当的数量（right quantity）、恰当的条件（right condition）、恰当的地点（right place）、恰当的时间（right time）、恰当的顾客（right customer）、恰当的成本（right cost）。七个恰当指出了物流的基本活动，强调空间和时间的重要性，也强调了成本与服务的重要性。当物流系统发生变化时，物流管理者应不断评价成本与服务水平的恰当性。

现代物流是一个挑战与机遇共存的领域，它包括诸多作业领域的综合管理。在这些作业领域内，又含有一系列不同的具体作业任务。物流管理的任务就是把这些具体作业任务有效地组合起来。物流管理既富有挑战性，同时又是一项具有高回报的专业工作。

知识拓展

物流的产生

物流的产生可以追溯到 19 世纪初，美国经济学家提出物的流通的概念，但真正的、完整的物流概念和理论是在第二次世界大战中形成的。

事实上，物流是随着商品的出现而产生的，随着市场经济的完善而发展的。20 世纪初，在一些发达国家，生产力发展到了比较高的水平，企业生产出来的产品不一定都能分销出去，市场竞争加剧，而且再提高生产技术已经有一定的难度。这时，人们不得不关心分销工作，希望通过改进分销模式来打开市场、降低分销成本、提高流通的经济效益。由此，人们才逐渐关注分销物流，物流的概念也开始萌芽。

最早关于物流的概念是 1915 年由阿奇·萧（Arch W. Shaw）提出的。他在《市场分销中的若干问题》一文中首次提出了 physical distribution 的概念。有的人把它翻译成“实物分销”，也有的翻译成“物流”，这就是最早的物流的概念。

1935年，美国销售协会进一步阐述了物流（physical distribution，PD）的概念："物流是包含于销售之中的物质资料和服务在从生产场所到消费场所的流动过程中所伴随的种种经济活动。"

第二次世界大战后，西方经济进一步发展，生产力水平不断提高，需求规模持续扩大，市场竞争进一步加剧，进入了大量生产、大量销售时期。这时候，为了进一步扩大市场占有率、降低流通成本，企业和社会就更加关注物流，把军事后勤管理的理论引入到经济部门，应用于流通领域和生产经营管理全过程中所有的与物品获取、运送、存储、分销等有关的活动，取得了很好的效果。

到了20世纪80年代末，人们已经对物流概念有了较全面深刻的认识，认为原来的"physical distribution"作为物流的概念，已经不够确切。因为它只能描述分销物流，而实际上物流不仅包括分销物流，而且包括购进物流、生产（制造）物流、回收物流、废弃物流、再生物流等，应该是一个闭环的全过程，就像军事后勤管理（logistics management）所包含的内容一样广泛。

在20世纪90年代初，人们逐渐把"logistics"作为物流的概念。此后，logistics逐渐取代PD，成为物流的概念和英文名词。日本物流界使用logistics读音构成的外来语作为物流的概念名称，以此和汉字表达的"物流"相区别，这是物流科学走向成熟的标志。

我国自20世纪90年代以来，虽然仍叫"物流"，但是翻译成英文时都一概用"logistics"，而不用"physical distribution"了。20世纪90年代中期，我国市场经济发展达到一定程度，特别是电子商务的出现与发展，把物流推向一个崭新的发展阶段，形成了自90年代末以来不断升温的"物流热"。企业界开始认识物流在企业发展中的作用，对物流的研究也从理论范畴走向生产领域。1996年，为满足宝洁公司物流配送的需要而成立的宝供物流公司，标志着我国专业物流企业——第三方物流企业的诞生。

二、物流的构成要素

在企业的生产经营过程中，物流通过实现原材料、在制品、产成品等物的流动，成为满足客户需求的基础性活动。

一般来讲，物流的构成要素主要包括以下七个方面。

1. 运输

运输（图1-2）是物流各环节中最重要的部分，也是物流的关键。有人将运输作为物流的代名词。运输包括公路运输、铁路运输、水路运输、航空运输、管道运输等。没有运输，物品只有存在价值，没有使用价值。也就是说，如果不通过运输送至消费者并进行消费，生产出来的产品没有被利用，也就没有产生使用价值。如果没有运输连接生产和消费，生产就会失去意义。

运输可以划分为两段：一段是从产地到流通据点的运输，此段的批量比较大，品种比较单一，运距比较长；另一段是从流通据点到用户的运输，一般称为"配送"，是根据用户的要求，将各类商品按不同类别、不同配送方向和不同用户进行分类、拣选、组配、装箱，按用户要求的品种、数量配齐后送至用户，其实质在于"配齐"和"送达"。

图 1-2 运输

案例导入

国外的豆腐为什么这么贵

在我国的饮食文化中，人们对豆腐的喜爱是众所周知的。豆腐的多样性及风味令人称赞，它具有豆脂的清香，且在烹饪过程中能完美地与其他食材的味道融合，既可制作出清爽口感，也可烹饪出浓郁风味，这种“刚柔并济”的特点使其深受广大国人的喜爱。

然而，在国外想要品尝到新鲜的豆腐却并非易事。以瑞典林雪平大学为例，当地市场鲜有新鲜豆腐供应。值得庆幸的是，一位华人司机每周一次从中国载运各类中国商品，其中也包括新鲜的豆腐，为当地华人提供了这一地道的美食。尽管豆腐具有鲜明的中国特色，但其价格在两地之间却存在显著差异。在我国，一块普通的豆腐仅需两三元，而在瑞典林雪平，折合成人民币后，其价格高达十元，翻了三四倍。

那么，究竟是什么原因导致了这两地的豆腐价格存在如此大的差异呢？除了渠道加价和商家利润提成等因素外，物流成本也是一个不可忽视的因素。为了确保瑞典华人能够品尝到新鲜的豆腐，中国豆腐在出口过程中需要进行必要的包装，并采用冷藏方式从中国运输至瑞典。由于运输距离、物流环节及运输时间的差异，豆腐的物流成本相应增加。

类似的情况还发生在许多其他产品上。数据显示，制造业生产一瓶矿泉水仅需几分钟，而从生产线运送到超市直至消费者消费完毕，平均需要一个多月的时间。这一期间既是流通环节的时间，也是物流成本发生的时间。对于任何一家生产企业而言，物流成本问题都不可回避，它对企业的相关决策具有重要影响。

2. 保管

保管是物流各大环节中十分重要的组成部分。它是在产品离开生产线到最终消费之前存放、保养、维护和管理的过程，也是克服季节性与时间性间隔、创造时间效益的活动。虽然人们希望产品在生产出来后能马上使用，且物流的时间间隔（即存放、保管的时间）能缩短到零，但这几乎是不可能的。即便是从产地到用户的直达运输，在用户那里也要有一段时间的存放过程，因此保管功能必不可少。为了防止自然灾害、战争、地震、海啸等不可抗拒事件的发生，还需要进行战略性储备。

在经济不发达、物资短缺的时代，保管往往是长期储备、储存和仓储的代名词。随着时代的进步、经济的发展，特别是运用以计算机为核心的信息技术以来，为了减少流通环节，节约物流费用，仓库的作用发生了根本性的变化，其主要功能已由保管转为流通。

在现代经济社会，经济发达国家的仓库大都变成了物流中心（图 1-3）、配送中心、物流据点和流通中心。生产企业可以从仓库了解到自己的产品流转速度和周转率，从而知晓什么产品畅销、什么产品滞销，由此决定哪些产品需要增产，哪些产品应减产等，把保管作为信息源，根据保管的各种数据决定是否生产和促进销售。也就是说，保管还具有信息功能。

图 1-3　物流中心

3. 包装

包装大体划分为两类：一类是工业包装，也叫运输包装或大包装，如图 1-4 所示；另一类是商业包装，也叫销售包装或小包装，如图 1-5 所示。工业包装的对象有煤炭、矿石、棉花、粮食等。工业包装的原则是便于运输、装卸和保管，能保质、保量和促销。在产品设计阶段，还要考虑包装的合理性、搬运装卸和运输的效率性以及尊重搬运工人的能力（如每个包装单位不超过 24 千克，大众也可以承受）等。商业包装的主要目的则是促进销售，即用精细、考究的包装吸引消费者购买产品。

图 1-4　运输包装

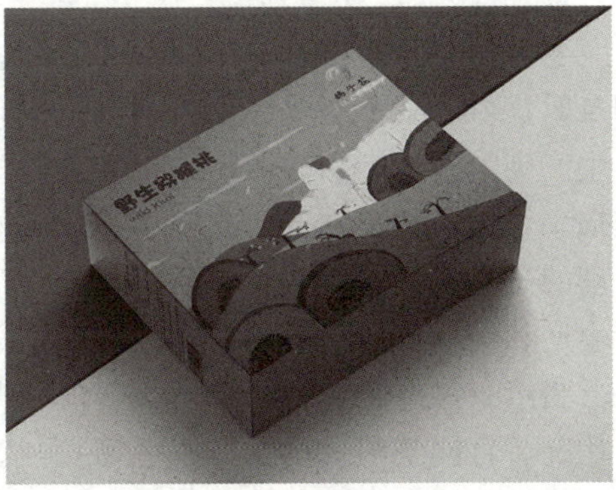

图 1-5　商业包装

由此看来，包装的功能和作用不可低估，包装是保证整个物流系统流程顺畅的重要环节之一。

4. 装卸搬运

装卸搬运是物流各环节连接成一体的接口，是运输、保管、包装等物流作业得以顺利实现的根本保证，如图 1-6 所示。装卸搬运的质量与效率是整个物流过程的关键所在。

如果装卸搬运的工具、设施、设备落后，搬运装卸效率低，商品流转时间就会延长，商品可能会破损，导致物流成本增加，影响整个物流过程的质量。装卸搬运的功能是连接运输、保管和包装各个系统的接点，该接点的质量直接关系到整个物流系统的质量和效率。如果装卸搬运环节出了问题，物流的其他环节就会中断。

图 1-6　装卸搬运

5. 流通加工

流通加工是产品从生产到消费的一种加工活动或者初加工活动。它是社会化分工、专业化生产的新形式，是使产品发生物理性变化（如大小、形状、数量等的变化）的物流方式。通过流通加工，企业可以节约材料，提高成品率，保证供货质量，更好地为客户服务。流通加工是物流过程中“质”的升华，使流通向更深层次发展。所以，流通加工的作用同样不可低估。

6. 发货配送

发货配送（图 1-7）是企业按照客户要求进行货物配备并送交客户的过程，其中商流与物流的紧密结合是物流管理过程成功的重要保证。发货配送不是物流管理过程下游的孤立环节，它关联着很多其他的物流功能要素，如包装加工、分拣配货、装卸搬运，会产生大量的信息反馈和交互，十分复杂，所以有必要将其作为独立的功能要素。

图 1-7　发货配送

7. 信息

物流信息是连接运输、保管、装卸、包装各环节的纽带。没有各环节物流信息的通畅和及时提供，就不能保证物流活动的时间效率和管理效率，更不用说物流的整体效率了。从生产到消费，产品的运输数量和品种、库存数量和品种、装卸质量和速度、包装形态和破损率等信息都是物流活动质量和效率的保证，准确掌握物流各环节的信息，是做好物流管理的先决条件。企业应不断地收集、筛选、加工、研究、分析各类信息，以此为依据判断生产和销售方向，制定企业经营战略。

当然，做好企业经营管理，仅仅掌握物流信息是不够的，同行业企业商流信息（如销售状况、合同签约、批发与零售等）、物流信息，乃至一个国家的政治、经济、文化信息，包括政治事件、经济政策、重大项目计划、股市行情、金融及保险业现状、国民经济重要指标、失业率等，都是企业经营所必须掌握的信息。

综上所述，物流信息功能是物流活动顺畅进行的保障，是物流活动取得高效益的前提，是企业管理和经营决策的依据。充分掌握物流信息，能使企业减少浪费、节约费用、降低成本、提高服务质量，确保企业在激烈的市场竞争中立于不败之地。

三、物流的分类

社会经济领域中的物流活动无处不在，许多有本身特点的领域都有自己特定的物流活动。虽然物流的基本要素共同存在，但是由于物流的对象、目的、范围、范畴不同，形成了不同类型的物流。

1. 按照实用范围和针对对象分类

（1）宏观物流

宏观物流是社会再生产总体的物流活动，也是从社会再生产总体角度认识和研究的物流活动。这种物流活动的参与者是构成社会总体的大产业和大集团，因此，宏观物流研究的是社会再生产总体的物流及产业、集团的物流活动和物流行为。

宏观物流还可以从空间范畴理解，在很大空间范畴的物流活动往往带有宏观性，在很小空间范畴的物流活动往往带有微观性。宏观物流的主要研究内容是物流总体构成、物流与社会的关系及其在社会中的地位、物流与经济发展的关系、社会物流系统和国际物流系统的建立和运作等。

（2）微观物流

微观物流是指消费者、生产者和企业所从事的实际的、具体的物流活动；在整个物流活动之中，某个局部、某个环节的具体物流活动也属于微观物流；在一个小地域空间发生的具体的物流活动也属于微观物流；针对某一种具体产品所进行的物流活动也是微观物流。如企业物流、生产物流、供应物流、销售物流、回收物流、废弃物物流、生活物流等均属微观物流。微观物流研究的特点是具体性和局限性。由此可见，微观物流更贴近具体企业的物流。其研究领域十分广阔。

2. 按照性质分类

（1）社会物流

社会物流是指超越一家一户、以社会为范畴、以面向社会为目的的物流。这种社会性很强的物流往往由专门的物流承担人负责。社会物流的范畴是社会经济大领域。社会物流研究的是再生产过程中发生的物流活动和国民经济中的物流活动，研究如何形成服务于社会、面向社会又在社会环境中运行的物流，以及社会中物流体系的结构和运行，因此带有宏观性和广泛性。

（2）企业物流

企业物流是指企业这一特定社会主体的物流活动，也是从企业的角度研究与之有关的物流活动。它是具体的、微观的物流活动的典型领域，包括企业生产物流、企业供应物流、企业销售物流、企业回收物流和企业废弃物物流。

① 企业生产物流

企业生产物流是指企业在生产过程中的物流活动。这种物流活动是伴随整个生产工艺过程产生的，实际上构成了生产工艺过程的一部分。企业生产物流的过程大体为：原料、零部件、燃料等从企业仓库或公司的“大门”开始，进入生产线的开始端，然后随生产加工过程流入各环节并被加工，同时产生一些废料和余料，直到生产加工过程结束，再运送到成品仓库。

在此之前，人们在研究生产活动时主要注重生产加工的各个过程，往往忽视了将各生产加工过程衔接在一起，使得一个生产周期内物流活动所用的时间远多于实际加工的时间。如果将各生产加工过程很好地衔接在一起，企业可以大幅缩短生产周期，节约劳动力。

② 企业供应物流

企业供应物流是指企业为保证自身生产节奏，不断组织原料、零部件、燃料、辅助材料供应的物流活动。这种物流活动对企业生产的正常和高效运行起着重大作用。企业供应物流必须有效地解决供应网络、供应方式、零库存等问题。

③ 企业销售物流

企业销售物流是指企业为保证自身的经营效益，通过销售活动将产品所有权转给用户的物流活动。在现代社会，买方市场的销售物流活动带有极强的服务性，以满足买方需求为目的。由于销售往往要求产品送达用户并完成售后服务才算终止，销售物流的空间范围很大，这就是销售物流的难度所在。在企业销售物流活动中，需要研究送货方式、包装水平、运输路线等，采取各种特殊的物流方式（如少批量、多批次、定时、定量配送等）。

④ 企业回收物流

企业在生产、供应、销售活动中总会产生各种余料和废料，回收这些物料会产生物流活动。回收物流处理不当，会影响整个生产环境，甚至影响产品的质量，占用很大的空间，造成浪费。

⑤ 企业废弃物物流

企业废弃物物流是指将经济活动中失去原有使用价值的物品，根据实际需要进行收集、分类、加工、包装、搬运、储存等，并分送到专门处理场所所形成的物品实体流动。废弃物物流的处理是一个相当复杂的过程，需要从面到点的收集、储存、运输以及最终的焚烧、掩埋作业环节，需要专用设备，因此需要多方面的支持。

3. 其他

除了上述分类之外，还有绿色物流、军事物流、第三方物流、第四方物流、定制物流、逆向物流、虚拟物流等。

随着社会经济的发展和科技的进步，物流的理论和概念以及范围不断地变化和发展。目前，物流领域的大致划分可参见表 1-1。

表 1-1　物流领域的大致划分

<table>
<tr><td rowspan="4">物流</td><td rowspan="2">第一种划分</td><td>国际物流</td><td>外贸物流；国际联运；远洋运输；国际航空；国际邮件；口岸物流；大陆桥物流</td></tr>
<tr><td>国内物流</td><td>经济圈、经济带物流；城市及城市外围物流，以及邻近地区具有互补条件的自然区物流；本地区物流</td></tr>
<tr><td rowspan="2">第二种划分</td><td>一般物流</td><td>带有普遍性、通用性和共同性的物流活动，或者说没有特殊要求的物流活动</td></tr>
<tr><td>特殊物流</td><td>危险品、易燃品、易爆品、易腐蚀品、剧毒品、易变质物品物流；对速度、条件有特殊要求的物流，如文件、贵重物品、动植物等</td></tr>
</table>

任务二　物流的功能与价值

一、物流的功能

1. 物流的总体功能

（1）组织实物进行物理性流动

组织实物进行物理性流动的动力来源有如下五个方面，见表 1-2。

表 1-2　组织实物进行物理性流动的动力来源

序号	动力来源
1	生产活动和工作活动的要求
2	生活活动和消费活动的要求
3	流通活动的要求
4	军事活动的要求
5	社会活动和公益活动的要求

（2）实现对用户的服务

实现对用户的服务是物流的总体功能。在某些物流领域，物流活动可以有“利润中心”“成本中心”等作用，但是所有的物流活动，无一例外地具有服务这个共同的功能特性。

2. 物流的具体功能

（1）主体功能

① 运输

在物流过程中的运输，主要是指物流企业或受货主委托的运输企业，为了完成物流业务所进行的运输组织和运输管理工作，见表 1-3。

表 1-3　为了完成物流业务所进行的运输组织和运输管理工作举例

序号	举例
1	生产过程中的原材料运输，半成品、成品的运输，包装物的运输
2	流通过程中的物资运输、商品运输、粮食运输及其他货物运输
3	回收物流过程中，各种回收物品的分类、捆装和运输
4	废弃物物流过程中，各种废弃物（包括垃圾）的分类和运输等

无论哪一种物流，差不多都离不开运输作业，也可以说，运输工作是它的中心业务活动。而无论哪一种运输，都追求一个目标，即最大限度地实现运输合理化。

② 储存

这里所说的储存，主要是指生产储存和流通储存，见表 1-4。

表 1-4　生产储存和流通储存举例

序号	举例
1	工厂为了维持连续生产而进行的原材料储存、零部件储存
2	商业、物资企业为了保证供应，避免脱销，所进行的商品储存和物资储存
3	在回收物流过程中，为了分类、加工和运送而进行的储存
4	在废弃物物流过程中，为了进行分类和待处理等进行的临时储存

这些储存业务活动，除了保证社会生产和供应外，也要实现储存合理化。当然，要做到储存合理化，需要采取一些措施。如国外有的工厂实现“零库存”，即按计划供应，随用随送，准时不误，避免积压原材料和资金。

③ 配送

配送是物流业一种新的服务形式，它的业务活动面很广（表 1-5），强调及时性和服务性。

表 1-5　配送业务活动面举例

序号	举例
1	物资供应部门给工厂的配送
2	商业部门给消费者的配送
3	工矿企业内部的供应部门给各个车间配送原材料、零部件等

（2）辅助功能

在由储存、运输和配送构建的物流体系框架中，还存在着诸多辅助性功能。就整个物流体系而言，这些辅助性功能是不可缺少的。甚至可以说，这些辅助性功能存在于每一次细微的物流活动中。

① 包装

包装也是物流的重要职能之一，包装不仅是为了商品销售，而且在物流的运输、储存、装卸搬运当中，都需要包装。特别在运输和装卸作业时，必须强调包装加固，以避免商品破损。

我国每年由于包装不善，给国家造成的损失是相当惊人的，据统计每年在 100 亿元人民币以上。

② 装卸搬运

装卸搬运是物流业务中经常性的活动。无论是生产物流、销售物流，也无论是运输、储存或其他物流作业活动，都离不开物品的装卸搬运。因此，装卸搬运在整个物流业务活动中，也是一项很重要的职能。

③ 流通加工

流通加工是指产品已经离开生产领域，进入流通领域，但还未进入消费的过程中，为了销售和方便顾客而进行的加工。

它是生产过程在流通领域内的继续，也是物流职能的一个重要发展。无论生产资料或生活资料，都有一些物资和商品，必须在商业或物资部门进行加工后，才便于销售和运输，如钢材的剪裁、木材的切割、粮食的包装等。

④ 物流信息处理

物流信息是连接物流各个环节业务活动的链条，也是开展、完成物流事业的重要支柱。

在物流工作中，每日都有大量的物流信息发生，如订货、发货、配送、结算等信息，都需要及时进行处理，才能顺利完成物流任务。信息的积压或处理失当，都会给物流业务活动带来不利影响。因此，如何收集、整理并及时处理物流信息，也是物流的重要职能之一。

二、物流的价值

1. 物流的宏观价值

（1）物流是国民经济的基础之一

物流是国民经济的基础，是针对物流对国民经济的动脉作用而言的。

物流通过不断输送各种物质产品，使生产者不断获得原材料、燃料以保证生产过程的正常进行，又不断将产品运送给不同需求者，以使这些需求者的生产、生活得以正常进行，国民经济因此得以成为一个有内在联系的整体。

经济体制的核心问题是资源配置，资源配置不仅要解决生产关系问题，而且必须解决资源的实际运用问题。物流还以本身的宏观效益支持国民经济的运行，改善国民经济的运行方式和结构，促使其优化。

（2）物流是企业生产的前提保证

从企业这一微观角度来看，物流对企业的作用如下。

① 为企业创造经营的外部环境

一个企业要正常运转，必须有这样的外部条件：一方面要保证按企业生产计划和生产节奏提供、运达原材料、零部件；另一方面，要将产品不断运离企业实现产品的价值。这些最基本的外部条件要依靠物流及其他有关活动创造和提供保证。

② 物流是企业生产运行的保证

企业生产过程的连续性和衔接性，要靠生产工艺中不断的物流活动来保证。有时候，生产过程本身便和物流活动结合在一起，物流的支持保证作用是不可缺少的。

③ 物流是发展企业的重要支撑力量

企业的发展要靠质量、产品和效益，物流作为企业全面管理的一环，是最接近用户阶段的质量保证手段。更重要的是，根据“第三个利润源”理论，物流通过降低成本，可以间接增加企业利润，通过改进物流直接取得效益，这些都会有效地促进企业的发展。

总之，物流不论对国民经济的全局还是国民经济的基础——企业，都起着非常重要的作用。

（3）特定条件下，物流是国民经济的支柱

有些国家处于特定的地理位置或特定的产业结构条件下，物流在国民经济和地区经济中能够发挥带动和支持整个国民经济的作用，能够成为国家或地区财政收入的主要来源，能够形成主要就业领域。例如，欧洲的荷兰、亚洲的新加坡、美洲的巴拿马等，物流的支柱作用显而易见。

2. 物流的微观价值

（1）降低成本

物流合理化有大幅度降低企业经营成本的作用。发展物流产业，能够有效降低社会流通成本，从而降低企业供应及销售成本，起到改善企业外部环境的作用；企业生产过程的物流合理化，又能够降低生产成本。

（2）产生利润

对于专门从事物流经营活动的企业而言，通过为生产企业提供有效的物流服务，不仅可以为生产企业节约成本，还能为物流供应企业带来可观的利润。

（3）提供服务

物流可以提供良好的服务，这种服务有利于参与市场竞争，有利于树立企业的品牌形象，有利于和服务对象结成长期的、稳定的、战略性的合作关系，这对企业长远的、战略性的发展有非常重要的意义。

物流的服务价值，实际上就是促进企业战略发展的价值。

任务三　物流系统

一、物流系统化的目的

系统是“为有效地达到某种目的的一种机制”，也就是为了达成某一目的，把人力、物力、财力、信息等资源作为指令输入（input）使它产生某种结果（output）的功能。因此，物流系统可以认为是“有效达成物流目的的机制”，目的是“追求以低物流成本向顾客提供优质物流服务”的机制。

物流系统的组成见表1-6。

表1-6　物流系统的组成

组成	功能
物流作业系统	在运输、保管、搬运、包装、流通加工等作业中使用各种先进技能和技术，并使生产据点、物流据点、运输配送路线、运输手段等网络化，以提高物流活动的效率
物流信息系统	在保证订货、进货、库存、出货、配送等信息通畅的基础上，使通信据点、通信线路、通信手段网络化，提高物流作业系统的效率

物流系统的目的是实现物流的speed（速度）、safety（安全）、surely（可靠）、low（低费用），即3S1L原则，以最少的费用提供最好的物流服务。

物流系统化的目的见表1-7。

表 1-7　物流系统化的目的

序号	目的
1	按交货期将所订货物适时而准确地交给用户
2	尽可能地减少断货
3	适当配置物流据点，提高配送效率，维持适当的库存量
4	提高运输、保管、搬运、包装、流通加工等作业效率，实现省力化、合理化
5	保证订货、出货、配送的信息畅通无阻
6	使物流成本降到最低

二、物流系统效益背反及物流服务水平

1. 物流系统的效益背反问题

物流系统的效益背反问题指的是在追求高效和低成本的同时，可能导致一些与效益相矛盾的问题的存在。具体表现为如下两方面。

（1）物流各项活动间的效益背反

这里需要注意的是，物流的各项活动（运输、保管、搬运、包装、流通加工等）之间存在效益背反（trad off）现象。所谓效益背反，是指同一资源（例如成本）的两个方面处于相互矛盾的关系之中，想要较多地达到其中一个方面的目的，必然使另一方面的目的受到部分损失。

例如，减少库存据点并尽量减少库存，势必使库存补充变得频繁，从而增加运输次数；简化包装，则包装强度降低，仓库里的货物就不能堆放过高，这就降低了保管效率，而且在装卸和运输过程中容易出现破损，以致搬运效率下降，破损率增多；将铁路运输改为航空运输，虽然运费增加了，但运输速度却大幅度提高，不但减少了各地物流据点的库存，还大量减少了仓储费用。

由于各物流活动之间存在着效益背反，因而就必须考察总体效益，使物流系统化。前面已经指出，物流系统是为达成物流目的的有效机制。物流的各项活动，如运输、保管、搬运、包装、流通加工等，各自都具有提高自身效率的机制，也就是具有运输系统、保管系统、搬运系统、包装系统、流通加工系统等分系统。因此，必须协调各个系统，以实现整体效益最佳的目的。

物流系统管理就需要以成本为核心，按最低成本的要求，使整个物流系统化。也就是说，物流系统管理就是要调整各个分系统之间的矛盾，把它们有机地联系起来使之成为一个整体，使总成本最小。

（2）物流成本与物流服务水平的效益背反

物流系统是以尽可能低廉的价格，提供尽可能优良的物流服务的机制。“尽可能优良的物流服务”，正是物流系统化的前提条件，即在物流服务水平决定之后，物流的方式也会随之改变。

因此，物流系统化的关键是确定物流服务水平。一个企业决定了所希望达到的物流服务水平之后，为此目的而进行的物流系统化必须在整个公司取得共识。

不仅物流各部门和各功能之间存在效益背反，物流成本与物流服务之间也存在效益背

反。一般来说，提高物流服务，物流成本即上升。物流服务处于高水平时，物流服务水平不能按成本增加的比例相应地提高。与处于竞争状态的其他企业相比，在处于相当高的服务水平的情况下，想要超过竞争对手，提出并维持更高的服务标准就需要有更多的投入，所以一个企业在做出这种决定时必须慎重。

20 世纪 60 年代到 70 年代，一般认为物流只是一种降低成本的手段。然而 1973 年一场石油危机以后，人们在认识上发生了变化，作为经营管理一环的物流管理，必须首先设定必要而充分的物流服务水平，然后再以较低的成本构筑物流系统来进行运作。

决策层虽然可以提出降低物流成本的要求，但必须认真考虑物流成本下降与物流服务之间的关系。

一般说来，关于物流服务与成本，有下述四种策略，见表 1-8。

表 1-8　物流服务与成本策略

策略	含义
考虑降低成本	不改变物流服务水平，通过改变物流系统来降低物流成本，这是一种尽量降低成本来维持一定服务水平的办法，亦即追求效益的办法
不惜增加物流成本	这是许多企业提高物流服务水平的做法，是企业在特定顾客或其特定商品面临竞争时，所采取的具有战略意义的做法
积极的物流成本对策	即在成本不变的前提下提高服务水平，这是一种追求效益的办法，也是一种有效地利用物流成本性能的办法
用较低的物流成本，实现较高的物流服务	用较低的物流成本，实现较高的物流服务是增加销售、增加效益，具有战略意义的办法

以上策略，企业究竟如何选择，应通盘考虑下述各方面的情况后再做决定：商品战略和地区销售战略；流通战略和竞争对手；物流成本、物流系统所处的环境，以及物流系统负责人所采用的方针等。

2. 实现物流服务水平的方法

要实现物流的服务水平，企业应做到如下几点。

（1）充分考虑企业的经营方针、销售战略、生产战略、行业环境、商业范围、商品特性、流通渠道、竞争对手，还要考虑与全社会有关的环境保护、节能问题、劳动力状况等社会环境。

（2）从物流所处的环境，企业的物流理念以及物流与采购、生产、销售等部门的关系等层面加以把握。企业应清楚地了解物流体制，特别是物流部门的现状、物流据点（库存据点、配送据点）、运输情况等。

（3）明确物流在企业内所占的地位、物流的作用以及经营决策层的方针。为实现物流系统化，企业需要标准化、规模化、计划化、一体化、信息化，为彻底消除浪费，提高效率，特别要注意提高物流活动的软硬件两个方面的“标准化”程度，并使其呈螺旋形提高。企业容易把物流系统化看成物流专业人员参加的底层活动的改良运动，这其实是一种改良主义的观点。为了实现物流系统化，应该从革新的角度建立一种有效的、理想的物流机制。

为了能以较低的成本实现较好的服务水平，应当整合现有的运输、配送、保管、包装等活动，从零开始。从这个意义来说，决策层对实现物流系统化是十分重要的。

任务四　现代物流管理

现代物流管理是通过合理规划、组织、控制和执行一系列物流活动，以实现高效的物流运作和最佳供应链管理的一种综合性管理方法。其核心目标是实现物流成本最小化、服务质量最优化和时间效率最大化。现代物流管理借助先进的技术和信息系统，从供应链的角度对物流流程进行全面优化，包括需求预测、货物采购、运输、仓储、配送和售后服务等环节。通过整合资源、优化流程和提高运作效率，现代物流管理可以帮助组织实现生产和销售的协同，提高客户满意度，并在全球化商业环境中保持竞争优势。

一、现代物流管理的特征

物流业是经济发展和社会分工深化的产物。传统物流活动分散在各部门、企业及职能机构。随着经济发展、科技进步和工业化进程，物流规模日益庞大复杂，传统物流活动已无法满足现代经济发展需求，效率低、成本高成为其制约因素。

20 世纪 50 年代至 70 年代，发达国家企业开始重视物流活动科学管理。20 世纪 80 年代，经济全球化、科技提升和专业化分工推动物流革命，企业内部物流整合，形成企业核心物流系统。随后，物流整合扩展至产业链，形成社会化物流系统。在此基础上，专业化物流服务企业（第三方物流）应运而生，发展为新兴产业和国民经济重要部分。

随着现代物流的发展，现代物流管理表现出许多特点，可归纳为以下几个方面。

1. 物流管理方法的现代化

管理科学是随着经济的发展和社会的进步不断发展起来的，随之产生了各种先进的管理方法，如供应链管理。因此，在物流管理中，应随时掌握管理方法的新进展，并应用先进的技术。例如，格兰仕公司应用先进的物流管理技术（信息技术、系统规划技术、智能决策技术等）取得了良好的效益。

2. 物流管理目标的整体化

物流管理的目标是实现物流系统整体最优，而不是单个目标最优。它是通过统筹、协调和合理规划物流管理的各要素，控制整个商品的流动，以达到效益最大和成本最小的目的，同时满足不断变化的用户需求。这样，可以形成一个高效的、通畅的、可调控的流通体系，可以减少流通环节，节约流通费用，避免各要素之间的矛盾与冲突，实现科学的物流管理，提高流通的效率和效益。

案例导入

某医药公司物流仓库和销售部门的冲突

某医药公司设有仓库，为提高管理效率，特制定激励方案，旨在降低库存成本。同时，公司还设立销售部门，并对其销售额、年度订单数量及销售量进行考核。从表面上看，这两个部门的考核办法均无问题。

然而，在实际运营中，销售部门为提高销售额，要求仓库提供最新批号的药品。此举主要是因为顾客更倾向于购买近期出厂的药品，因为其离失效期较远。但库存管理部门表示反对，坚持要求“先进先出”的原则，意味着必须提供最早批号的药品。若长期按照销售部门的取货原则，库存中的药品将面临更短的有效期。

药品的有效期通常为两年。若销售部门持续提取新批号药品，仓库中老批号药品的有效期将进一步缩短。双方就此问题产生争议。销售部门甚至提出在仓库内自行管理药品，以摆脱现行的库存管理体制。原本集中管理的供应链思想因激励机制问题而无法实施。

由此可以发现，发生冲突的根本原因不在于仓库部门或销售部门，而是在于医药公司的领导层。这是因为领导层未能有效地统一两个部门的目标。物流管理的核心目标在于实现整个物流系统的最优配置，而仓库和销售部门都应围绕整体效益最大化的目标制定各自激励措施。

3. 物流管理组织的网络化

物流网络经济特性是指随着运输网络的不断扩大，网络的生产能力迅速增强，业务组织成本持续降低，需求增长迅速。这种增长与供给能力的提升相互促进，形成了企业规模经济和行业规模经济。具体而言，物流网络经济包括物流线路密度经济和物流网络的幅员经济。例如，特定产品的线路密度经济、多产品的线路通过密度经济、载运工具载运能力经济、车（船、机）队规模经济、港站（枢纽）处理能力经济、线路延长的运输距离经济以及由物流网络扩大带来的多产品经济。

物流网络的构建需要设立多个网点，并且网点间需通过共同的业务目标进行连接。目前，国内领先的物流企业已建立起遍布全国乃至世界的网络运营体系。

物流网络化的基础在于信息化。这里的网络化包含两层含义：一是物流配送系统的计算机通信网络，即物流配送中心与供应商、制造商以及下游顾客之间的联系实现计算机网络化。例如，物流配送中心向供应商提交订单以及通过计算机网络收集下游客户订单的过程都可以通过网络自动完成。二是组织的网络化，包括企业内部组织的网络化和企业之间的网络化。

随着市场竞争的加剧，生产企业呈现集中化趋势，通过低成本扩张等方式迅速增强自身实力。一方面，企业生产规模不断扩大，产品需要经过多种途径送达国内外客户手中，这需要网络化的物流企业作为其分销网络的组成部分来帮助销售和拓展市场；另一方面，竞争使得产品本身的成本压缩空间减小，企业希望通过物流企业的规模效益和综合服务来降低总体物流成本并提升市场竞争力。因此，构建具有网络化和信息化特点的综合物流体系成为历史发展的必然趋势。

对于许多物流企业而言，自建物流网络存在较大困难，因此它们通常通过资源整合和联盟的方式来扩大自己的服务网络。

4. 物流管理运作的柔性化

柔性化原本是为实现“以顾客为中心”的宗旨在生产领域提出的，但要真正做到柔性化（真正根据消费者需求的变化灵活调节生产工艺），没有配套的柔性化物流系统是不可能的。20 世纪 90 年代，国际生产领域纷纷推出了柔性制造系统、计算机集成制造系统、敏捷制造、企业资源计划、大规模定制以及供应链管理等概念和技术。这些概念和技术的实质是将生产和流通进行集成，根据需求方的需求组织生产，安排物流活动。柔性化的物流正是适应生产、流通与消费的需求而发展起来的一种新型物流模式。这就要求物流配送中心根据“多品种、小批量、多批次、短周期”的消费需求特点，灵活组织和实施物流作业。

5. 物流管理组织的标准化

物流管理组织的标准化是以物流为一个大系统，制定系统内部设施、机械装备、专用工具等各分系统的技术标准；制定系统内分领域（如包装、装卸、运输等）的工作标准；以系统为出发点，研究各分系统与分领域中技术标准与工作标准的配合性，并按配合性的要求，统一整个物流系统的标准；研究物流系统与其他相关系统的配合性，进一步谋求物流大系统标准的统一。随着全球经济一体化的不断发展，各国都很重视本国物流与国际物流的衔接，在本国物流管理的发展初期就努力做到本国物流标准与国际物流标准化体系一致。否则，不但会加大国际交往的技术难度，还会在本来就很高的关税及运费基础上增加因标准化系统不统一而造成的损失，使外贸成本增加。因此，物流管理标准化问题日益受到重视。

6. 物流管理服务的社会化

随着市场经济的发展，专业化分工越来越细，一个生产企业生产某种产品，除了主要部件由自己生产外，大多数材料都是外购的。生产企业与零售商所需的原材料、中间产品、最终产品大部分由专业的第三方物流企业提供，以实现少库存或零库存。这种第三方物流企业不仅可以进行集约化物流，大量节约物流费用，而且可以节约社会流动资金，实现资金流动的合理化，既能提高经济效益，又能提高社会效益。可见，完善和发展第三方物流是流通社会化的必然趋势。

二、现代物流的发展趋势

21 世纪，全球经济进一步得到增长，尤其是发展中国家的经济增长迅速。伴随着经济增长的全球物流得到极大发展，发展中国家物流将迎来最大的发展机遇。根据国内外物流发展情况，可以将 21 世纪现代物流的发展趋势归纳为信息化、智能化、网络化、自动化和柔性化。

1. 信息化

现代社会已经步入了信息时代，现代物流的信息化表现为物流信息的商品化、物流信息收集的数据库化和代码化、物流信息处理的电子化和计算机化、物流信息传递的标准化和实时化以及物流信息存储的数字化等。此外，数据库技术、电子订货系统（EOS）、电子数据交换（EDI）、快速反应（QR）、有效的顾客反映（ECR）等技术与观念在未来的物流管理中将会得到普遍采用。信息化是一切的基础，没有信息化的物流，任何先进的技术装备都不可能用于物流领域，信息技术及计算机技术在物流中的应用将会彻底改变世界物流的面貌。

2. 智能化

智能化是自动化、信息化的一种高层次应用。物流作业过程涉及大量的运筹和决策，如库存水平的确定，运输、配送和搬运路径的选择，自动导向车的运行轨迹和作业控制，自动分拣机的运行，物流配送中心经营管理的决策支持等，都需要借助于大量的知识才能解决。在物流的自动化进程中，物流的智能化是不可回避的技术难题。随着专家系统、机器人等相关技术在国际上的推广普及，智能化必将是现代物流的一种发展趋势。

3. 网络化

在信息化的基础上，现代物流的网络化有两种趋势：一是物流系统中通信的网络化，其中包括配送中心与供应商、制造商之间的联网以及配送中心与下游顾客之间的联网。订货过程使用计算机通信方式，借助于增值网（value added network，VAN）上的 EOS 和 EDI 来自动实现；二是物流组织网络化，即在全球范围内将各种制造资源、需求资源、供应资源和人力资源等组织起来，实现最优配置和利用。

4. 自动化

在信息化的基础上，自动化的核心是机电一体化，外在表现是无人化，效果是省力化。目前，在发达国家已普遍使用的物流自动化设施有很多，如条码/语音/射频自动识别系统、自动分拣系统、自动存取系统、自动导向车以及货物自动跟踪系统。我国也正在研究开发、推广应用这些自动化设施。自动化设施的应用，可提高物流作业能力、提高劳动生产力、减少物流作业的差错。

5. 柔性化

20 世纪 90 年代，国际生产领域纷纷推出弹性制造系统（flexible manufacturing system，FMS）、计算机集成制造系统（computer integrated manufacturing system，CIMS）、制造资源计划（manufacturing resources planning，MRP Ⅱ）以及供应链管理的概念和技术。这些概念和技术实质上是要将生产、流通进行集成，根据需求端的需求组织生产、安排物流活动。因此，现代物流的柔性化正是适应生产、流通与消费的需求而表现出来的一种发展趋势。这就要求物流配送中心要根据消费需求“多品种、小批量、多批次、短周期”的特色，灵活组织和实施物流作业。

此外，物流设施、设备及商品包装的标准化，物流的社会化和共同化等，也都是今后物流发展的方向。

学习完本项目的内容后，认真完成表 1-9 的实践清单。

表 1-9　实践清单

分析与优化企业物流系统	
实践任务	制作一组电商商品主图，探究如何用配色的方式提高商品的吸引力和美观度
实践目标	通过对身边某企业物流系统的分析与优化，提高该企业物流管理的效率，降低物流成本，提升该企业的物流管理绩效
实践步骤	（1）搜集身边某企业物流的相关资料，了解该企业物流的现状及存在的问题； （2）确定该企业物流系统的功能及流程，明确该企业物流对企业的价值与意义； （3）分析该企业物流系统的运作流程，发现瓶颈和问题，并提出相应的解决方案； （4）制定物流系统的优化计划，包括流程优化、仓储物流优化、运输物流优化、信息化物流优化等措施； （5）实施物流系统优化方案，并进行跟踪和评估，不断完善与优化

续表

实践提示	(1) 对该企业物流系统的分析需要全面而深入，可以借助物流专家的经验与知识； (2) 在制定物流系统的优化计划时，需要考虑实际情况和成本效益的平衡，避免过于理论与空泛； (3) 在实施物流系统优化方案时，需要注意组织与协调，全面而系统地实施各项优化措施，并落实到位； (4) 在跟踪和评估阶段，需要及时反馈和调整，不断优化物流系统的运作和管理模式
实践总结	

完成以上实践后，认真完成表 1-10 的实践评价。

表 1-10　实践评价

评价内容	分值	得分
参与实践的积极性、主动性	25	
独立思考能力	25	
创新能力	25	
对物流系统的了解程度	25	
教师点评：		

项目小结

物流是指物品从供应地向接收地的实体流动过程，包括运输、储存、装卸、搬运、包装、流通加工、信息处理等活动。物流的构成要素包括物品、场所、时间、成本、信息等。物流的分类包括供应物流、销售物流、生产物流、退货和回收物流等。物流的功能主要包括运输、储存、包装、装卸搬运、流通加工和信息处理。物流的价值在于降低成本、提高效率、优化服务，同时也有助于企业实现可持续发展。物流系统化的目的是提高整体效率，降低成本，优化服务，同时也要注意系统内的效益背反现象，合理平衡各环节的利益。现代物流管理具有信息化、智能化、网络化、自动化、柔性化等特征，同时，绿色物流、智能物流等新兴领域也在不断发展。

思考练习

1. 物流的分类有哪些?
2. 物流的功能有哪些?
3. 物流的价值有哪些?

项目二

供应链管理概述

项目导读

供应链管理是一种集成的管理方法，用于协调和优化产品从原材料采购到最终交付给客户的整个过程。它涵盖了供应商、制造商、分销商、零售商和客户等多个节点，涉及物流、信息流、资金流等多个方面。供应链管理的目标是通过整合这些节点和方面，实现供应链的整体优化，提高效率、降低成本、提高客户满意度。

学习目标

知识目标

(1) 理解供应链概念的形成背景。

(2) 掌握供应链管理的概念。

(3) 了解供应链管理与物流管理的异同和关系。

技能目标

(1) 能够分析供应链结构、优化供应链流程，提高供应链效率和降低成本。

(2) 能够应用供应链管理工具和方法，统筹管理供应商、生产商、分销商等供应链环节，提高供应链的响应能力和灵活性。

(3) 能够基于物流管理思想和技术支持，优化供应链的运转和流动，提高供应链的协调和流动效率。

素质目标

(1) 培育学生的创新思维和实践能力，掌握供应链管理的市场、技术和管理创新，积极应对和适应变化和挑战。

(2) 培养学生的协作沟通和团队合作的素质，提高团队与他人协同作业的能力。

(3) 培养学生的业务和管理的综合能力，提高解决问题和创造价值的能力。

思政目标

(1) 提高学生的社会责任和环境保护意识，注重构建可持续发展的供应链管理。

（2）强调本土化和国际化的融合，使学生不断提高国际视野和文化认知。

（3）强调社会价值观和伦理道德的培养，使学生关注合法合规、诚信经营等价值配置问题。

案例导入

供应链管理对苹果公司的影响

苹果公司（以下简称苹果）在供应链管理方面一直保持低调，对外界透露的信息非常有限。然而，这并不妨碍苹果供应链的高效运作，始终能够确保合适的产品在合适的时间以合适的成本送到合适的地方。对照 Gartner 评选卓越供应链的五项条件，苹果完美地满足了每一条，尤其是其不尚空谈、不事张扬的实干精神，使得苹果能够连续 4 年荣居 Gartner 的全球供应链 25 强榜首。

苹果的成功不仅仅归结于产品创新，卓越的运营和供应链管理同样功不可没。在 1997 年前后，苹果面临严重的困境，亏损高达 10 亿美元，生产运营效率极其低下。然而，在乔布斯的领导和库克的出色运营管理下，苹果成功实现了扭亏为盈。库克在生产、运营和供应链方面的改革和优化，例如关掉生产设施、启用亚洲的合同制造商、建立 JIT 库存系统等，都为苹果的转危为安起到了关键作用。

苹果的供应链管理成功之处还在于与产品战略的完美结合。追求差异化战略的产品需要快速、敏捷的供应链来支持，而追求最低成本的产品则需要低成本、高效率的供应链来支持。苹果在推出产品时，鲜有不采用差异化战略的，这就需要供应链的快速响应。苹果通过与供应商建立紧密的合作关系，确保了供应链的快速响应和高效运作。

此外，苹果在供应链管理方面的策略也与其产品策略相得益彰。例如，在 iPhone 的触摸屏供应方面，苹果通过巨资投入帮助供应商提升产能，并保持与供应商的紧密合作，有效阻止了竞争对手及时获得同样高技术的触摸屏。等到触摸屏成为大众商品，竞争对手可以购买到时，苹果又能利用早已谈好的合同拿到供应商的优惠价，与竞争对手打价格战。这种策略使得苹果能够持续保持其产品的竞争优势。

综上所述，苹果在供应链管理方面的成功经验值得其他企业学习和借鉴。苹果通过低调务实的管理风格、卓越的产品创新、高效的运营管理以及与产品战略的完美结合，打造了一条高效、快速响应的供应链，确保了其在全球市场的竞争优势。

任务一 供应链概念的产生与发展

一、供应链的概念及形成背景

1. 供应链的概念

供应链的概念

供应链是围绕核心企业，通过对商流、物流、信息流、资金流的控制，从采购原材料开始，制成中间产品以及最终产品，再由销售网络把产品送到消费者手中，最终将供应商、制造商、分销商、零售商、直到最终用户连成一个整体的功能网链结构模式。

供应链是一种业务流程模型，由原材料和零部件供应商、产品制造商、产品分销商、零售商到最终用户的价值链组成，完成从顾客需求开始到提供给顾客所需的产品与服务的整个过程。从组织内部来看，企业物料在各部门之间的流动，可以称为内部供应链；从组织外部来看，供应链包含原材料供应商、制造商、销售商和最终用户，商品在这些主体之间流动。通常，供应链大多是指面向企业之间的供应链，供应链管理也是面向不同企业之间协调的一种管理方式。

供应链管理作为一种新的管理方法，是对串联在整个供应链中各参与主体之间的商流、物流、信息流与资金流进行计划、协调和控制等，其目的是通过集成优化方式提高所有参与主体的长期利润和收益，提高组织的运作效率和效益，从整体上提高供应链的竞争力。

2. 供应链概念的形成背景

（1）经济全球化

20 世纪 80 年代以来，经济全球化的浪潮不断推进，资本流动国际化、跨国界生产和流通、在消费地生产和组装产品已成为一种新趋势。由于全球采购、全球生产、全球销售趋势的形成，也由于新经济和信息时代的到来，国际专业分工日趋明显，越来越多的跨国公司采取了加强核心业务，而将非核心业务外包的做法。它们将生产、流通和销售等多种业务外包给合作伙伴，自己只做最擅长、最专业的部分。这样做既维持了国际贸易份额，又与贸易对象紧紧地融合在一起，增强了抗风险的能力，减少了外界干扰。供应链形成后，这些跨国公司既达到了预想的目的，又节省了费用，而且利润并未减少，风险降低。跨国公司在全球范围内寻求合作伙伴，结成广泛的生产、流通、销售网链，成为一股潮流和趋势。

（2）社会信息化

互联网的普及，把世界经济带入了信息化时代。信息传递超越了国界和行业局限；全球性的信息共享使世界经济格局和贸易方式发生了质的变化。跨国公司、大型企业只要资金雄厚、市场定位准确，就能在全世界无限制地择优选择合作者，迅速构筑供应链，并能随时更换合作对象，永远维持供应链的最优化结构。

（3）知识创新

随着社会经济和科技的不断发展，管理学、系统学、运筹学和组织学有了长足进步，出现了高水平、高智商、高专业能力和组织筹划能力的社会咨询机构。这些社会咨询机构，拥有一批高精尖的人才队伍，掌握了最新的专业知识和最新的信息手段。他们充分利用计算机和互联网技术，能为客户设计出最佳供应链组合，形成一整套高效益、低成本的供应链管理方案。

二、供应链的结构模型

根据供应链的定义，其一般结构可以简单地归纳为如图 2-1 所示的模型。

供应链由所有加盟的节点企业组成，一般有一个核心企业，可以是产品制造企业，也可以是大型零售企业，节点企业在需求信息的驱动下，通过供应链的职能分工与合作（供应、制造、分销、零售等）实现整个供应链的不断增值。

从狭义上说，供应链也可以指企业内部的供应链，通过订单管理、采购管理、库存管理、生产计划、生产制造、质量控制、运输管理、销售管理、售后服务、市场预测等流程的组合，以更高的效率处理联合的商流、物流、信息流和资金流，完成最终的客户服务。

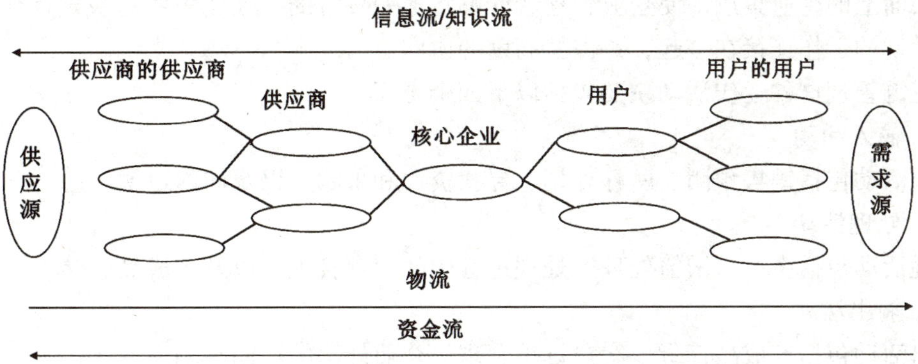

图 2-1　供应链的结构模型示意图

供应链商流、物流、信息流、资金流“四流协同”的内在本质要求供应链中各种物质商品或服务的流通都是商流、物流、信息流、资金流四个子系统构成的有机整体或网络体系。商流和物流是从商品流通过程中分离出来的两个职能。商流是指物质商品在流通中发生的买卖关系以及由此所引起的所有权转移的价值关系或权益关系流体；物流则是指物质商品在时间上或空间上发生的物理的移动过程。商流和物流在同一流通过程中出现，是一个事物的两个方面，相互依赖又相辅相成。

商流与物流的不同在于两者形成的流体不同。商流是必须经过一定的交易环节进行的交易活动的关系流，它体现的是不同所有者之间的利益关系链；而物流本身不是交易关系，它体现的是物质商品如何按照交通运输条件、储存或保管的方式，以最快的速度、最短的距离、最省的费用到达消费者或客户手里，形成的是物质商品流动链条。

商流要靠物流来实现，商流是利益关系，物流是手段，商流和物流又依赖于信息流支撑。信息流则是商流和物流的传递载体或传导媒介。资金流是随着商流和物流的流转而流转的，资金流则是这个过程的终结点和价值表现，表现为供应链“四流协同”的功能结果和价值链效用。

任务二　供应链管理概述

供应链这一复杂系统要想取得良好的绩效，必须找到有效的协调管理方法。供应链管理思想就是在这种需求下提出的。

一、供应链管理的概念

我国国家标准《物流术语》（GB/T 18354—2021）将供应链管理定义为：从供应链整体目标出发，对供应链中采购、生产、销售各环节的商流、物流、信息流及资金流进行统一计划、组织、协调、控制的活动和过程。

供应链管理的含义可以从以下几个方面理解。

1. 供应链管理是一种运作管理

供应链管理能够使企业的所有职能以最佳的方式紧密地结合在一起，成为一个整体。

在这个层面上的企业集成，使企业管理者能够将他们日常的、在竞争中起决定性作用的主要价值活动的运作连接在一起，并保持高度的协同。

供应链管理这种运作活动主要包括以下四个方面。

（1）输入活动

输入活动包括销售预测、库存计划、寻找资源和采购，以及向内运输。

（2）处理活动

处理活动包括生产、增值处理、处理过程中的库存管理，以及产成品仓储。

（3）输出活动

输出活动包括产成品存货、客户订单管理、企业外部的运输活动。

（4）物流系统计划、物流设计和物流控制

通过对供应链管理的运作进行高效管理，可以确保围绕着企业的策略目标，将所有的工作职能优化，并为客户创造价值。

2. 供应链管理是一种集成的管理思想和方法

供应链管理的目的是将企业的采购、生产与销售等职能和供应链中合作伙伴使用的对等职能部门进行合并或紧密连接，以便将企业内部的采购、生产和销售等职能和外部供应商、客户或者第三方物流连接在一起，形成一个完整的集成化系统。

3. 供应链管理是一种战略管理

供应链管理的实际应用是以一个共同目标，即实现供应链整体效率为核心的组织管理。最初，供应链管理被认为是一种关于加快物品和信息在供应通道中流动的运作管理活动。这种活动可以优化业务环节，并能使供应链中的伙伴的活动保持同步，以在整个供应链中降低成本，提高生产效率。

然而，这仅是供应链管理概念所涵盖的一部分。供应链管理还应加入至关重要的战略方面的内容。供应链管理包含加快发货速度、降低成本，也包含利用新的管理方法和信息技术的力量，以便在针对市场具体需求的产品和服务方面实现重大突破。

尽管供应链管理的运作管理功能能为企业提供生存能力及市场竞争能力，但是，供应链管理的战略作用能使供应链中的合作伙伴达成共识，构筑和发展互利的供应链联盟，管理复杂的客户关系和与供应商之间的关系，从而在市场中处于领导地位，并开拓业务，探索新的机遇。

综上所述，供应链管理是指运用集成的管理思想和方法，以实现供应链整体效率为目标，在整个供应链系统，包括了产品从原材料阶段一直到最终交付用户的这一过程中，对于产品相关的物流、信息流、资金流、价值流及业务流进行计划、协调、组织、执行和控制等的管理活动。

知识拓展

供应链管理的发展阶段

供应链和供应链管理的概念及其应用只有几十年的历史，但在短短的几十年间，无论是供应链管理的理念，还是供应链管理的应用技术，都有了长足的发展，具体如下。

在20世纪末，随着制造资源计划（MRP）的推广，企业资源计划（ERP）和准时制（JIT）模式和系统的引入和应用，企业内部逐渐实现了信息集成。这为供应链上下游之间的业务提供了所需的业务处理信息。同时，通信技术的发展不断改善企业间的业务联系方式，使上下游业务链在市场竞争的驱动下逐渐向供应链运作方式演变。这些因素共同促使供应链管理概念在企业管理理念中逐步形成。

然而，在初期阶段，传统的供应链运作主要局限于企业内部，即使扩展到外部，也由于各企业注重独立运作，时常忽略与外部供应链成员企业的联系。因此，供应链上存在大量冲突，无法从整个供应链的角度实现整体竞争优势，导致供应链管理绩效低下。

进入21世纪后，基于互联网的供应链系统在发达国家得到了广泛应用。电子商务彻底改变了供应链上原有的物流、信息流、资金流的交互方式和实现手段，能够充分利用资源降低成本、提高服务质量。许多企业开始把努力集中在供应链成员之间的协同上，出现了多种协同模式和系统，如供应商管理库存、协同预测与供给、协同计划、预测与补给，分销商集成，以及第三方物流和第四方物流等。同时，供应商关系管理、产品生命周期管理、供应链计划和供应链执行等系统的应用，使供应链成员间的业务衔接更加紧密，整个供应链的运作更加协同化。

此阶段的供应链管理在计划和决策上特别强调实时的可视性和前向的可预见性，以及供应链流程管理和事件管理的能力。其核心任务可归纳为以下几点。

（1）供应链协同运作的系统化管理。

（2）生产两端的资源优化管理。

（3）不确定性需求的信息共享管理。

（4）快速地决策管理。

目前，我国的供应链管理尚处于起步阶段，虽然少数大型企业如联想集团、华为集团、海尔集团等已经实施了供应链管理，但真正带动起整个产业的供应链、实现整条供应链的协同运作还有待时日。

二、供应链管理的内容

1. 供应链管理涉及的领域

供应链管理主要涉及四个主要领域：供应、生产计划、物流、需求。供应链管理是以同步化、集成化生产计划为指导，以各种技术为支持，尤其是以 Internet（国际网络）/ Intranet（内部网络）为依托，围绕供应、生产作业、物流（主要是指制造过程），满足需求来实施的。供应链管理主要包括计划、合作、控制从供应商到用户的物料（零部件和成品等）和信息。供应链管理的目标在于提高用户服务水平和降低总的交易成本，并且寻求两个目标之间的平衡（这两个目标往往有冲突）。

在以上四个领域的基础上，可以将供应链管理细分为职能领域和辅助领域。职能领域主要包括产品工程、产品技术保证、采购、生产控制、库存控制、仓储管理、分销管理。而辅助领域主要包括客户服务、制造、设计工程、会计核算、人力资源、市场营销。

2. 供应链管理涉及的问题

供应链管理涉及的并不仅仅是物料实体在供应链中的流动，还注重以下主要问题，见表 2-1。

表 2-1　供应链管理应注重的问题

问题	内容
随机性问题	包括对供应商可靠性、运输渠道可靠性、需求不确定性、价格波动影响、汇率变动影响、随机固定成本、提前期的确定、顾客满意度的确定等研究
供应链结构性问题	包括对经济规模、选址决策、生产技术选择、产品决策、联盟网络等的研究
供应链全球化问题	包括对贸易壁垒、税收、政治环境、产品各国差异性等的研究
协调机制问题	如供应—生产协调、生产—销售协调、库存—销售协调

由此可见，除了企业内部与企业之间的运输问题和实物分销以外，供应链管理还包括以下几个主要内容。

（1）战略性供应商和用户合作伙伴关系管理。

（2）供应链产品需求预测和计划。

（3）供应链的设计（节点企业、资源、设备等的评价、选择和定位）。

（4）企业内部与企业之间的物料供应与需求管理。

（5）基于供应链管理的产品设计与制造管理、生产集成化计划、跟踪和控制。

（6）基于供应链的用户服务和物流（运输、库存、包装等）管理。

（7）企业间资金流管理（汇率、成本等问题）。

（8）基于 Internet/Intranet 的信息管理等。

供应链管理注重总的物流成本（从原材料到最终产成品的费用）与用户服务水平之间的关系，为此要把供应链中的各个职能部门有机地结合在一起，最大限度地发挥出供应链整体的力量，达到供应链企业群体获益的目的。

三、供应链管理的目标

在供应链管理的过程中，供应链的所有成员应坚持的理念为：面向顾客的理念、双赢和多赢的理念、管理手段以及技术现代化的理念。

供应链管理的目标是在总成本最小化、客户服务最优化、总库存最小化、总周期最短化以及物流质量最优化等目标之间寻找最佳平衡点，以实现供应链绩效供应链与物流管理的最大化。具体表现在以下几方面。

1. 总成本最小化

由于采购成本、运输成本、库存成本、制造成本以及供应链的其他成本费用都是相互联系的，因此，为了实现有效的供应链管理，必须将供应链各成员企业作为一个有机整体来考虑，并使实体供应物流、制造装配物流与实体分销物流之间达到高度平衡。总成本最小化并不是指运输费用或库存成本，或其他任何供应链运作与管理活动的成本最小化，而是整个供应链运作与管理的所有成本的总和最小化。

2. 客户服务最优化

供应链管理的本质在于为整个供应链的有效运作提供高水平的服务。由于服务水平与成本费用之间的效益背反，要建立一个效率高、效果好的供应链网络结构系统，就必须考虑总成本费用与客户服务水平的均衡。供应链管理以最终客户为中心，客户服务的成功是供应链赖以生存与发展的关键。因此，以最小的总成本费用实现整个供应链客户服务的最优化是供应链管理的主要目标。

3. 总库存最小化

在实现供应链管理目标的同时，要使整个供应链的库存控制在最低的程度。所谓“零库存”，反映的即这一目标的理想状态。因此，总库存最小化目标的达成，有赖于实现对整个供应链的库存水平与库存变化的最优控制，而不只是单个成员企业库存水平的最低。

4. 总周期最短化

众所周知，当今的市场竞争不再是单个企业之间的竞争，而是供应链之间的竞争。从某种意义上说，供应链之间的竞争实质上是基于时间的竞争，如何实现快速有效的客户反应，最大限度地缩短从客户发出订单到获取满意交货的整个供应链的总周期，已成为企业成功的关键因素之一。

5. 物流质量最优化

在市场经济条件下，企业产品或服务质量的好坏直接关系到企业的成败。同样，供应链管理下的物流服务质量的好坏直接关系到供应链的存亡。如果在所有业务过程完成以后，发现提供给最终客户的产品或服务存在质量缺陷，就意味着原有成本的付出将不会得到任何补偿，供应链的所有业务活动都会变为非增值活动，从而导致无法实现整个供应链的价值。

因此，达到与保持物流服务质量的高水平，也是供应链管理的重要目标。而这一目标的实现，必须从原材料、零部件供应的零缺陷开始，直至供应链管理的全过程、全人员、全方位质量的最优化。

若从传统的管理思想来看，上述目标相互之间呈现出互斥性：客户服务水平的提高、总周期的缩短、交货品质的改善，必然以库存、成本的增加为前提，而无法同时达到最优。然而，通过运用供应链一体化的管理思想，从系统的观点出发，改进服务、缩短周期、提高品质与减少库存、降低成本是可以兼得的。

案例导入

基于生态链战略的小米供应链协同效应

小米生态链战略，这一概念源于物联网的蓬勃发展。为了在物联网平台布局中抢占先机，小米选择以投资形式，持有生态链企业的股份而不进行控股，以此构建其生态链。此战略的实施，将推动供应链中的协同效应，实现1+1>2的效果。小米生态链战略的供应链管理模式包含以下几个关键方面。

1. 前店后厂模式

此模式的核心在于减少中间环节，通过信息技术实现产品流、信息流、资金流的直接对接。随着生态链产品的增多和物联网的快速发展，效率成为供应链评价的重要标准。高效的供应链是生态链企业健康发展的基石。

2. 供应商选择

尽管小米追求低成本战略，但在供应商选择上，它却选择了一流的供应商。这主要得益于生态链战略的优势：大量稳定的订单降低了供应链的波动风险；全系列产品长期合作保障了供应商的全年利润。

3. 新产品开发

“双 80%”原则是小米选择产品的首要标准，主要聚焦于大市场和通用性强产品的开发。对于生态链公司生产的产品的定价，小米采取诚实定价策略，满足生态链企业的利益需求，并确保达到预期的投资回报率。严格的质量控制维护了小米的品牌形象，为生态链企业和小米的健康发展奠定了基础。

4. 完善销售渠道

在初期，小米主要依赖线上渠道降低成本，实现快速发展。然而，在市场竞争激烈的互联网时代，拓展线下渠道成为必然选择，以扩大市场份额并保障生态链战略的健康发展。小米之家作为线下销售平台，将小米及其生态链产品一同展示销售，有力推动了生态链产品的市场拓展。

生态链战略不仅关注企业内部发展，更将视线延伸至企业外部。通过与生态链企业间的合作以及企业间的协同效应，小米品牌下的生态链产品在市场中崭露头角，推动生态链企业快速成长。然而，随着这些企业的发展壮大，小米需思考如何进一步完善生态链战略以适应其未来的发展需求。

任务三　供应链管理与物流管理的关系

一、供应链管理与传统管理模式的区别

供应链管理不同于传统的企业管理，它更强调供应链整体的集成与协调，要求各节点企业围绕物流、信息流、资金流以及业务流进行信息共享与整体协调，实现柔性的、稳定的供需关系。二者的基本区别主要体现在以下几个方面。

1. 供应链管理是一种基于流程的集成化管理模式

传统的管理以职能部门为主，往往由于职能矛盾、利益目标冲突、信息分散等原因，各职能部门无法完全发挥其潜在效能，因而很难实现整体目标最优。供应链管理则是以流程为基础，物流、信息流、资金流等贯穿于全过程。通过业务流程重组，消除各职能部门及供应链成员企业间的隔阂，实现供应链组织的集成与优化；通过核心企业管理思想在整个供应链上的扩散和移植，实现管理思想的集成；通过准时制、企业资源计划、物料需求计划、快速响应、高效客户响应、全面质量管理等管理方法的综合运用，实现供应链管理方法的集成；通过现代信息技术手段的运用和共享，实现供应链管理手段的集成；通过资源整体优化配置，有效运用价值链激励机制，寻求非增值活动及相应结构的最小化，实现供应链管理效益的优化和集成。

2. 供应链管理是全过程的战略管理

供应链是由供应商、制造商、分销商、零售商、最终客户组成的网络结构，是环环相

扣的一个有机整体。因此，从总体上考虑，如果只依赖于部分环节的信息，则会由于信息的局限或失真，导致决策失误、计划失控、管理失效，进一步地造成供应链上供应、制造、分销等职能目标之间的冲突。只有站在供应链与物流管理最高管理层的高度，才能充分认识到供应链管理的重要性与整体性，并运用战略管理思想有效地实施供应链管理。

3. 供应链管理提出了全新的库存观

传统的库存思想认为，库存是维系生产与销售的必要措施，因而企业与其上下游企业之间在不同的市场环境下只是实现了库存转移，整个社会库存总量并未减少。而供应链管理具有更高的目标，即通过管理库存和合作关系去达到高水平的服务，并通过各成员间的合作伙伴关系和快速响应，实现总体库存的大幅度降低。库存是供应链管理的平衡机制。

4. 供应链管理以最终客户为中心

不管供应链的节点企业有多少类型，也无论供应链是长是短（层次多少），供应链都是由客户需求驱动的。只有最终客户的需求，才使供应链得以存在；只有最终客户获得满意，供应链才能良性延续和持续发展。

二、物流管理与供应链管理的联系和区别

从美国的物流概念的演变过程看，伴随着市场环境的变化，物流管理与供应链管理呈现出融合的趋势。在现实中，许多人将供应链管理与物流管理混淆，认为物流管理就是供应链管理，或者供应链管理就是物流管理。

我国的一些学者从物流与供应链概念的形成、管理思想的内涵等多个方面进行梳理，探求两者之间的区别和联系。一些学者指出，物流管理与供应链管理具有紧密的联系，两者的运作理念是一致的，而且供应链管理离不开物流管理。

然而，供应链管理是基于战略伙伴关系的企业模型，而物流管理是基于物流企业的合作关系。二者的区别主要表现如下。

图 2-2　物流管理

1. 从管理对象上看

物流管理（图 2-2）的对象是物流活动和与物流活动直接相关的其他活动；应链管理涉及的对象既包括物流，也包括商流、信息流和资金流，物流管理是供应链管理的一个环节。

2. 从管理手段上看

供应链管理（图 2-3）是基于网络信息的供应链交互管理，是以电子商务为基础的运作方式；物流是物质资料的空间位

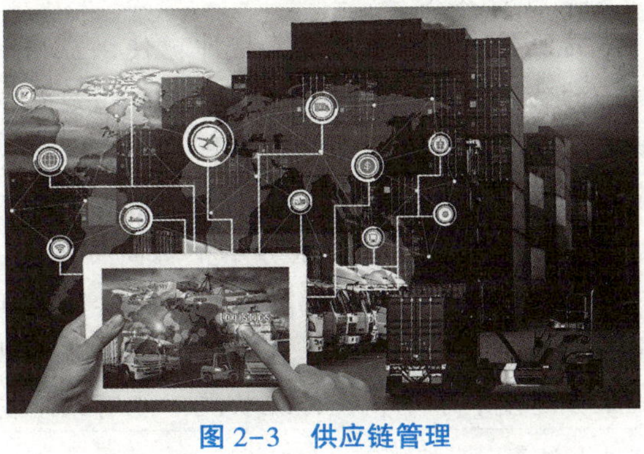

图 2-3　供应链管理

移，具体的运输、存储、装卸、配送等活动是不可能直接通过网络传输的方式完成的，即网络信息不是物流管理的必要手段。

3. 从管理目标看

供应链管理与物流管理的目标不一致。供应链管理的目标是通过管理库存和合作关系，达到对客户的快速响应并实现整个供应链上的交易成本最低；物流管理是通过各种协调手段，寻求在一定约束条件下物流全程运作中最优的物流成本。

综上所述，物流与供应链实质上是从不同视角提出的两个概念。物流是从企业作业活动的角度提出的概念，描述了企业围绕物的流转而形成的各项实际作业活动内容。而供应链是从企业管理的角度提出的概念，描述了企业运营实体之间的系统结构。供应链管理强调企业内外部资源的同时使用，要从企业及其合作群体的大系统的角度降低成本、提升效率。

在实践中，物流系统成为企业运行的重要组成部分，也是供应链管理理论、技术方法的主要应用领域。供应链管理理论、技术方法的发展为改善物流管理和物流系统运行奠定了良好的理论基础。

现代生产企业要做到准时交货、提高交货可靠性、提高响应性、降低库存费用、加速资金周转、快速传递与反馈市场信息、不断沟通生产与消费的联系和提供低成本的优质产品，就离不开物流管理。当前的物流管理已经不局限于生产企业的内部管理，而是供应链企业之间的物流管理，因此，只有建立敏捷高效的物流与供应链系统，才能达到提高企业竞争力的目的。供应链管理将成为21世纪企业提高竞争力的核心。

知识拓展

传统物流运作模式的缺陷

传统物流是围绕单个企业的目标进行的管理活动，主要考虑满足生产商和销售商的安全库存需要，不可避免地存在以下四个缺陷。

1. 企业内部物流职能被分割

层级制管理导致企业物流管理职能分散，采购、生产、销售等部门往往独立管理。这种各自为政的分割式物流管理模式，导致企业内部运作效率低下，不能实现物流集约化效益。

2. 库存太大

传统供应流程上的库存缓冲，使供应商、制造商与零售商都有库存，很难进行科学统一的物流运作规划，而这正是造成供应链中牛鞭效应的原因。这种缺乏整体性的物流规划，常常导致一方面库存不断增加，另一方面在需求出现时又无法及时满足。这样，企业就会因为物流系统管理不善而丧失市场机会。

3. 反应迟缓，物流服务水平不高

由于传统销售渠道的松散性、信息的封闭性、利益的分割性、区域的割据性，以及企业内部的分权、专权，在物流运作过程中缺乏及时有效的信息沟通，这些都影响了物流服务速度和水平，使传统物流不能有效地支持产品销售。

4. 风险大

企业内部的人为割据导致物流管理的四分五裂以及业务链过长，经手的部门和人员过多，损公肥私的现象严重。同时，由于库存大，反应缓慢，库存不适应需要导致的损毁浪费也居高不下，企业所需要的流动资金增加，企业的经营风险加大。

学习完本项目的内容后，认真完成表 2-2 的实践清单。

表 2-2 实践清单

构建可持续发展的供应链结构模型	
实践任务	以本学校学生社团的商品采购为例，设计一个可持续发展的供应链结构模型，优化采购过程，降低环境影响，提高社团商品的质量和可持续性
实践目标	(1) 理解可持续发展的概念，掌握构建可持续供应链结构的方法和原则； (2) 提高学生对供应链管理的认知和实践能力； (3) 通过优化供应链结构，降低资源浪费和环境影响，并提高商品质量和社团形象
实践步骤	(1) 分析学生社团商品采购的现状，了解学生社团商品采购的整个流程，包括供应商选择、订购、运输和库存管理等各个环节； (2) 识别可持续发展机会，评估当前采购过程中存在的环境影响和可持续性问题，识别可能的改进机会，例如选择环保供应商、减少包装、优化运输路线等； (3) 设计可持续供应链结构模型，基于分析结果和可持续发展原则，重新设计学生社团商品的供应链结构模型，包括选择符合环境和社会责任标准的供应商，优化物流和包装，减少资源消耗，同时确保商品的质量； (4) 实施可持续供应链结构优化，根据新的供应链结构模型，制订详细的实施计划，包括与供应商的协商、推进资源回收等措施，确保实施过程的顺利进行； (5) 监测和评估效果，实施后，监测和评估新的供应链结构优化的效果，包括环境影响的降低程度、资源节约的实际效果、学生对商品质量和可持续性的反馈等
实践提示	(1) 鼓励学生社团成员参与供应链优化的决策和实施过程，提高他们对可持续发展的认知和行动意识； (2) 与社团成员、供应商和相关部门进行积极沟通和合作，共同推进可持续供应链结构的优化，确保各方利益的协调； (3) 借助信息系统和供应链管理工具，提高采购过程的追踪和数据分析能力，优化决策和监测效果； (4) 加强对供应链结构优化的持续改进，及时总结经验教训，并与其他学生社团分享成功经验，促进可持续发展的扩散效应； (5) 通过实践，培养学生的团队合作、问题解决和可持续发展的综合能力，为他们未来的就业和职业发展打下基础
实践总结	

完成以上实践后，认真完成表 2-3 的实践评价。

表 2-3 实践评价

评价内容	分值	得分
参与实践的积极性、主动性	25	
分析能力	25	
方案策划能力	25	
对供应链管理的掌握程度	25	
教师点评：		

项目小结

供应链管理是现代企业管理的重要组成部分，其核心是集成和优化产品从原材料采购到最终交付给客户的整个过程。供应链的结构模型包括供应商、制造商、分销商、零售商和客户等多个节点，这些节点之间存在复杂的关系和互动。供应链管理的内容包括计划、组织、协调和控制等，其目标是实现供应链的整体优化，提高效率、降低成本、提高客户满意度。

供应链管理与传统管理模式的区别在于，传统管理模式往往关注企业内部的运营，而供应链管理则注重整个供应链的协同和优化。物流管理与供应链管理的联系在于，物流管理是供应链管理的重要组成部分，负责协调和管理供应链中的物品流动。然而，物流管理只是供应链管理的一部分，供应链管理还需要考虑其他方面的问题，如信息流、资金流等。

思考练习

1. 供应链管理的目标有哪些？
2. 供应链管理主要涉及哪些领域？
3. 物流管理与供应链管理的区别有哪些？

项目三

采购与供应物流

项目导读

采购与供应物流是供应链管理的重要组成部分，负责从供应商处采购原材料、设备、服务等，并将其供应到生产或服务过程中。采购与供应物流的目标是确保供应链的正常运行，降低采购成本，提高采购效率，并维护与供应商的长期合作关系。

学习目标

知识目标

（1）了解采购的概念和流程。

（2）了解采购的方式。

（3）了解供应商战略细分的标准。

技能目标

（1）能够分析企业的采购需求，制定适合的采购策略。

（2）具备与供应商进行有效沟通、谈判和合作的能力。

（3）能够运用采购管理工具和技巧进行采购活动的组织和协调。

素质目标

（1）使学生具备良好的团队合作精神和沟通能力，能够与不同部门和供应商进行有效地合作。

（2）使学生具备分析和解决问题的能力，能够应对采购过程中的挑战和风险。

（3）使学生具备严谨的工作态度和责任心，保证采购活动的准确性和效率。

思政目标

（1）培养学生正确的价值观，追求公平、公正的采购原则。

（2）使学生理解企业的社会责任，关注可持续发展和环境保护。

（3）培养学生遵守相关法律法规的意识，维护诚信经营的理念。

案例导入

卫岗乳业：加速企业数字化转型，让采购更高效

南京卫岗乳业有限公司（简称卫岗乳业）始建于1928年，历经90多年的传承创新，现已成为国家农业产业化重点龙头企业、中国食品百强企业、江苏省先进乳品生产企业，卫岗牛奶成为中国优质农产品、江苏省名牌产品。作为大型乳品生产制造型企业，卫岗乳业拥有6 600多家供应商，数十家子公司，数十万料件，同时拥有ERP、OA等多个信息系统。

卫岗乳业作为一家具有多个信息系统的企业，长期以来面临着采购成本、信息断层、采购效率和寻源范围等采购“痛点”。为了解决这些问题，卫岗乳业决定借助采购业务全流程电子化的解决方案来击破痛点，并致力于五大建设目标：全流程电子化招标采购能力、“外部贸易+内部管理”一体化、持续降本增效、采购管理水平提升、辅助决策分析。

为了满足卫岗乳业的采购需求，旺采网提供了全面的电子化采购解决方案。该方案实现了各个业务流程和数据流程的有效串联，为卫岗乳业搭建了业务完善、功能健全、使用高效、扩展性强的采购供应链系统。旺采网通过本地化部署模式，为卫岗乳业打造了满足其采购需求的开放式全方位电子化招采平台。该平台的建设内容主要包括构建完整的集团采购体系、建立完善的供应商管理与考核机制、实现招标采购全流程电子化以及逐渐对外实现全面开放，打造行业级采购平台。旺采网还提供了三大特色内容，包括竞价管理、物资超市和采购全流程管理，助力企业降本增效、加强内部管理。

自旺采网上线试运营以来，取得了显著的成绩，完成了大量的合同管理和核价物资。这些成果不仅体现在各个维度数据的提升上，更在于为卫岗乳业经营发展赋能。未来，卫岗乳业希望电子招采平台不仅满足对内服务，还要持续对外拓展应用，最终形成B2B2C采购平台，为整个卫岗集团服务。通过拓展新业态，为消费者提供更好的服务，从而增强企业的竞争优势。

任务一　采购概述

有效的商品和服务采购能产生竞争优势。采购环节连接了供应链的各个成员，并且保证了供应链中的供应的质量。通过采购获得的物料和服务，其质量会影响产成品的质量，进而影响客户满意度和企业的收益。许多企业的采购成本在产品的总成本构成中占了相当大的比重，例如，制造业产品成本中超过60%的部分来自外购零件和物料，所以许多从业者与学者相当关注采购管理。尤其是现在价格竞争的激烈与OEM加工的盛行，以及全球一体化加工的形成，对采购管理工作提出了更高的要求。

采购概述

一、采购在供应链中的作用

采购是一个复杂的过程，而要管理采购过程就必须理解这个过程，对这个过程进行定

义。在狭义上，采购可以看成企业购买货物和服务的行为；在广义上，完整的采购定义为：采购是为满足用户需求而获取货物和服务的所有必需活动。

在制造业的快速发展过程中，"采购"正在成为一个独立的行业走向市场的前台。高效的采购对于企业优化运作、控制成本、提高质量以及持续盈利等方面至关重要。随着全球市场一体化和信息时代的到来，专业生产能够更加发挥其巨大的作用，导致企业采购的比重大大增加，使采购及其管理的作用提升到了一个新的高度。

采购在供应链中一端连接着企业内部的客户，即所采购的材料和服务的使用者，另一端连接着外部的供应商。外部企业的价值通过采购环节向企业内部传递，最终传达到外部的客户中。因此，从供应链的角度来讲，采购是整个供应链控制中上游控制的主导力量。

采购及采购管理对企业经营活动的意义重大，本节从下面三个角度论述采购在供应链管理中的重要性。

1. 采购对生产的意义

企业的生产经营过程就是物资的消费过程，要使生产经营过程周而复始、不间断地进行，就需要不断地从市场购进物资，以补充生产经营过程中对原材料、半成品等的需要。在供应链系统中，每个企业既是需者，又是供者，处于供应链上的企业都是为了满足最终用户的需求而生产。

企业将供应商纳入自身的生产经营过程，将采购及供应商的活动看成自身供应链的一个有机组成，才能加快物料及信息在整体供应链中的流动，从而既减少整个供应链的物料及资金负担，又及时将原材料、半成品转化成最终产品以满足客户的需求。反之，如果采购不正确或是不及时，企业的生产经营就不能顺利进行；如果采购的物资品种、规格、质量不适用，企业的产品成本和质量就会受到影响；如果采购的数量不恰当，就会影响企业流动资金的占用。

2. 采购对成本控制的意义

在全球企业的产品成本构成中，采购原料及零部件的成本占企业总成本的比重居高不下。不同的行业有不同的成本水平，表 3-1 罗列了美国不同行业采购成本占商品销售成本的百分比。在中国，采购成本大约要占企业销售成本的 70%左右。

表 3-1 美国不同行业采购成本占商品销售成本的百分比

零售业	计算机行业	汽车行业	电子制造业	制药业	服务业
60%~85%	60%~80%	60%~80%	50%~70%	25%~50%	10%~40%

在采购上每节约 1 元就是为公司的营业利润增加 1 元，但企业若想依靠增加销售获取同样的利润，在其他条件不变的情况下，假设企业的利润率为 5%的话，则需要增加销售 20 元的产品。采购成本降低 1 元所需付出的代价远比多销售 20 元产品小，实现的可能性相对较高。因此，通过节约采购的实际成本可以显著提高销售边际；通过与供应商一起对质量和物流进行更好的安排，采购能为更高的资本周转率做出贡献；通过适当的调整，供应商能对公司的改革流程做出重大的贡献，这些方面的改善都会对公司的净资产收益率产生深刻的影响。

3. 采购对价值增值的作用

企业经营过程中，内外一系列通过对投入物的增值以满足外部消费者需要的环节所形成的链条，叫做价值链。从价值增值的角度看，供应链也是一条价值链。供应链中不同的环节对价值的增值贡献是不一样的。

供应链管理强调价值贡献职能，从这点讲，采购是有所为的。价值链上游的质量、及时性和成本决定着供应链的下游，而采购正是处于上游的核心环节，它一方面连接着内部客户，一方面连接着外部客户（供应商）。企业通过科学的管理采购，把企业的经营管理扩展到价值链的上游各环节，以实现价值的最大化。

总之，在外部环境发生急剧变化的今天，企业想方设法采取一切措施降低成本，通过自身的革新提高利润。企业日益认识到了采购的重要性，采购已成为影响企业竞争力及企业运作的主要因素。

二、采购的流程

采购过程中的活动涉及在工业市场上购买货物和服务。这些活动通常都会超越职能边界（组织内部）和组织边界（组织之间），并且如果没有交易各方的参与就不可能有效地完成这个过程。这些活动的成功完成使买卖双方的价值最大化，进而也使供应链的价值最大化。

每个企业都有自己的采购流程，同一企业的每次采购流程也可能不一样。典型的采购流程可概括如下。

1. 确定或重新评估需求

采购交易通常始于对用户新的或现有需求的供应。有时，必须对发生变化的现有需求重新评估。无论是哪种情况，一旦需求被确认，采购活动就开始了。这种需求可以由企业内部任何一个职能部门来确认，甚至可以由企业外部的某个人，例如消费者来确认。

2. 定义和评估用户需求

一旦需求被确认，那么它的需求必须以某种可测的标准表现出来。标准可能相对简单，也可能很复杂。利用这些标准，采购人员能够将用户的需求传递给潜在的供应商。

3. 决定是自制还是外购

需求明确后，购买企业必须确定是自己制造还是从外部购买产品或服务来满足用户需求。但是即使决定自己制造，企业通常也需要向外部供应商购买某些规格的原材料。

4. 确认采购的类型

不同的采购过程所需要的时间以及该过程的复杂程度是不同的。

从所需时间最少、过程最简单到所需时间最多、过程最复杂，可将采购分为三种类型，见表3-2。

表3-2　采购的三种类型及特点

类型	特点
连续采购或定期采购	需按照一定时间间隔或需求量，定期对商品进行采购
调整采购	要求改变现有的供应商或原材料
全新采购	来自新的用户需求

在连续采购或调整采购中，下面将要讨论的某些环节是可以忽略的，例如，没有必要识别所有的供应商。

5. 进行市场分析

物料的供应源可能处于完全竞争市场（许多供应商）、寡头垄断市场（几个大的供应商）或者是完全垄断市场（一个供应商）。了解市场类型有助于采购人员确定市场上供应商的数量、权限与依存性的平衡点，以及何种购买方法才是最有效的（协商谈判、公开招标等）。关于市场类型的信息有时并不明显，可能需要采购人员通过多种途径搜集资料，例如从行业协会获取信息。

6. 识别所有可能的供应商

这项活动就是找出能够满足用户需求的所有可能的供应商。在这个阶段，找到那些企业以前没有合作过但却是有可能合作的供应商是很重要的。识别所有可能的供应商是一个挑战，需要进行调查分析，特别是在如今全球化的环境下。如果是一个小企业，可能会更多地依赖那些公共信息来源，比如电话黄页。

7. 对所有可能的资源进行预先筛选

在确定和评价用户要求的时候（像在第二步中描述的那样），区分需求和需要是很重要的。对某一产品和服务的需求对用户来说是非常关键的特征，而需要对用户来说不是非常关键的要素，是可以通过协商来解决的。筛选可以将可能的供应商减少到足以满足用户需求的范围。在有些情况下，筛选可能是一项相对简单的工作。例如复印纸，供应商要么确定有货，要么就是确定无存货。而对电脑配件来说，就需要内部工程人员进行一系列测试。

8. 评价剩余供应商的基础

当将可能的供应商减少到足以满足用户需求的时候，就可以确定哪一个或哪一些供应商可以更好地满足用户的需求或需要。如果采购项目相当简单或者比较标准，并且有足够多的供应商，那么这项活动可以通过公开招标来完成。否则，就有必要进行较为精细的评价。例如测试汽车座椅的安全带，需要进行技术检验或者终端使用状况模拟。

9. 选择一个供应商

供应商的选择决定了购买企业和供应企业之间的关系，以及这种关系的结构是如何构建和实现的。这一活动也决定了如何同那些未被选择的供应商保持关系。供应商选择应该建立在必要的讨论的基础之上，如质量、可靠性和总体要价等。

10. 接收产品或服务

这个活动的发生是供应商试图满足用户需求的第一步。这个活动的完成同时会产生下一活动所需的绩效数据。

11. 进行采购后的绩效评价

一旦服务已经提供或产品已经接收，就应该评价供应商绩效，从而确定供应商是否真正满足了用户需求。这同时也是控制活动。如果供应商的工作没有满足用户需求，就必须找到这种不一致的原因并且采取相应的纠正措施。

此处所提到的所有活动都要受采购人员所不能控制的因素所影响。这些影响可以决定每一项活动实施的有效程度。它们包括组织内部和组织之间的因素，以及组织外部的因素，如政府的影响。

三、采购方式

准时制采购是一种先进的采购方式，为许多大企业所采用，其具体思想和运作方法是现代物流的典型代表，因而本部分对准时制采购单独进行介绍。

1. 准时制采购的基本思想

准时制采购也叫 JIT 采购，既是一种先进的采购模式，也是一种管理哲理。它的基本思想是：在恰当的时间、恰当的地点，以恰当的数量、恰当的质量提供恰当的物品。它是从准时制生产发展而来的，是为了消除库存和浪费而进行持续性的改进。要进行准时制度化生产，必须有准时制的供应，因此准时制采购是准时制生产管理模式的必然要求。它和传统的采购方法在质量控制、供需关系、供应商的数目、交货期的管理等方面有许多不同。其中，供应商的选择（数量与关系）和质量控制是其核心内容。

准时制采购包括供应商的支持与合作，以及制造过程、货物运输系统等一系列内容。准时制采购不但可以减少库存，还可以加快库存周转、缩短提前期、提高采购质量、获得满意交货等效果。

2. 准时制采购的特点

准时制采购和传统的采购方式有许多不同之处，主要表现在如下几个方面。

（1）采用较少的供应商，甚至单源供应

传统的采购模式通常涉及多个采购主体，因此供应商数量相对较多。从理论角度来看，采用单一供应源相较多个供应源更具优势，一方面，便于供应商管理，同时有利于降低采购成本；另一方面，有利于供需双方建立长期稳定的合作关系，确保质量可靠。然而，单一供应源也存在一定风险，如供应商因意外原因中断供货，或供应商缺乏竞争意识等。

在实际操作中，许多企业并不愿意成为单一供应商。原因在于，首先，供应商作为独立商业竞争者，不愿将成本数据透露给用户；其次，供应商不愿成为用户的产品库存点（图 3-1）。实施准时制采购需降低库存，但原先的库存成本位于用户一方，现需转移到供应商，用户需认识到供应商在此方面的担忧。

图 3-1　产品库存点

（2）选择供应商的标准不同

在传统的采购模式中，是通过价格竞争来选择供应商的，供应商与用户的关系是短期的合作关系，当发现供应商不合适时，可以通过市场竞标的方式重新选择供应商。但在准时制采购模式中，由于供应商和用户是长期的合作关系，供应商的合作能力将影响用户企业的长期经济利益，因此对供应商的要求就比较高。在选择供应商时，需要对供应商进行综合的评估，质量是最重要的标准。这种质量不单指产品的质量，还包括工作质量，交货质量、技术质量等多方面的内容。高质量的供应商有利于建立长期的合作关系。

（3）对交货准时性的要求不同

准时制采购的一个重要特点是要求交货准时。交货准时取决于供应商的生产与运输条件。作为供应商来说，要使交货准时，可从以下两个方面着手。

第一，不断改进企业的生产条件，提高生产的可靠性和稳定性，减少由于生产过程的不稳定导致延迟交货的现象。作为准时化供应链管理的一部分，供应商同样应该采用准时制的生产管理模式，以提高生产过程的准时性。

第二，为了提高交货的准时性，运输问题不可忽视。在物流管理中，运输问题是一个很重要的问题，它决定准时交货的可能性。特别是在全球化的供应链系统下，运输距离长，而且可能要先后利用不同的运输工具，需要转运输等，更要进行有效的运输计划与管理，使运输过程准确无误。

（4）对信息交流的需求不同

准时制采购要求供应与需求双方的信息高度共享，保证供应与需求信息的准确性和实时性。由于双方的战略合作关系，企业在生产计划、库存、质量等各方面的信息都可以及时进行交流，以便出现问题时能够及时处理。

（5）制定采购批量的策略不同

小批量采购是准时制采购的一个基本特征。准时制采购和传统采购模式的一个重要不同之处在于，准时制生产需要减少生产批量，因此采购的物资也应采用小批量办法。当然，小批量采购自然会增加运输次数和成本，对供应商来说，这是很难实施的，特别是供应商在国外等距离远的情形，实施准时制采购的难度就更大。解决的办法包括采用混合运输、代理运输等方式，或尽量使供应商靠近用户。

3. 准时制采购的方法

下面的几点可以作为实际实施准时制采购的参考。

（1）创建准时制采购班组

世界一流企业的专业采购人员肩负着三项主要职责：探寻货源、商议价格以及发展与供应商的协作关系并持续优化。因此，具备专业化素质的采购团队对于实施准时制采购至关重要。为实现此目标，首先应设立两个班组。

第一个班组专门处理供应商事务，其职责包括评估供应商的信誉和能力、与供应商谈判签订准时制订货合同、向供应商发放免检签证等，同时负责供应商的培训和教育。

第二个班组专注于消除采购过程中的浪费。这些班组成员应对准时制采购的方法有深入的理解和掌握，并在必要时接受相关培训。

若这些人员本身对准时制采购的理解和认识不够深入，则难以期望供应商的合作。

（2）制订计划，确保准时制采购策略有计划、有步骤地实施

要制定采购策略，以及改进当前采购方式的措施，包括如何减少供应商的数量、供应商的评价方法、向供应商发放签证等内容。在这个过程中，要与供应商一起商定准时制采购的目标和有关措施，保持经常性的信息沟通。

（3）精选少数供应商，建立伙伴关系

选择供应商应从这几个方面考虑：产品质量、供货情况、应变能力、地理位置、企业规模、财务状况、技术能力、价格、与其他供应商的可替代性等。

（4）进行试点工作

先从某种产品或某条生产线的试点开始，进行零部件或原材料的准时制供应试点。在试点过程中，取得企业各个部门的支持是很重要的，特别是生产部门的支持。通过试点，

可以总结经验，为正式准时制采购实施打下基础。

（5）搞好供应商的培训，确定共同目标

准时制采购是供需双方共同的业务活动，单靠采购方的努力是不够的，需要供应商的配合。只有供应商也对准时制采购的策略和运作方法有了充分地认识和理解，才能获得供应商的支持和配合，因此需要对供应商进行教育培训。通过培训，大家取得一致的目标，相互之间就能够很好地协调，做好准时制采购工作。

（6）向供应商颁发产品免检合格证书

准时制采购和传统的采购方式的不同之处在于买方不需要对采购产品进行比较多的检验手续。要做到这一点，需要供应商做到提供100%的合格产品。当其符合这一要求时，即可发给免检证书。

（7）实现配合准时制生产的交货方式

准时制采购的最终目标是实现企业的准时制生产，为此，要实现从预测的交货方式向准时制交货方式转变。

（8）继续改进，扩大成果

准时制采购是一个不断完善和改进的过程，需要在实施过程中不断总结经验教训，从降低运输成本、提高交货准确性、提高产品质量，降低供应商库存等各个方面进行改进，不断提高准时制采购的运作绩效。

任务二　采购策略与采购管理

供应链采购管理职能的实现与企业采取什么样的采购策略有着密切的关系。在供应链管理模式下，采取何种采购策略是采购模型的重要组成部分。以下将从采购策略与采购管理两个方面来阐述制造企业在供应链环境下采购策略的演变模式。

一、采购策略

策略的概念在销售领域已经深入人心。所谓策略，即达成某一目标的主要方向或者计划。但在采购管理领域，策略的普及和应用程度远远不及其他领域。

采购策略可以理解为一系列为达成基于企业经营战略的采购目标的计划、执行方案和措施。采购策略的制定应遵循供应链管理下的经营理念，即内外兼顾、纵横联合、战略合作、流畅的沟通、透明的信息、风险分担与利益共享等。企业可运用的资源不同和企业所面临的环境不同，使用的采购策略就会不同。

1. 影响采购策略的因素

影响采购策略选择的因素很多，企业在制定和选择采购策略时应考虑的因素可分为外因和内因两方面。

（1）外因

① 法律

企业要关注并履行社会环境对企业运作的法律约束，如知识产权法、公平交易法、专利法等，避免采购环节因忽视法律因素给企业带来不利影响。

② 经济环境

价格是企业采购关注的重点。尽管在供应链管理下，更强调价值，但价格因素在一定程度上反映着价值，很多企业在供应链管理的发展过程中仍会视价格为主要的衡量指标。因此经济环境中物价的波动是制定采购策略时必须考虑的因素。对那些实行国际化采购的企业而言，许多主要币种汇率的不断变化对他们施加了新的挑战。高通货膨胀、政府巨额预算赤字、汇率的迅速变化，都要求企业对其原料需求的重新分配做出快速反应。这些在企业的采购策略中都要有所体现。此外，经济环境因素还包括进口管制、关税等因素。

③ 技术发展

一个企业要保持竞争力，必须致力于产品的创新和质量的改善。原料质量的改善和创新是产品创新和质量改善的一个重要方面。现代技术发展的速度已经超过有人类历史以来的任何一个时期，企业要及时不断地更新供应商及潜在供应商关于新技术发展的知识。

④ 采购市场的动态

采购面对的是采购市场，在采购管理流程中，有一个主要的环节就是采购市场的调查研究。宏观来讲，采购市场的动态性包括两个方面，一为采购市场的结构，二为采购市场的供需状况。不管是国内采购市场还是国外采购市场，都处于不断变化中。物料的供应市场是处于垄断还是完全竞争、供应商因破产或因被竞争对手收购而消失，都会对价格水平和供应的持续性产生影响。某一物料在供应市场内供不应求，可能会导致紧缺状况的发生，若没有稳定可靠的供应商，就会对生产经营带来打击；供大于求，过量库存就会造成资本的浪费。采购者应能对采购市场的结构和供需状况进行正确分析和预期，由此增进对采购策略的动态把握。

⑤ 供应商素质

社会乃至每个企业的资源是有限的，能与企业建立联系并与之合作的供应商也是有限的。对供应商的素质，如品质、价格、交货的稳定性、生产技术的创新性及其他供应商可能带来的无形利益进行科学、综合地评价，是制定采购策略的必要步骤，也是有效实现采购策略的必要条件。

（2）内因

① 企业的目标和政策

采购就是企业为了追求和实现它的战略目标而进行的一系列与生产和库存紧密相连的识别、采办、获取与管理它所需的或潜在所需的所有资源的活动。因此，采购策略应与企业的目标和政策一致。

② 企业的营销策略

采购是为生产服务（对制造企业而言）的，生产的终极目标是在市场上以高于成本的价格出售产品，实现盈利。因此，营销是企业实现利润的环节。在企业内部的供应链中，这三个环节环环相扣。如果企业针对某一产品打品牌战略，势必对产品的原料有更高的要求，因此要相应地采取品牌采购策略；如果企业仅仅想薄利多销，采购策略应相应地改变成以价格为核心的采购，以保证营销策略的实现。

③ 企业的生产制度

企业若想实现零库存生产，就要实行供应商管理库存（VMI）的采购模式；企业若想实现连续性生产，及时采购就是必要条件了。

④ 原料的重要程度

根据采购额和供应商基数两个变量，可以把原料分成战略性原料、杠杆原料、瓶颈原料和一般原料，见表 3-3。

表 3-3　原料的分类

分类	特点
战略性原料	这类原料数量很大，在最终产品的成本价格中占有很大份额，对供应商的依赖很大
杠杆原料	这类原料在最终产品的成本价格中占有相对较大的份额，最终产品的成本价格对该类原料价格的敏感度强，其价格的微小变化会对最终产品价格造成较大的影响
瓶颈原料	这类原料在金额上只占相对较小的比例，但供应却较为脆弱
一般原料	这类原料价值通常较低且存在大量的供应商可供选择，这类原料的采购通常占用了采购的绝大部分时间，其消耗的费用远远大于本身的价值

在采购策略中要以有效组织采购为重点。根据不同原料的重要性不同，企业可将其归为上述各种类型，以便采取相应的采购策略。

⑤产品在生命周期中所处的位置

产品处在不同的生命周期，企业的竞争战略将有明显的差异，相应的采购策略也应不同。在导入期和成长期，企业通过新式样和新品种的引入或现有产品的改进获得市场地位。但在饱和期和衰退期，技术已经成熟并且不会发生重大变化，企业通过以极具竞争力的价格销售最终产品，并且质量和服务水平保持不变。这时候，以降低成本、提高质量和缩短交货期为目的的采购策略对于保持或加强企业的市场地位起到了主要作用。

2. 采购策略分类

（1）分阶层采购策略

对采购策略持策略阶层观点的是史培曼。他认为采购策略是由不同管理阶层拟订的策略的总和，不同的阶层有不同的任务。具体而言，公司阶层是最高的管理阶层，这个阶层上采取竞争策略，重点在于塑造采购人员本身的议价能力，借以改善企业市场竞争的地位，主要任务包括了解采购市场的结构、国际来源的影响、垂直整合的最适水准，以及选择供应商获取的方法。

从公司阶层延伸下来，是事业部阶层，关注特定事业的竞争力。这个阶层采取的是系统策略，主要任务是供应商分析、存货管理、价值分析和各部门之间的协调。部门阶层是最低的阶层，采取绩效策略，重点在于管理采购的资源、控制费用、满足使用单位的要求，即将各种采购活动融入达成企业目标的计划中并制定可行的措施。

（2）全面采购策略

学者林德斯等从系统方法出发，认为全面的采购策略可以分解为许多为达成某一特定的采购目的所制定的次策略。这些策略包括开发新的供应商、国外采购、统购、专业化采购、缩减供应商、垂直整合（收购主要的供应商）、长期合约等 25 项。对这 25 项次策略进行归纳，可提炼出如下三种采购策略。

① 确保供应的策略

能够经济有效地保证将来的采购需求获得满足所制订的计划。供需状况的变化和议价方法的改变是影响该计划的因素，因此需要广泛收集信息和资料。

② 支持供应的策略

能够使采购单位充分获得供应商的专业知识与技能的各种手段。比如建立供需双方网络通信系统，使双方的变化能及时地获得沟通。更有效地联系供需双方的手段，譬如邀请供应商参加培训，让供应商参与产品的技术改进等，其目的在于确保进料的品质能够维持更高的水准。

③ 环境变动策略

经济、法律、组织、政府政策等环境因素的变动与企业的长期利益有关，采购工作必须能预见和认识这些环境变动，采取相应的措施，比如预购备用、利用期货市场等。

(3) 竞争导向策略

从竞争分析的角度，供应商和采购者之间是对抗的关系，双方力量抗衡会产生三种结果：供应商占优势、采购者占优势、两者势均力敌。在这个结构的基础上发展出了以下三种采购策略。

① 多角化策略

当供应商占优势时，采购宜采取防御性的策略，如扩大采购市场研究，积极寻找原材料替代品或新的供应商。

② 压榨策略

当采购者占优势时，宜采取激进的策略。采购方可以对供应方施加减价的压力，并维持较低的存货水准，借以获得更高的利润。但压榨策略不能以杀鸡取卵为代价，否则会破坏长期的供应商关系，甚至引起对抗行为。

③ 平衡策略

当两者处于势均力敌的状态时，采购方应采取中庸、均衡的策略，以免过犹不及。价格应采取协商的办法，要保持一定的存货数量，作为谈判筹码。

三种策略在评判供求双方孰优孰劣的 9 个标准上的表现见表 3-4 所示。

表 3-4 三种策略在 9 个评判标准上的不同表现

序号	评判标准	多角化策略	压榨策略	平衡策略
1	数适	集中	分散	保持原状或谨慎转移
2	价格	保持低价格	实施减价压力	伺机协商
3	合约涵盖程度	通过合约确保供应	采购现货	平衡合约及现货采购
4	新供应商	积极寻求	保持联络	择优采购
5	存货	保有安全存量	维持低水平	保持一定存货以备缓冲
6	自制	加强	减少或避免	视状况而定
7	替代品	积极寻求	保持接触	把握机会
8	附加价值开发	着手本身计划	迫使供应商负责	因势制宜
9	供需	确保足够货源	尽量降低成本	选择性降低成本

二、采购管理

1. 采购管理的目标

采购成本对企业产品的成本有重要的影响，因此，降低成本就是采购管理的基本目标之一。降低成本是一个长期的、持续不断的过程。企业必须不仅能够在某一段时期内控制并降低采购成本，而且还要能够持续地推动，使企业能够在其所在的行业中建立成本优势。

但是，及时获取所需的外部资源的压力常常使采购成本不能满足成本控制的要求，特别是那些在产品成本中只占较小比例的外购投入，如设备维修、办公用品、交通工具及零星工程等。即便是对产品成本影响较大的原材料或机械设备，停工待料或者工程不能按期竣工导致的损失，有时也远远超过采购成本的少许差额。这也是在价格谈判当中，买方往往比卖方更容易妥协的原因之一。

因此，采购管理不仅要追求降低成本，而且要保障企业能够及时地获取外部资源，使正常的生产和经营活动得以继续，并且能够满足生产计划的质量要求。此外，采购管理必须面对最普遍发生的商业贿赂问题。所以，采购管理的基本目标可以概括为以下几点。

（1）及时、准确地为企业从外部获取资源。

（2）持续贯彻和推进企业的成本控制方针。

（3）对整个采购过程实施有效地监督控制，防止贪污腐败。

认同这三个目标容易，但问题在于如何能建立一套完善的管理体系来确保目标的实现，即将管理目标明确甚至量化到具体的管理措施、机构，并最终落实到具体的执行人身上，然后通过不断地检查和考核来实现目标。

2. 电子商务环境下采购管理的特征

调查显示，应用互联网进行采购使产品成本降低 5%～10%，流程成本降低 70%，采购周期缩短 50%～70%。电子商务实现了供应链企业间跨越时间、空间的交互式、分布式交流，对采购活动产生了重大的影响。

电子商务提供了一个超时空的采购环境，企业在任何时候都能够跨地域进行采购。在此背景下的企业采购管理因此也具有以下几个鲜明的时代特征。

（1）从为库存而采购转向为订单而采购

在电子商务模式下，采购活动是以订单驱动方式进行的，制造订单是在用户需求的驱动下产生的。然后，制造订单驱动采购订单，采购订单再驱动供应商。这种准时化的订单驱动模式可以及时响应用户的需求，从而降低库存成本，提高物流速度和库存周转率。

订单驱动的采购方式有如下几个特点。

① 由于供应商与制造商建立了战略合作伙伴关系，签订供应合同的手续大大简化，双方不再需要询盘和报盘而反复协商，交易成本大大降低。

② 在同步化计划的协调下，制造计划、采购计划、供应计划能够并行，缩短了用户响应时间，实现了电子商务的同步化运作。采购与供应的重点在于协调各种计划的执行。

③ 采购物资直接进入制造部门，减轻采购部门的工作压力，减少不增加价值的活动过程，实现电子商务精细运作。

④ 信息传递方式发生了变化。在电子商务环境下，供应商能共享制造部门的信息，提高了应变能力，减少了信息失真，同时采购部门在订货过程中不断收到信息反馈，修正订货计划，使订货与需求保持同步。

⑤ 实现了面向过程的作业管理模式的转变。订单驱动的采购方式简化了采购工作流程，采购部门的作用主要是加强同供应商与制造部门的联系，协调二者的关系，为实现精细采购提供保障。

（2）从采购管理向外部资源管理转变

传统采购的不足之处在于与供应商之间缺乏合作、缺乏柔性、缺乏快速响应需求的能力。准时化思想的出现对企业的物流管理提出了严峻的挑战，需要改变传统的单纯为库存而采购的管理模式，提高采购的柔性和市场响应能力，增强和供应商的信息联系及相互之间的合作，建立新的供需合作模式。因此，电子商务采购模式的第二大特点就是实现有效的外部资源管理。

要实现有效的外部资源管理，制造商的采购活动应从如下几个方面进行改进。

① 和供应商建立一种长期、互惠互利的合作关系，这种合作关系保证了供需双方能够有合作的诚意和共同解决问题的积极性。

② 通过提供信息反馈和教育培训支持，促进供应商改善和保证质量。制造商不仅要向供应商提出相关质量要求，而且应及时反馈供应商的产品质量问题，以便其及时改进。对个性化的产品要提供有关技术培训，使供应商能够按照要求提供合格的产品。

③ 协调供应商的计划。一个供应商有可能同时参与多条供应链的业务活动，在资源有限的情况下必然会造成多个需求方争夺供应商资源的局面。在这种情况下，下游企业的采购部门应主动参与供应商的协调计划。在资源共享的前提下，保证供应商不至于因为资源分配不公而产生矛盾，保证正常的供应关系，维护企业的利益。

④ 建立一种新的、有不同层次的供应商网络，并通过逐步减少供应商的数量，致力于与供应商建立合作伙伴关系。一般而言，供应商数量越少越有利于双方的合作。但是，企业对产品零部件或原材料的需求是多样的，应根据自己的情况选择适当数量的供应商，建立供应商网络，并逐步减少供应商的数量，致力于和少数供应商建立战略伙伴关系。为此，供应商也应该在以下方面提供协作，见表 3-5。

表 3-5　供应商需要提供协作的方面

序号	提供协作的方面
1	帮助拓展用户（下游企业）的多种战略
2	保证高质量的售后服务
3	对下游企业的问题做出快速反应
4	及时报告所发现的可能影响用户服务的内部问题
5	基于用户的需求，不断改进产品和服务质量
6	在满足自己的能力需求的前提下，提供一部分能力给下游企业能力外援

（3）从一般买方关系向战略合作伙伴关系转变

电子商务模式下采购管理的第三个特点是供应方与需求方的关系从简单的买卖关系向双方建立战略合作伙伴关系转变。

在传统的采购模式中，供应方与需求方之间是一种简单的买卖关系，因此无法解决一些全局性、战略性的问题，而基于战略伙伴关系的采购方式为解决这些问题创造了条件。

① 在传统的采购模式下，各级企业都无法共享库存信息，各级节点企业独立地进行库存决策，不可避免地产生需求信息的扭曲现象。但在电子商务模式下，通过双方的合作伙伴关系，供需双方可以共享库存数据，因此采购的决策过程更透明，减少了需求信息的失真现象。

② 供需双方通过战略合作伙伴关系，可以降低由于不可预测的需求变化带来的风险，比如运输过程的风险、信用的风险、产品质量的风险等。

③ 建立合作伙伴关系可以为双方共同解决问题提供便利的条件，通过合作伙伴关系，双方可以为制定战略性的采购供应计划协商，不必为日常琐事消耗时间与精力。

④ 建立合作伙伴关系，供需双方都可从降低交易成本中获得好处，避免了许多不必要的手续和谈判过程，信息的共享也避免了信息不对称决策可能造成的成本损失。

⑤ 战略性合作伙伴关系消除了供应过程的组织障碍，为实现准时制采购创造了条件。

3. 采购管理流程

（1）战略采购管理的一般流程

从管理流程的角度看，战略采购的管理领域一般包括确定规格、选择供应商、签订合同、订购、预算支出和评估等六个阶段。

① 确定规格

确定规格主要是对供应市场进行充分的研究，在此基础上定位每一个所采购的物品，并将供应商的知识用于工程。

② 选择供应商

选择供应商主要是对供应商的能力进行全面分析，确立供应商在企业战略采购体系中的地位，以此决定企业与之合作的程度。

③ 签订合同

签订合同主要是用恰当的制度形式来实现有效地供货。

④ 订购

订购主要指的是下单的途径或订单处理的具体形式，这是决定企业响应市场能力的重要因素。

⑤ 预算支出

预算支出是通过设立预算支出程序，合理安排采购支付，杜绝采购问题的出现。

⑥ 评估

评估主要是对每次采购的绩效进行评估，以不断优化采购体系。

（2）基于供应细分的采购流程方案

各种产品或服务的管理目标和方式的差异性使得各种采购物品的采购流程有所不同。现行企业采用的采购作业流程包括三种类型，其形式与特点见表 3-6。

表 3-6　现行采购作业流程类型及特点

序号	类型	特点
1	从生产物料需求计划开始，经需求分解核算、询价、谈判、选择供应商、下订单、运输，到最终结算	每一个订单都要进行询价、谈判、下单和结算活动，这类产品或服务的供应往往不稳定（或价格变动比较频繁），合同非标准化的程度高。这种流程比较适用于部分战略性产品和大部分关键型产品

续表

序号	类型	特点
2	从签订标准合同开始，经产生物料需求计划、下订单、直接运输，到定期结算	买卖双方签订的是标准合同。一般来讲在较长的时间内合同的条款不会出现较大变化，并且最终提供该类产品或服务的供应商比较稳定、数量较少。这种流程适用于能够标准化的杠杆型产品、部分战略型产品、部分非关键型产品
3	供需双方已签订一个较长跨度的供货合同，然后由供方自行安排供应、运输，最终当需求方实际使用时，进行结算支付	产品高度标准化，而且用量长期、稳定，供应方通过管理库存安排供应，相应的供应方数量较少。这种流程适用于部分关键型产品和绝大部分策略型产品

知识拓展

采购管理组织机构的设置原则

采购机构的设置是企业中组织设计的重要组成部分，它是依据企业的目标及采购部门的目标、任务及基本职能确定相应的部门职责与权限，明确采购部门与相关部门的关系、确定部门架构、设定岗位编制的过程。机构设置除遵循一般的组织设计程序外，还同企业的规模及整体管理水平等因素相关。

采购机构的设置要遵循以下四个原则。

1. 要同企业的性质和规模相适应

采购机构的设置同企业的性质、产品、规模等有直接的关系。比如化工企业的原材料通常需要由专业人员采购，而且往往直接向最高层领导汇报；规模较小的企业可能只设置一个简单的供应部门负责原材料及设备的采购，而大型企业集团或跨国公司则常设有集团采购部或中央采购处及分支机构。

2. 要同企业的总体目标、采购方针与目标及采购的职权范围相适应

比如说影响企业产品质量的主要因素是原材料，而改进供应商原材料质量的责任完全在采购部门，那么采购部门就应配备相应的品质工程师，或者赋予采购部门相应的职能使其能协调相关部门的人员参与供应商质量改进。

3. 要同企业的管理水平相适应

如果一个企业导入了物料需求计划（MRP）系统，那么采购的需求计划、订单开具、收货跟单均可通过计算机按 MRP 系统的要求进行操作控制，其采购机构的设置显然有别于手工作坊式的企业。

4. 要有机地将“因人设事”与“因事设人”的原则结合起来

重点着眼于“因事设人”，同时考虑主要人员的实际水平等因素，以充分调动有关人员的积极性，最大限度地发挥现有的资源效益，从而取得最好的采购绩效。

4. 采购管理职能的维度与层次

（1）采购管理职能的维度

在开展采购工作时，需要对全过程进行跟踪控制，同时设定合理的绩效指标来衡量采购工作的表现及结果，常用的绩效指标包括质量指标、供应保障指标、采购价格指标等。从以上对采购活动的描述中，可以看出采购作业活动非常复杂，涉及管理领域的各个方面，将以上所有作业活动按管理职能的维度可以划分为四类，见表3-7。

表3-7　采购管理职能的维度分类

维度分类	具体事务
技术维度	这类活动有一定的技术因素，如确定所购产品或服务的规格、质量检验、产品的价值分析、供应商选择和合同协议的草拟等，如果这类活动没有其他技术部门的参与和帮助，将很难实施
商业维度	即对市场和交易环境的了解与把握，包括供应市场调查、拜访供应商、分析供应商报价、同供应商就某些具体事项进行谈判等
物流维度	包括订购政策和库存控制、来料检查、交货的监控等，这类活动直接关系到具体物流作业的实施和管理
企业管理维度	如订单处理和归档、核对供应商发票、核对货款、供应绩效评估和改善等

采购管理活动涉及如此多的维度，不可能仅由一个管理层或一个职能部门全部负责，而需要企业上下不同管理层、各个部门共同参与。

（2）采购职能的层次

根据采购的方针目标、采购工作范围及采购过程层次，可将采购分为战略、战术及运作三个层次，不同层次的责权意味着相关部门或人员在企业中拥有不同的地位，也是采购部门内部组织结构设置的依据。

① 战略层次

战略层次是指那些影响到企业长远发展及市场定位的有关采购决策，这些决策的一般跨度为3~5年，决策最终来自企业的最高管理层，对应着采购经理及战略采购的职责，主要包括如下内容，见表3-8。

表3-8　战略层次决策包含的内容

序号	内容
1	制定、发布采购方针政策、管理运作程序与指南以及工作任务描述，为采购部门提供相应的权力
2	对采购运作及表现进行审核以衡量采购绩效并促使采购不断改进
3	主要投资决策，如厂房、设备、信息技术等
4	主要零部件自制或外协决策
5	供应市场定位及供应体系定位
6	供应商关系定位
7	供应商合作决策，如是否向供应商投资、是否与供应商共同开发等
8	集团公司内部供应商的内部价位决策等

② 战术层次

战术层次的责权是指在战略采购的指导下，采购中涉及产品、工艺、质量及具体供应商选择等的相关决策。它对企业中期运作和发展产生影响，影响跨度一般为 1~3 年，要求公司内部相关的职能单位或部门，如工程、开发、生产制造、企划、品质及采购之间密切配合、相互合作，主要内容见表 3-9。

表 3-9　战术层次决策包含的内容

序号	内容
1	对供应商进行审核、选择及认可
2	确定同供应商合作的协议，订立采购合同或年度改进目标协议等
3	制定供应商改进计划或采购改进项目
4	制定实施供应商考评、考核、奖励措施
5	实施供应体系优化
6	实施同供应商共同开发产品或工艺等合作项目

③ 运作层次

运作层次也称执行层，对应着采购过程的后期采购，主要是执行开单下单、跟进交货、付款及相关的事宜，主要内容见表 3-10。

表 3-10　运作层次决策包含的内容

序号	内容
1	按采购供应合同与协议及生产计划、物料需求计划的需要开具订单、签单落单
2	跟进供应商的交货及周转包装材料的使用
3	衔接收验货过程，按有关规定及决策安排不合格材料的退货等
4	跟进供应商表现，向供应商知会有关考评结果，促使其改进
5	跟进发票及借款事宜

以上采购职能与相关参与机构之间的关系见表 3-11。

表 3-11　采购职能与相关参与机构之间的关系

职责层次	管理层次				
	最高管理层	企划部门	采购部经理	采购员	采购助理
战略层	△	△	△		
战术层		△	△	△	
运作层				△	△

注：△表示职责层次与管理层次的关系

5. 战略采购

如今的采购职能与以往相比有了相当大的变化，除了简单的物品购买、验货等之外，还包括制定并实施采购方针、策略、目标，改进计划，进行采购及供应商绩效衡量，建立供应商审核及认可、考核与评估体系，开展采购系统自我评估，同其他单位的采购进行行业水平比较，不断提高整体采购水平，建立培养稳定、有创造性的专业采购队伍，与其他单位共享采购资源等。总之，战略采购的出现使得战略管理的职能和组织结构发生了翻天覆地的变化。

从战略采购的定义、功能及职责范围出发，采购的总体作业范围可划分为采购能力与采购结果两部分。

（1）采购能力

采购能力包括采购管理能力的形成以及采购战略和体系的建立，其中采购管理工作包括行政机制、组织结构及人员队伍等方面。

① 行政机制

行政机制包括采购部门参与管理层的决策程度及会议层次，采购部门在企业或公司中的行政地位，采购的责权范围，采购人员在相关活动及跨部门项目中的角色，采购职能对外交流的深度与广度等。

② 组织结构及人员队伍

组织结构及人员队伍包括采购部门在企业或公司中的位置及与相关部门的关系，采购人员的受教育程度及工作经历、专业背景、采购经验及其他相关经验，采购队伍的培训及发展，采购人员的业绩考核与评估，采购人员的地位及待遇等。

③ 采购战略工作

采购战略工作包括本企业采购方针政策的确立，方针政策同公司经营管理方针政策及发展规划之间的关系，采购中长期规划及年度计划以及相关目标的制定和组织内容等。

④ 采购的管理体系与作业程序

采购的管理体系指依据采购工作的职责、任务，根据采购方针政策的指导对采购相关工作制定的操作指南及规定。参照ISO9000文件体系的层次，通常可将采购体系文件分为程序性文件及操作性文件。

程序性文件，也称为标准运作程序或简称程序，主要规定工作流程和标准，如供应商管理程序、采购过程控制程序等。操作性文件则更具体地指导如何执行工作，如自制外协（采购）件划分工作指南、供应商审核工作指南等。这些文件对提升工作效率和质量非常重要。

（2）采购结果

建立采购能力只是为采购提供工作条件及资源，目的是实施采购活动、控制采购过程以获得相应的采购结果。它是采购整体工作范围中的执行部分，而其中采购工作实施及过程控制又是采购工作的主体。根据工作层次和性质，它可划分为以下四部分。

① 采购管理层次

采购管理层次主要包括制定及组织实施采购方针、政策及目标，协调安排整体采购工作等，是衔接采购能力及实施采购过程的环节，又是实施采购工作的基础和起点。

② 战略采购层次

战略采购层次指根据采购方针、目标制定原材料分类策略，开展采购供应市场的调研及定位，发展并管理不同的供应商关系，建立并优化整体采购供应体系。

③ 前期采购层次

前期采购层次是指在定位好的采购供应体系下，组织供应商参与到企业的产品开发或事业开发过程中来，充分利用供应商的能力，制定和实施整体采购计划。

④ 后期采购层次

后期采购层次是根据采购方针、战略按指定的供应商及供应途径下订单、跟货、结算并跟进供应商的表现。

在实施采购工作的过程中，需要对全过程进行跟踪控制，同时设定合理的绩效指标来衡量采购工作表现及结果。常用的绩效指标包括质量指标、供应保障指标、采购价格指标等。

知识拓展

影响采购机构设置的因素

就企业的内部结构来说，通常影响采购机构设置的因素有采购的价值及比重、企业的技术复杂性或技术水平、企业的企划水平以及对企业战略的影响程度等。如果企业开始导入物料需求计划系统或即时生产，则需要采购同企划管理有机结合起来，结果很可能是采购部门成为企划部门的一部分。如果企业属于高新技术企业，其产品或工艺更新换代迅速频繁，采购经理则可能向生产或开发经理汇报。表 3-12 列出了影响采购机构设置的因素。

表 3-12　影响采购机构设置的因素

因素		采购的管理机构			
		最高管理层	生产制造部门	企划部门	财务部门
采购的价值和比重	高	△		△	
	低		△	△	
技术水平（复杂性）	高		△	△	
	低	△			△
企划水平	高		△	△	
	低	△			△
战略影响	高	△			△
	低		△	△	

注：△表示采购因素对采购机构的影响程度

6. 采购管理的发展趋势

随着企业经营行为的变化和经济环境的变迁，采购行为发生了很大的改变，出现了很多新兴的管理趋势，这些趋势反映了供应链环境下采购的特点，同时也提出了采购所需要的新型管理原则。主要发展趋势表现如下。

（1）采购管理的职能化趋势

采购员需要了解所购买产品的原理、性能要求，了解市场行情、价格走势，需要调查分析供应商的实力、供应商报价的合理性，实地考察供应的保证能力，需要具备极强的谈判能力和计划能力。这些能力不是一蹴而就的，需要经过专业的培训以积累涉外知识、外语知识、网络知识等，从而实现各种能力的长期培养。只有具有这样素质的专业采购人员，才能有效保证企业的平稳运行和成本的降低。

（2）采购管理的集中化趋势

很多大企业集团为提高与供应商讨价还价的能力，把下放给下属企业的采购权力收回总部，或者与其他集团联合采购，向供应商下达大批量的订单，从而达到企业集团整体降低成本、联合受益的目的。同时，大订单将会使供应商进行大批量生产，实现规模经济，带来收益的增加。

（3）供应商管理

认真地对供应商进行分析、评价，发展与重点供应商的长期合作关系，增加与供应商的信息传递、交流等管理行为，越来越被企业特别是制造企业认可，并逐渐应用到管理活动中去。作为整个供应链链条上的一个环节，供应商管理的发展和完善必将推动整个产业供应链管理的成熟与发展。

（4）逐渐纳入企业战略

企业的战略计划是企业众多推动力的关键性因素之一。考虑到采购所涉及的资金数目及其对企业整体运作的影响，采购供应管理将会在企业战略计划中占有一席之地。

任务三　供应商管理

供应商管理是供应链采购管理中一个很重要的环节，在物流与采购中提出客户关系管理并不是什么新概念，但供应链环境下的客户关系和传统的客户关系有很大的区别。市场营销中的客户指的是最终产品的用户，而这里的客户是指供应商，即能按组织要求为组织及时准确地提供质量合格、价格合理的原材料或半成品的厂商。

一、供应商战略细分

战略伙伴型供应商与企业之间是一种全面业务整合型交易关系，这种交易关系不是其他供应关系可以代替的，然而企业应该将什么样的供应商发展成战略伙伴呢？与哪些供应商不必发展伙伴关系，而只要维持时间较长的关系即可？与哪些供应商不仅没有发展伙伴关系的必要，反而需要严格控制其经营行为和作业流程，以使企业获得更多的边际利润？要达到以上目的，就必须进行供应商的细分分析。

1. 供应商战略细分的标准

从供需双方业务的相互影响和各自的核心能力来看，有两个方面是进行供应商战略细分时必须考虑的。

第一，供应商在所在行业的竞争力，这种竞争力主要表现为供应商在其行业的集中度、技术发展的完善程度、管理能力的完善程度、价格谈判力的大小等。

第二，供应商相对于企业的增值能力，这种增值能力既表现为供应商现有产品、储备产品和技术能力对下游企业现有产品组合的贡献度，即能否有效地改善现有产品组合的成本效率或大幅提升现有产品组合的竞争性（体现在性能、功能等高附加价值环节）；也表现为供应商的竞争力能否对下游企业未来的产品组合或业务计划产生深远的影响。

一般而言，上述两个方面可以进一步细分为供应商综合评价指标体系的四要素，如图3-2所示。

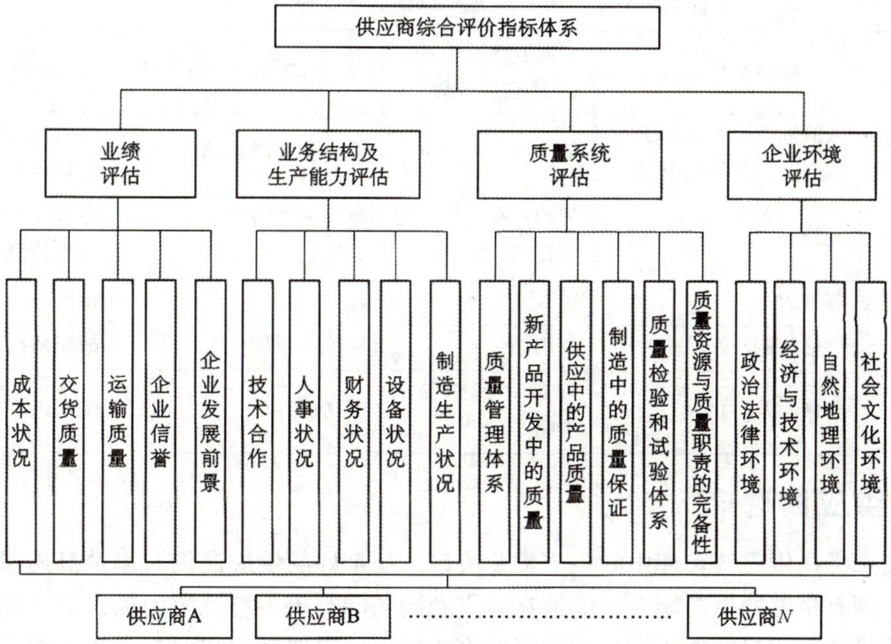

图 3-2　供应商综合评价指标体系

2. 供应商细分类型

根据供应商战略细分的标准，可以将供应商分为以下四种类型。

（1）普通合作伙伴

第一类供应商在其行业竞争力较弱，其能力对下游企业现有和未来的产品或业务的贡献也非常有限。

（2）竞争性或技术性合作伙伴

第二类供应商表现为所在行业竞争力较强，至少目前具备一定的市场支配力，但是其增值能力较弱。这类企业往往表现出对企业目前产品或业务的支撑较大，但是从长远来看，缺乏发展的后劲，很可能无法跟上下游企业前进的步伐，这类企业可以称为竞争性或技术性合作伙伴。

（3）有影响力的合作伙伴

第三类供应商是值得企业关注的，这类企业表现为竞争力尚弱，甚至还没有形成竞争力，但是它的增值能力较强，对企业的业务（无论是现在还是未来）表现出良好的潜质。这类企业大多是中小型企业或者完全在做新型业务的企业，而它们所从事的技术研发或产品项目对企业的长远发展有非常好的互补作用，这类企业称为有影响力的合作伙伴。

（4）战略合作伙伴

第四类供应商称为战略合作伙伴，它们不仅在其所处行业的竞争力很强，而且对下游企业的增值能力也表现得非常强劲。

3. 不同类型供应商的管理特点

供应商的类型不同，企业与之建立的交易关系和相应的规则机制应当有很大的差异，不同类型供应商的管理特点，见表 3-13。

表 3-13　不同类型供应商的管理特点

管理属性	普通合作伙伴	竞争性或技术性合作伙伴	有影响力的合作伙伴	战略合作伙伴
产品特点	低值标准化产品、充分供应、产品结构开放	偏向开放型产品	定制化、产品结构封闭	完全定制化、产品结构封闭
规制形式	契约	契约+部分专用性投资	契约+专用性投资+部分信息分享	专用人才投资+高度信息分享
契约的作用	非常大	较大	较小	很小
管理特点	严格控制	利用型	支持、帮助	战略协同
能力校正	价格、及时供货	持续合理供货+价格	多功能界面	多功能界面

二、供应商选择

供应商选择是供应链管理中的一个重要决策。一个好的供应商拥有制造高质量产品的加工技术，拥有足够的生产能力，能够在获得利润的同时提供有竞争力的产品。同一产品在市场上的供应商数目越来越多，供应商的多样性更使得选择变得复杂，需要规范供应商选择的程序。

1. 战略性供应商的选择步骤

在供应链中对供应商的选择可遵循如下步骤。

（1）分析市场竞争环境

要与供应商建立基于信任、合作、开放性交流的战略伙伴关系，必须首先分析企业所处的市场竞争环境。市场分析的目的在于找到针对哪些产品开发供应商伙伴关系才有效。必须知道现在的产品需求是什么，以确认客户的需求，确认是否建立供应商伙伴关系；根据需求的变化确认供应商伙伴关系变化的必要性；同时分析现有供应商的现状，分析、总结企业存在的问题。

（2）确定供应商选择目标

制造商必须确定供应商评价流程，以及各个环节的负责人，并建立实质性的、实际的目标。例如，将降低成本作为主要目标之一。供应商评价、选择不仅仅是一个简单的评价、选择过程，同时也是企业内部和制造商与供应商之间的一次业务流程重组过程，一个优化的业务流程本身就可以带来一系列利益。

（3）建立供应商评价标准

供应商综合评价指标体系是企业对供应商进行综合评价的依据和标准，是反映企业自身和环境所构成的复杂系统的不同属性的指标，按隶属关系、层次结构组成的有序集合。根据系统全面性、简明科学性、稳定可比性、针对性、可操作性的原则，建立集成化供应链管理环境下供应商的综合评价指标体系。不同环境下的供应商评价标准应该是不一样的。但是，供应商评价标准必须涉及供应商的业绩、设备管理、人力资源开发、质量控制、成本控制、技术开发、风险管理和客户满意度等直接影响供应商伙伴关系的内容。

（4）成立评价小组

制造商必须建立一个控制和实施战略性供应商评价的小组。成员主要来自采购、质量、生产、技术中心等与供应商密切合作的部门。每位成员必须具有团队供应链与物流管理合作精神，有一定的专业技能。组建的评价小组必须能同时获得制造商和供应商最高领导层的支持。

（5）供应商参与

一旦制造商决定实施供应商评价，评价小组必须与初步选定的供应商取得联系，以确认他们是否愿意与制造商建立战略合作关系，是否有获得更高业绩水平的愿望。制造商应尽早让供应商参与到评价程序的设计过程中来。然而，由于制造商的力量和资源是有限的，企业只能与少数的、关键的战略性供应商保持紧密合作的关系，所以参与评价的供应商应尽可能少。

（6）评价供应商

评价供应商的一项主要工作是调查、收集有关供应商的生产运营等信息。在收集供应商信息的基础上，就可以利用一定的工具和技术方法对供应商进行评价，然后根据评价结果做出供应商选择决策，从而与合格的供应商建立伙伴关系。如果没有合格的供应商可选，则需要调整供应商选择的目标。

（7）实施供应商合作伙伴关系

由于市场需求的不断变化，在实施供应商伙伴关系的过程中，可以根据实际需要及时修改供应商评价标准，或重新开始供应商评价选择。在重新选择供应商的时候，应给予供应商充足的时间来适应这种变化。

2. 战略性供应商选择的评价指标体系

（1）建立评价指标体系的原则

表 3-14 为建立评价指标体系的原则。

表 3-14　建立评价指标体系的原则

原则	要求
系统全面性原则	评价指标体系必须全面反映战略性供应商目前的综合水平，并包括关于企业发展前景的各方面的评价指标
简明科学性原则	评价指标体系的大小也必须适宜，即指标体系的建立应有一定的科学性。如果指标体系过大，指标层次过多，指标过细，势必将评价者的注意力吸引到细小的问题上；而指标体系过小，指标层次过少，指标过粗，又不能充分反映供应商的水平
稳定可比性原则	评价指标体系的建立还应考虑到与其他指标体系有可比性
针对性原则	评价目标应突出重点，主要针对重要供应商，即战略性供应商。而对一般供应商的评价指标则可根据战略供应商的评价模型进行适当简化
可操作性原则	评价指标体系应根据供应商的产品类型而有所不同，以提高评价结果的可信度

要对供应链环境中的战略供应商做出系统、全面的评价，就必须有一套完整、科学、全面的综合评价指标体系。为了有效地评价和选择供应商，在以上这些原则的指导下，可以框架性地构建包含三个层次的综合评价指标体系：第一层是目标层，影响供应商选择的具体因素体现在指标体系的第二层，与其相关的细分因素体现在第三层。

（2）不同供应链环境中的评价指标体系

选择供应商不能一概而论，需要根据制造商所处的供应链的类型来设计供应商的评价指标体系。可根据供应链的功能模式（物理功能和市场调节功能）将供应链分为效率型供应链和反应型供应链。物理功能包括把原材料转变成零部件及最终产品，以及在供应链中的运输等；市场调节功能则是指把产品分配到满足用户需求的市场，对未知的需求做出快速反应等。两种类型的供应链比较见表 3-15。

表 3-15 效率型供应链与反应型供应链的比较

	效率型供应链	反应型供应链
基本目标	以尽可能低的成本供应可预测的需求	对不可预测的需求做出快速的反应，以尽量减少缺货、降价和过期库
制造核心	保持高的平均利用率	配置多余的缓冲库存
库存策略	通过整个供应链的库存产生高的收益	部署好零部件和成品的缓冲库存
提前期	只要不增加成本，应尽可能缩短提前期	以各种方法缩短提前期（包括大量投资）
供应商选择方法	以成本和质量为核心	以速度、柔性、质量为核心
产品设计策略	绩效最大化、成本最小化	用模块化设计尽可能延迟产品差别

效率型供应链（如汽车行业、钢铁行业）和反应型供应链（如电子技术行业）的差异决定了两种供应链在供应商选择和评价方法及评价准则上的不同。前者更注重质量和成本，而后者则更注重速度、柔性和质量，因此其战略供应商评价指标也表现出一定的差异。

在效率型供应链中，不仅要评价供应商在质量、生产及技术方面的当前绩效，而且还必须考虑供应商将来提高质量及生产绩效的潜力（由于效率型供应链对技术创新性的要求不高，制造商可根据其战略目标决定是否对技术绩效提高的潜力进行具体评价）；而在反应型供应链中，必须考虑供应商新产品引进、开发的潜力。

（3）供应商选择的评估要素

对供应商评估的最基本指标包括以下几项。

① 技术水平

技术水平是指供应商所提供商品的技术规格和参数能否满足既定要求。我们需评估供应商是否具备相应的技术能力，以生产或供应所需产品。同时，考察其是否拥有进行产品开发和优化的能力，以及是否愿意协助我们改进产品。选择具备高水平技术实力的供应商，将对企业实现长远发展和持续竞争优势具有重要意义。

② 产品质量

供应商提供的产品是否可靠，是一个很重要的评估指标。供应商的产品必须能够持续稳定地达到产品说明书的要求，为此，供应商必须有一个良好的质量控制体系。对供应商提供的产品除了在工厂内进行质量检验以外，还要考虑实际使用效果，即检查在实际环境中使用的质量情况。

③ 供应能力

企业需要考察供应商是否具备相当的生产规模与发展潜力，这意味着供应商的制造设备必须能够在数量上达到一定的规模，能够保证供应所需数量的产品。

④ 价格

供应商应能够提供有竞争力的价格，这并不意味着必须是最低的价格。这个价格应该在考虑供应商能否按照所需的时间，提供所需数量和质量的产品或服务后确定。供应商还应该有能力向购买方提供降低产品成本的方案。

⑤ 地理位置

供应商的地理位置对库存量有相当大的影响。如果物品单价较高，需求量又大，距离近的供应商有利于管理。购买方总是期望供应商离自己近一些，或至少要求供应商在当地建立库存，地理位置近则送货时间短，意味着缺货紧急时可以快速送达。

⑥ 可靠性

可靠性是指供应商的信誉。在选择供应商时，应该选择一家信誉高、经营稳定、财务状况良好的供应商。同时，双方应该相互信任，讲究信誉，并能把这种关系维持下去。

⑦ 其他指标

其他最基本的指标还包括售后服务、提前期、交货准确率、快速响应能力等。

3. 供应商的选择方法

供应商选择是一个包含定性因素和定量因素的多目标评价问题。选择供应商的方法很多，一般要根据供应企业的多少、对供应企业的了解程度，以及对物资需求的时间是否紧迫等要求来确定。

对于供应商的评价，目前常用的方法有线性权重法、统计法、成本估算法、层次分析法和数据包络法等。方法虽然很多，但直到目前为止，还没有一个比较完善、科学的方法。由于供应商选择的成功与否直接关系到供应链运行的结果，企业应采取定量与定性相结合的方法，尽量做到选择结果的科学性和公正性。

（1）模糊层次分析法

层次分析法作为一种简洁高效的策略，不仅兼顾了客观不确定性及主观因素，还将人的经验、洞察力和直觉融合其中。核心在于，其层次结构关系能够理性判断影响供应商的各因素之间的关联。模糊层次分析法则是模糊数学与层次分析法的巧妙结合。它首先将复杂过程拆分成各个组成部分，并根据支配关系进行分组，形成有序的递阶结构。接着，通过两两比较评估各层次中元素的相对重要性，从而确定其在综合评价中的权重。最后，依据各元素的隶属度和权重进行综合评价。

尽管这种方法计算复杂，需构建精确的数学模型，但在网络技术和信息技术飞速发展的背景下，其仍具有一定的适用性。尤其是针对产品品种、供应商数量较少，企业规模较小的情况，模糊层次分析法在供应商评价和选择方面具有实用价值。

（2）人工神经网络法

人工神经网络作为一种新兴的人工智能技术，已在多个领域取得成功应用。在供应链管理中，其优化、预测、决策支持、建模和仿真以及全球化管理等方面均展现出广泛的应用前景。人工神经网络的高效和准确性可以说是其他技术难以企及的。将该技术应用于供应链管理场景下的供应商选择与评价，构建供应商管理的人工神经网络模拟模型，对于合理选定供应商、建立供应链战略联盟具有至关重要的意义。

人工神经网络由众多简单处理单元（人工神经元）相互连接而成，能够模拟人脑的部分智能行为，如知觉、灵感和形象思维等。具备自学习、自适应和非线性动态处理等特质，无需精确的数学模型。仅需对少量典型数据进行训练，确定各权值后，便可对大量数据进行评估。计算简便、准确、迅速，节省了大量人力、物力和财力。尤其在输入指标数据量大、可选供应商众多时，其优势更为突出。此外，模型的权值通过训练获得，避免了人为确定权值的不确定性，确保了评价结果的客观性和可靠性。

无论是采用模糊层次分析法还是人工神经网络法，最终都将根据评估结果对各供应商进行优劣排序，将所有供应商划分为战略供应商、优先供应商、良好供应商、可接受供应商及无法接受的供应商。

三、供应商关系管理

正如当今流行的客户关系管理（CRM）用来改善与客户的关系一样，供应商关系管理（supplier relationship management，SRM）是一种用来改善企业与供应商的关系的管理理念和软件系统。其内容包括：如何与供应链的上游企业实现业务往来间的紧密联系和协同运作；如何既经济又准确地获得最好的策略资源；如何与供应商结成长期、稳固的战略伙伴，使供应商及其资源能够更有效地参与到自己的产品设计和生产制造甚至是市场营销的过程中，降低成本，减少库存，缩短产品开发、生产和投放市场的周期。

供应商关系管理的重要性早在20世纪40年代就受到了发达国家的重视。80多年来，随着经济环境的变化，供应商关系管理不断出现新的内容，从传统的供应商关系管理发展到供应链供应商关系管理。

1. 供应商关系分类

企业与供应商之间的关系可以大致分为五种，即短期目标型、长期目标型、渗透型、联盟型和纵向集成型。

（1）短期目标型

这种类型的最主要特征是双方之间的关系是交易关系，即买卖关系。虽然采购方希望能保持长期的买卖关系，获得稳定的供应，但是双方所做的努力只停留在短期的交易合同上，各自关注的是如何谈判、如何提高自己的谈判技巧、不使自己吃亏，而不是如何改善自己的工作，使双方获利。供应一方最多提供标准化的产品或服务，以保证每一笔交易的信誉，当买卖完成时，关系也终止了。双方只有供销人员有关系，其他部门人员一般不参与双方之间的业务活动。

（2）长期目标型

保持与供应商的长期合作关系具有诸多益处，双方有望在共同利益的驱动下，对各自工作的优化和改进产生兴趣，进而构建起超越单纯买卖关系的合作伙伴关系。在长期目标导向下，合作双方聚焦于长远利益，共同努力提升产品质量、优化服务质量、降低成本，以增强供应链竞争力。合作范围涵盖公司内部多个部门。例如，在长期合作背景下，采购方针对供应商提出新的技术要求，即便供应商目前尚无足够能力应对，也可通过提供技术、资金等方面的支持，助力供应商提升创新能力和发展水平。供应商的技术革新将进一步推动企业产品改进，因此，对供应商的技术扶持与激励有利于实现企业长期利益。

（3）渗透型

这种关系形式是在长期目标型基础上发展起来的。其管理思想是把对方公司看成自己公司的延伸，是自己的一部分，因此对对方的关心程度又大大提高了。为了能够参与对方的活动，双方有时会在产权关系上采取适当的措施，如互相投资、参股等，以保证双方利益的共享与一致性；在组织上也采取相应措施，如派员加入对方的有关业务活动。这样做的优点是可以更好地了解对方的情况；供方可以了解自己的产品在对方是怎样起作用的，容易发现改进的方向，而购方可以知道供应方是如何制造的，也可以提出改进的要求。

（4）联盟型

联盟型是从供应链的角度从更长的纵向链条上管理成员之间的关系，其难度提高了，要求也更高。由于成员增加，往往需要一个处于供应链上核心地位的企业出面协调成员之间的关系，该企业称为盟主。

（5）纵向集成型

这种形式是最复杂的关系类型，即把供应链上的成员整合起来，像一个企业一样，但各成员是完全独立的企业，决策权属于自己。在这种关系中，要求每个企业在充分了解供应链的目标、要求，以及充分掌握信息的条件下，能自觉做出有利于供应链整体利益的决策。

2. 供应商分类管理策略

企业运营的保障取决于对各类物资与服务的采购，包括原材料、零部件、设备、办公用品等。根据采购内容的差异，供应商的类型也随之不同，因而对各供应商采取的策略也各不相同。

在制造企业中，原材料与零部件的采购频率较高，因此对这类供应商的日常管理尤为关键。

对于设备类物品，虽然购买次数较少，但一次性投资较大，售后服务（如设备维修）对企业长期合作产生深远影响，因此选择能提供优质服务的供应商至关重要。

办公用品采购虽然在企业采购总量中所占比重较小，所需资金有限，但却是公司运营成本的重要组成部分，对公司利润产生影响。

因此，一般而言，企业会尽量选择少数供应商，维持长期合作关系，以获取批量优惠，节约企业管理费用。随着公司业务扩展，物流运输职能越来越依赖外部资源，委托第三方物流公司承担相关服务成为常态。为此，企业需与各类供应商展开大量沟通与协调工作。

3. 战略供应商关系管理的新理念

不同的企业会根据自己的企业性质以及实际的情况而制定不同的供应商关系策略。许多策略已经得到企业的广泛应用，它们主要包括：和供应商签订长期的而非短期的合同；减少供应链中的供应商的数量；帮助供应商制订成长的计划等。与此同时，一些相对较新的理念也开始出现，它们包括以下内容。

（1）供应商的分类选择

在确定符合公司战略特征的供应商时，对所有供应商要进行评估，并据此将供应商分成交易型、大额型和战略型等。一般来讲，交易型是指为数众多，但交易金额较小的供应商。战略型供应商是指公司战略发展所必需的少数几家供应商。大额型供应商是指交易数额巨大，战略意义一般的供应商。大额型可能发展成为未来的战略型，他们和战略型是战略供应商管理的主要对象。必须明确的是，供应商分类的目标是为了针对不同类型的供应商，制定不同的管理方法，实现有效地管理。这种管理方式的转变，应该首先与各利益相关方进行充分沟通，获得支持。

（2）让供应商更多地参与新产品的开发

应该认识到，在产品开发阶段，产品的成本就已经确定了。因为这个时候，产品所使用的技术、材料甚至生产方式都已被决定，而所有这些，都是构成产品成本的重要部分。企业的开发人员不可能是所有方面的专家，难以做到对自己的设计的每一部分都有很充分地了解，所以这个时候，供应商的早期参与会给企业带来莫大的好处。

（3）让供应商参与到企业的管理当中来

供应商参与制造商的许多活动，他们往往很了解企业的强项和弱项。另一方面，供应商本身也可能在某些方面是行业的领先者，他们是制造商进行标杆学习的最好选择。因此，制造商可以在建立双向交流的过程中向供应商学习，从供应商处取得宝贵的意见，获得持续改善的经验。同时，供应商参与到制造商的管理过程中来，可以使制造商在改善质量（质量通常会很大一部分依靠于材料以及材料的正确使用）、降低成本，提高管理水平等方面受益。制造商和供应商通过共同制订质量方案、确定合作目标而得以高度整合。

（4）共享秘密信息

制造商和供应商应该要解决传统的企业-企业方式下产生的消极的，甚至是敌对的关系。紧密结合的伙伴应该可以分享人员、一般价值、流程、成本以及其他方面的信息。共享过去许多视为机密的信息，可以降低信息资源的重复建设和浪费。同时，合作伙伴共同参与制订计划的过程，可以使参与供应链的每一个成员的优势获得最大限度地发挥。

当然，问题的关键是，制造商能不能习惯这种“叛逆”的思维，愿意公开那些传统理念当中的公司机密。这个问题的实质是，制造商是否愿意和自己的供应商建立起一种真正的伙伴关系。

（5）共同制定长期的发展规划

当诺基亚制定星网计划，当通用汽车决定在上海投资，它们必然面对着需要和自己的供应链上的伙伴共同规划的过程。任何供应链上的决策都不能是一厢情愿的，制造商和供应商合作进行有利于双方组织的持续性发展规划，是战略联盟的目标之一。这需要双方创造性的沟通以及对合作的另一方更加深入地在每一个方面，包括管理、技术、开发、应用的了解。

企业不再是像过去那样以发布告示的形式来通知供应商自己所做的决定，这里的关键是共同决策。

（6）合作财务分析

有些制造商通过第三方评级机构对自己的供应商的财务状况做评估，以降低经营当中的风险。他们的工作重点仍然放在对供应商的审核上，只不过由质量层面上升到财务层面。而有些企业已经走得更远，他们和自己的供应商共同分析成本、利润，他们有着联合的绩效标准以及数据跟踪。而绩效重点放在管理供应商和企业的共同利润上。供应链上的成员依据跟踪历史业绩和预测的利润率，与供应链其他成员共享利益以及分担风险。有些供应链上的成员甚至共同制定技术性和特殊性服务的价格策略，来保证链上成员共同分享利润。

（7）灵活处理

供应商的数目一直是企业采购人员关注的问题。事实上，随着全球化经济的发展，企业趋向于减少供应商的数目，而少量的供应商，除了前面经常讲述的各种好处，还可以让供应商更多地发挥学习曲线的效应，最终降低成本。但从另一个角度出发，新的供应商往往能够带来新的思想、新的技术，对企业的创新会起很大的作用。而对一些关键、紧缺的材料，任何一个供应商发生问题都会对企业运营造成损害。

另一方面，许多中小型企业害怕和大的供应商的关系过于密切而最终对自己不利。而大的企业也不希望自己的供应商伙伴对自己有太多的依赖，它们愿意鼓励自己的供应商开拓更多的市场。

所有这些都表明，今天的供应商关系处理并没有任何统一的模式，在和供应商关系越来越复杂的情况下，企业需要更灵活地根据自己的实际情况去做出自己的合理抉择。

学习完本项目的内容后，认真完成表 3-16 的实践清单。

表 3-16 实践清单

制订一份较优的采购策略计划	
实践任务	假设你是一家制造企业的采购部门负责人，请根据企业的需求，制订一份较优的采购策略计划，包括采购方式、采购时间、采购价格等方面
实践目标	（1）熟悉采购策略的概念及相关知识点； （2）掌握采购策略制定的基本步骤； （3）能够分析企业的需求，制订适合企业的采购策略计划
实践步骤	（1）了解企业产品生产计划及销售计划，确定采购所需的货物种类、数量等信息； （2）了解市场价格及供应商信息，比较不同供应商的质量与价格，选择合适的供应商； （3）根据采购需求制订采购计划，包括采购时间、采购方式、采购数量和付款方式等； （4）实施采购计划，并进行监督和跟踪，确保采购计划符合企业的需求和预算
实践提示	（1）要有一定的市场调研能力，了解市场行情； （2）要对企业的需求有明确地了解，制订符合企业实际情况的采购计划； （3）要积极与供应商沟通，谈判价格与交货期限； （4）要注重采购过程中的监督与跟踪，及时调整采购计划
实践总结	

完成以上实践后，认真完成表 3-17 的实践评价。

表 3-17　实践评价

评价内容	分值	得分
市场调查能力	25	
沟通交流能力	25	
计划实施能力	25	
对采购策略的掌握程度	25	
教师点评：		

项目小结

采购与供应物流在供应链管理中扮演着至关重要的角色。采购在供应链中的作用包括保证供应链的正常运行、降低采购成本、提高采购效率等。采购的流程通常包括需求计划、供应商选择、谈判、合同签订、订单处理、货物接收和付款等环节。采购方式包括招标采购、竞争性谈判、电子采购等。采购策略则根据企业的实际情况和市场环境，制定合适的采购方案。采购管理涉及对采购活动的计划、组织、协调和控制，以确保采购活动的顺利进行。供应商战略细分、供应商选择和供应商关系管理是采购管理的重要组成部分，旨在建立和维护与供应商的长期合作关系，实现供应链的稳定和可持续发展。

思考练习

1. 采购的流程有哪些?
2. 准时制采购的特点有哪些?
3. 采购管理的目标是什么?

项目四 仓储管理和库存控制

项目导读

仓储管理和库存控制是物流管理中的关键环节，主要关注货物的储存、管理和控制。仓储管理涉及仓库的布局设计、仓储基本决策管理等方面，以确保仓库空间利用的最大化和货物存取的效率。库存控制则是对库存数量和结构的管理，包括库存与库存管理概述、库存管理与控制等，以降低库存成本、提高企业资金周转率和客户满意度。

学习目标

知识目标

(1) 对仓储管理概念有深入地了解。

(2) 理解仓库布局设计的基本原则。

(3) 掌握仓储基本决策的方法。

(4) 掌握库存管理与控制的相关知识。

技能目标

(1) 能够进行仓库布局设计，根据货物种类和作业流程合理规划库区和货架的位置。

(2) 能够进行仓储基本决策管理，根据仓库的实际情况进行设备选择和作业组织，以提高效率和降低成本。

(3) 能够进行库存管理与控制，包括库存盘点、采购计划和订单处理等，以确保库存的准确性和合理性。

素质目标

(1) 使学生具备良好的分析问题和解决问题的能力，能够根据实际情况提出合理的仓储管理方案。

(2) 使学生具备团队合作和沟通能力，能够与团队成员协作完成仓储任务。

(3) 使学生具备总结和归纳能力，能够从实践中不断总结经验，改进仓储管理工作。

思政目标

(1) 培养学生对仓储管理事业的责任感和使命感，注重社会效益和环境保护。

（2）培养学生正确的价值观和职业道德，遵守职业规范，保护客户利益和公共利益。

案例导入

京东“亚洲一号”智能物流系统实现成本降低

“亚洲一号”是京东立志将自动化运营中心打造成亚洲范围内B2C行业建筑规模最大、自动化程度最高的现代化运营中心的一个项目名称。2019年“6·18”全球年中购物节期间，京东物流启用了亚洲电商物流领域规模最大的智能物流仓群，全国23座“亚洲一号”智能物流园区投入运营。至此，京东物流智能物流园区建设已经形成北京、上海、广州、成都、武汉、沈阳、西安和杭州为中心的八大物流枢纽。此后5年，京东物流在全国30多个核心城市陆续建造“亚洲一号”，实现对全国各大省、市、区、县的全面辐射。

目前，所有“亚洲一号”单体仓库的订单日均处理能力在10万单以上，重庆智能仓库的日处理能力超过50万量级。京东方面称，“亚洲一号”运营效率是传统仓库的3倍以上，开发成熟的机器人、自动打包机的订单处理速度更是传统人工的5倍以上。

“重庆亚洲一号”智能物流中心位于巴南物流园，2017年全面启用，建筑面积近20万平方米，是集商品存储、订单处理、分拣配送和运转、行政办公等于一体的现代化综合性物流中心，在西南地区自动化程度最高、规模最大。该园区内拥有全国最先进的分拣系统，分拣机总长度达到180米，日处理能力达到55万单，存储商品涉及3C、百货、母婴等中小件以及冰箱、洗衣机等大家电品类。

众多商品中，冰箱、洗衣机等家电体积大，不易搬运，“重庆亚洲一号”在修建时便充分考虑了其配送特点：配套修建了货车卸货场、配送车辆调度场，可以缩短配送车辆发车时间，有效提升商品的流转速度。在收/发货月台建设和库内各品类存放区的设计上充分考虑了流通速率问题，相比原有的仓库，“重庆亚洲一号”在生产和配送效率上提升了1倍，而整体仓储和配送成本下降到之前的60%。

任务一　仓储管理

仓储是一门综合性应用科学，管理和作业人员不仅需要熟悉和掌握储存商品的成分与组成、性能、结构、规格、品种等方面的知识，还必须熟悉和掌握与商品保管有关的物理学、化学、昆虫学、气象学等自然科学的相关知识。

商品从完成验收入库程序到出库作业之间的这段时间，称为商品的储存、保管时间。在此期间内，要对储存的商品进行科学地管理，这是商品仓储的中心环节。在库商品的科学管理是保持商品原有使用价值的有效手段。

仓储的定义

一、仓储与仓库概述

1. 仓储的概念与功能

（1）仓储的概念

“仓储”就是利用仓库及相关设备存放、储存物品的行为。仓储管理就是对仓库及库存物品的管理。

21世纪，仓储成为一个新的关注点。传统意义上，仓储充当着原材料和产成品的长期储存库这一战略角色，制造商生产出产品并存在仓库中以供销售，而仓库必须保持能供应60~90天的库存水平。实际上，大多数组织机构的仓库都已经名存实亡。

随着20世纪90年代准时制生产、战略联盟和物流供应链管理理论的出现，仓储在缩短物流周转周期、降低存货、降低成本和改善客户服务方面具有了战略地位。今天的仓库已经不是一个长期存储的工具，机动库存的发展十分迅速。必须关注仓库中产品流通的速度，因为很多企业的产品仅在仓库中存放几天甚至几个小时。

知识拓展

仓库管理系统（WMS）

众多企业已开始采用仓库管理系统（WMS）以协助仓库管理人员对各项仓库作业活动进行精确控制。此类计算机软件有助于实现对物品接收、入库、拣选、包装、出库、储存位置、作业计划、仓库布局以及分析等环节的严密管理。传统的WMS系统主要应用于接货装卸平台，在接货过程中，物品的条形码被扫描录入WMS。WMS根据采购订单对入库物品进行核实、仓储定位以及追踪其在仓库中的流动，根据拣货单安排拣货，并确定备货地点以追踪订单。高级WMS软件还能与物料处理设备、拣选系统以及分类系统实现一体化，例如，通过无线电通信设备告知叉车操作人员物品位置，或为自动拣选系统提供订单及物品位置信息。

WMS在仓储管理领域发挥着关键作用，提升了仓库的生产力、效率和精确度。通过追踪仓库内物品位置，WMS降低了人工查找物品的成本，从而提高劳动生产力，减少人力需求并提升订单处理准确性。

（2）仓储的功能

仓储是物流系统中的一个点，企业利用仓储储存原材料、半成品或产成品。仓储的基本功能是保护并有序地储存货物，此外，仓储具有价值增值的功能。

① 运输整合

企业有时会面临原材料和产成品的零担运输问题，而长距离零担运输货物的费用比整车运输要高得多。通过将零担货物运送到附近的仓库，再从仓库运出，仓储活动就能够使企业将少量运输合并成大件运输，从而有效地减少运输费用。对于进货物流系统，仓库能将不同供应商的零担运输结合起来形成整车运输，运送到企业的工厂。对于出货物流系统，仓库则可以整合来自不同工厂的货物运输，然后再分解成零担运输运送到不同的市场。

② 产品整合

仓储活动的第二大功能在于促进客户订单的整合。企业生产线上往往包括众多具有不同颜色、规格、形状等特征的产品。客户订单往往涉及产品线的组合，由于各类产品通常在不同的工厂生产，若未存储适量库存，企业便需从不同地点运送货物以履行订单，从而可能导致送达时间不一，甚至发生产品混淆。在多元产品线的情况下，仓储的产品组合功能有助于提高订单履行效率。通过在人口密集的城市附近设立整合仓库，企业可以利用小型交通工具进行集货和交付，并合理安排运输时间以避免交通拥堵。

除了满足客户订单的产品整合以外，生产企业通常将原材料、半成品整合成整车从供应仓库运送到工厂。这种方法不仅降低了运输成本，还避免了将工厂作为仓库。

③ 服务

仓储的第三个功能是提供服务。客户服务的重要性是显而易见的。由于客户的需求往往是不确定的，有可能出现缺货，而缺货会带来缺货成本。仓储使企业可以利用现有库存迅速地履行客户订单，使客户满意并促进未来的销售。

④ 意外事件防范

仓储的第四个功能是防止意外发生，如运输延误、零售商缺货等。例如，运输延误会延迟原材料的交付，从而耽误产成品的生产，最终影响库存水平和客户订单的履行。

⑤ 平稳运营

仓储的第五个功能是使制造过程中的经营活动平稳化。如仓储活动可以削减季节性变化所带来的需求震荡，防止企业在低效率水平上加班生产，保障企业以合理的成本和质量长期运营生产。

2. 仓库的类型与功能

（1）仓库的类型

作为物流仓储管理的基础设施，仓库可以分为以下类型。

① 按仓库功能不同可以分为储存型仓库、流通型仓库、专用仓库、保税仓库。

② 按仓库保管条件可以分为普通仓库、冷藏仓库、恒温仓库、危险品仓库。

③ 按机械化程度可以分为普通人力仓库、机械化仓库和自动化仓库。

④ 按建筑结构可以分为封闭式仓库、半封闭式仓库、露天式仓库。

⑤ 按保管对象可以分为原材料仓库、在产品仓库、产成品仓库。

（2）仓库的功能

在我国古代，“仓”专指用来存放粮食的场所，而“库”则专指存放兵器的场所。现代意义上的仓库是保管储存物品的建筑物和场所的总称，是物流仓储管理的基础设施。

作为物流服务的据点，仓库不仅具有传统的储存和保管功能，还具有拣选、检验、分类、包装和信息传递等功能。

① 储存和保管

储存和保管是仓库最基本的传统功能。仓库利用仓库空间储存物品，并根据物品的特性配备相应的设备，如防潮、防尘、恒温设备，以保持储存物品的完好性。

② 流通中心

现代仓库已经逐渐由保管型仓库向流通型仓库转变，即仓库由原来的储存、保管货物的中心向流通中心转变。仓库不仅具有仓储、保管货物的设备，而且增加了分装、配套、流通加工等设施。

③ 调节供需

市场需求是多变的，而生产是连续性、周期性的，仓库的储存功能起到了一定的缓冲作用，使供给与需求能良好地衔接。

④ 信息传递

信息传递功能是伴随仓库的其他功能发生的。在仓储管理过程中，需要及时、准确的仓库信息，如仓库利用情况、存货周转速度、客户需求情况，这对有效地管理仓储是至关重要的。

3. 仓库的基本作业

仓储管理包括货物移动和储存两大作业。储存是最常见的仓储作业活动，但短距离的移动作业在仓储管理中也是不可缺少的。

（1）货物移动作业

① 接货作业

在接货作业中，所选择的承运人按照约定在特定时间将货物运送到仓库接货区。仓库接货人员将产品从运输工具上移动至接货区装卸平台，并对产品进行验收检查。验收检查需要核对产品是否与采购订单一致，数量、质量是否无误。根据验收结果，接货人员将货物损坏情况记录在承运人的发货单上并签收。

② 入库作业

入库是指将货物从接货区装卸平台移动到仓库存货区的过程。通常通过扫描货物的条形码确认其在仓库的存储位置，并将其移到相应位置。然后，计算机系统会更新仓库的存货记录，记录产品的接收情况及存储位置。

③ 订单拣货作业

订单拣选过程是仓储管理人员根据拣货单从存货区选择客户订购的货物或生产所需要的原材料。为了提高订单拣选效率，仓储管理人员会事先安排拣选路线，使一次拣选过程所经过的总路程最短。如果是批量拣货，则将所有订单上所标注的货物总量一次性拣出送到备货区。

当订单到达备货区时，货物会被放入运输包装中或放在托盘上。使用托盘时，仓储人员会用可伸缩的吊带或塑料包装将货物固定在托盘上，然后在包装上贴上写有收货人地址的标签。至此，整个客户订单准备完毕，等待装车出货。

④ 出货作业

在出货承运人到达出货区装卸平台后，货物将从备货区移到出货区装卸平台，再装到运输车辆中。托运人签发提单，仓储信息系统更新，此时货物离开仓库运送至客户手中。

（2）仓库储存作业

储存是仓库的主要作业活动。一般来讲，直拨仓库的储存功能属于临时或短期的，很多货物会在 24 小时内运走。原材料或半成品仓库则通常是长期储存，这是因为原材料或半成品的价值低、风险小，所需要的储存设备比较简单，且大批量采购可获得数量折扣。如果需求不稳定或季节性比较明显，产成品的储存时间也会比较长。

储存作业所要解决的主要问题之一是如何确定货物在存货区的存放位置。通常确定存货位置要遵循周转率、单位规格和体积三个原则。

① 周转率原则

周转率原则是指将受欢迎（一定时期内订购量最多）的物品放在邻近出货区的位置，而将不太受欢迎（订购比较少的）的产品放在远离出货区的位置。使用这种方法，订单拣选员只需走较短的距离就能拣出所订购的最常用物品，从而减少订单拣货所需的时间。

② 单位规格原则

单位规格原则是指将小型物品放在距离出货区较近的位置，而大型物品则放置在离出货区较远的位置，从而使更多的物品可以放置在临近出货区的位置。这一摆放原则可以缩短订单拣货员走的距离以及减少订单拣货的时间。

③ 体积原则

体积原则是单位规格原则的一种变通，这一原则是指将占立体空间小的物品放在靠近出货区的位置。

4. 仓储合理化的标志

仓储合理化的含义是用最经济的办法实现仓储的功能。合理仓储的实质是，在保证仓储功能实现前提下尽量减少投入，也是一个投入产出的关系问题。

仓储合理化的标志如下。

（1）质量标志

保证被仓储物的质量，是仓储的根本要求。只有这样，商品的使用价值才能通过物流之后得以最终实现。在仓储中增加了多少时间价值或是得到了多少利润，都是以保证质量为前提的。所以，仓储合理化的主要标志中，为首的应是反映使用价值的质量。现代物流系统已经拥有很有效地维护货物质量、保证货物价值的技术手段和管理手段，也正在探索物流系统的全面质量管理问题，即通过物流过程的控制，通过工作质量来保证仓储物的质量。

（2）数量标志

数量标志是指在保证功能实现的前提下有一个合理的数量范围。

（3）时间标志

时间标志是指在保证功能实现前提下，寻求一个合理的仓储时间。这是和数量有关的问题，仓储量越大则消耗速度越慢。

（4）结构标志

结构标志是从不同品种、不同规格、不同花色的仓储物的数量比例关系来对仓储合理性进行的判断，尤其是相关性很强的各种货物之间的数量比例关系，更能反映仓储合理与否。

（5）分布标志

分布标志是指不同地区仓储的数量比例关系，以此判断当地需求比，以及对需求的保障程度，也可以此判断对整个物流的影响。

（6）费用标志

费用标志需考虑仓租费、维护费、保管费、损失费、资金占用利息支出等，这样才能从实际费用上判断仓储的合理与否。

5. 仓储合理化的要求

一般来说，仓储合理化的实施要点可以归纳如下。

（1）适度集中库存是实施“零库存”的前提

① 加速物资总的周转，提高单位产出。如采用单元集装存储、建立快速分拣系统等，都利于实现快进快出、大进大出。

② 采用有效的先进先出方式，保证每件储物的仓储期不过长。先进先出是一种有效的存货管理方式，也成了仓储管理的准则之一。有效的先进先出方式主要有：采用贯通式货架系统；使用“双仓法”仓储，给每种储物准备两个仓位或货位，轮换进行存取，再配

以必须在一个货位中取光才可补充的规定；使用计算机存取系统，采用计算机管理，在存入时向计算机输入时间记录，编入一个简单地按时间顺序输出的程序，取货时计算机就能按时间标志给予指示，以保证先进先出。

（2）提高仓库效率

减少仓储设施的投资，提高单位面积利用率，降低成本。

（3）采用有效的仓储定位系统

仓储定位的含义是对储物位置的确定。仓储定位系统可采取先进的计算机管理，也可采取一般的人工管理，行之有效的方式主要有“四号定位”方式和计算机定位系统。

①“四号定位”方式

“四号定位”方式是使用一组四位数字（序号、架号、层号、位号）来确定存取位置的固定货位方法，是我国手工管理中采用的科学方法。

② 计算机定位系统

利用计算机进行定位，在入库时将存放货位输入计算机，出库时向计算机发出指令，并按计算机的指示人工或自动寻址找到货位，进行拣货、取货等操作。

（4）采用有效的监测清点方式

①“五五化”码

“五五化”码是我国手工管理中采用的一种科学方法。储存物堆垛时，以“五”为基本计数单位，堆成总量为“五”的倍数的垛形，如梅花五、重叠五等。堆码后，有经验者可过目成数，大大加快了人工点数的速度，且能减少差错。

② 光电识别系统

在货位上设置光电识别装置，该装置对被存物进行扫描，并将准确数目自动显示出来。这种方式不需人工清点就能准确掌握库存的实际数量。

③ 计算机监控系统

计算机监控系统用计算机指示存取，可以防止人工出错。

（5）采用现代存储保养技术

如自动存取技术、自动识别技术、自动分拣技术和计算机控制技术等现代化技术的采用，可大大提高作业效率。

（6）采用集装单元化技术

采用集装单元化技术是指采用集装箱、集装袋、托盘等单元进行一体化储运。通过对物流活动的系统管理，使储存、装卸、运输、包装实现了一体化，不但使储存合理化，更重要的是使整个物流系统合理化。

二、仓库的布局设计

1. 仓库空间的确定

在决定仓库基本空间大小时，企业首先需要对产品需求进行预测，然后根据需求确定每一产品的订货量（包括安全库存）；然后，将产品数量换算成所需要的空间大小，一般要多留出10%~15%；最后加上过道占用空间和其他设施占用空间，这样企业对所需要的基本仓储空间有了大致的估计。仓库空间具体包括以下几方面。

（1）接货区和发货区

这部分区域主要用于执行仓储系统中的运输作业，即接货和发货。接货和发货可以共用一个区域，但分成两个区域运作会更加有效。在决定接货和发货所需空间大小时，物流管理者必须先确定货物装卸时是利用仓库外的装卸平台，还是从车辆设备卸货后直接运进仓库。此外，这部分空间还需要留出备货区和货物验收场所。仓库吞吐量的大小和频率是决定接货区与发货区空间大小的关键因素。

（2）订单分拣区和整理区

如果是配送仓库，仓库需要设立订单分拣区和整理区。这部分区域所需空间的大小由订单数量、产品属性、物料搬运设备所决定。

（3）存储区

企业必须尽可能地有效利用仓库里的全部存储空间。这部分区域所占仓库面积最大，其空间大小具体要根据存储区的布局来确定。

（4）辅助区域

辅助区域主要包括三部分。首先是货物回收区，主要用来对损坏的货物进行补救；其次是行政办公区；最后是员工休息室、餐厅、更衣室等其他空间。

2. 仓库布局与设计的原则

（1）仓库布局与设计要遵循的一般性原则

① 货物直线移动。货物进出仓库要尽可能沿直线移动，避免回流和无效运动。

② 使用有效的物料搬运设备，提高运作效率。

③ 提高仓库空间利用率。在为存储的货物提供足够的保护和易取性的同时，最大限度地利用仓库空间。

④ 减少过道占用空间。根据物料搬运设备的尺寸、类型和转动范围，最大限度地减少过道空间。

⑤ 最大限度地利用建筑物高度，有效利用建筑物容积。

（2）仓库各区域的具体设计要求

① 接货区与发货区。企业需要考虑是否在接货区与发货区暂时存储物品，以及物料搬运设备在这些区域转动、移动所需要的空间。

② 存储区。企业需要考虑存储区的大小和形状，所选承运人的类型、货物特征以及物料搬运设备对空间大小的影响。

③ 订单分拣区和整理区。在配送仓库里，这个区域几乎始终处于作业活动中。由于物品需要在拣单员可触及的范围内存放，这个区域很难有效地利用立体空间。

3. 仓库布局与设计的目标

（1）充分利用仓库的立体容积

存储区布局设计的核心原则在于最大限度地发挥仓库立体空间的优势。为实现此目标，应尽量减少过道面积，以增加存储空间。实际存货区的大小受货物周转速度或吞吐量等因素影响。例如，若货物周转缓慢，存取活动有限，可以适当减少过道数量及宽度，扩大存储区的深度和宽度；反之，若周转速度较快，存货活动频繁，可考虑降低存储区面积，增加过道宽度。当前，客户需求日益强调仓储周转速度和快速存取，这已成为仓储管理服务的重要特点。

（2）有效保护货物

① 危险的物品，如易爆、易燃、易氧化的物品，应与其他物品分开存放，防止对其他物品造成损坏。

② 保护需要特殊安全设施的产品，以防被盗。

③ 对需要温控设备（如冰箱或者加热器的物品）进行妥善放置。

④ 避免将需要轻放和易碎的物品与其他物品叠放，以防损坏。

（3）提高仓储效率

效率包括两层含义：一是仓库空间的有效利用，这意味着应充分利用设施的高度，减少过道的空间；二是合理码放仓库存货，以降低人工成本和搬运成本。

采用机械化的仓储系统可以提高仓储效率。特别是当物品形状规则、易于搬运、订单稳定、产品大批量移动时，采用机械化的仓储管理是非常有效的。

三、仓储基本决策管理

1. 仓储基本决策

仓储管理涉及许多重要决策，其中产权、数量、规模、储量和选址等是最基本也是最重要的决策，即仓库应该是什么类型、设置多少、每个有多大、储存什么产品、在哪里建造等，如图 4－1 所示。

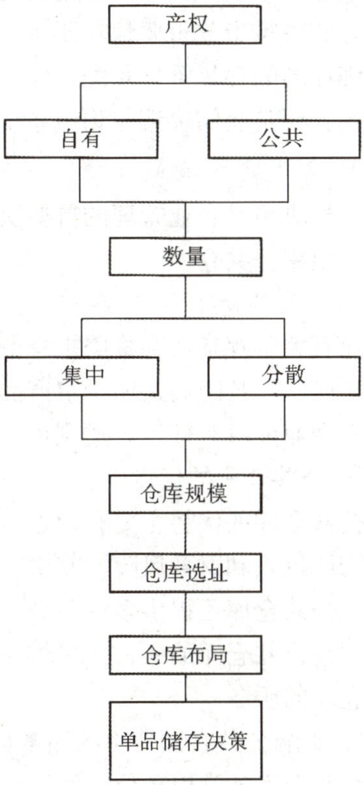

图 4－1　基本仓储决策

（1）产权决策

企业仓储管理首先要考虑的是采用自有仓储还是采用公共仓储。这一选择会影响企业的投资支出和仓储管理成本以及企业的资产负债表（设备投资）和损益表（仓储成本）。

（2）仓库数量决策

关于采用集中仓储还是分散仓储的决策，其核心在于企业在供应链网络中所需的仓库数量。对于拥有地区性市场的中小企业而言，一般仅需一个仓库即可。然而，对于拥有全国或国际市场的大型企业，此问题则需深思熟虑。仓库数量的增多能够在一定程度上提升客户服务水平，因为产品能更接近客户。然而，过多的仓库会导致库存和运输成本的上升。因此，在制定仓库数量决策时，运输方式的选择至关重要。例如，采用航空运输，一两个仓库便足以满足需求。虽然航空运输成本较高，但得益于存货和仓储成本的降低，总体成本得以抵消。

（3）仓库规模决策

企业如果采用公共仓库，这一决策就不那么重要，因为公共仓库能够在不同时间腾出或多或少的空间满足企业的仓储需要。而对于采用自有仓库的企业来说，规模决策就非常重要，因为自有仓储设备的存储规模一旦设计好就很难改变，需要投入大量资金才能调整。

(4) 仓库选址决策

与仓库数量相关联的问题是仓库选址问题。企业必须从均衡的角度考虑仓库的选址。通过分析所要建仓库的功能，可以确定仓库的大体位置。一般而言，强调高客户服务水平的产品要临近市场，而原材料众多的产品要临近供应商。企业必须以尽可能低的物流成本保证客户服务质量。

(5) 仓库布局决策

除了上述基本仓储决策以外，企业使用自有仓库时还要面临仓库内部如何布局的问题。企业做决策时必须考虑到通道空间、货架、物料处理设备，还有仓库内部的实体空间。如果使用的是公共仓库，公共仓库的所有者会对此做出安排。

(6) 单品储存决策

单品储存决策是指根据产品的数量和类型确定将其储存在哪一个仓库。单品储存决策只有当企业有多个仓库时才需要，此时，企业必须决定是所有的仓库都要保管所有的产品，还是每个仓库只存储特定类型的产品，或者将专业化和通用性结合起来。

仓储决策十分重要且需要密切关注。仓储运营管理的重点是提高效率和生产能力。通过详细计划的存货管理和配送经营来合理利用空间，在将来这样做会比建造更多的仓库更加重要，而且仓储决策与物流系统其他组成部分之间的互动性会更强。

2. 仓库产权决策

产权决策是企业管理的首要决策。产权决策是指企业是应该购买、建造仓库，还是根据需要租用公共仓库。

(1) 公共仓库

没有大量存货或存货需求季节性非常强的企业采用自有仓库显然是不可行的。向分散的客户或工厂长距离运输少量产品的企业使用公共仓库更为有效。新兴企业由于销售不确定，在企业能够有效地渗透到市场之前，也需要采用公共仓库。

① 公共仓库的优点

公共仓库的优势主要有两点。首先，经济性。企业无需或只需少量投资，避免自有仓库的资产投入和财务风险。其次，灵活性。企业可根据需求波动或运输服务变化快速调整租期。公共仓库还提供多种服务，如货物检验、装配等，为物流管理者提供多种选择。契约仓库是公共仓库的一种，提供专业化的服务作为自有仓库的替代方案，几乎能提供所有自有仓库的服务。

② 影响公共仓储费率的因素

公共仓库通常以单位时间段内单位空间的服务费用来计算租赁费用。影响仓储费率的基本因素包括以下几个方面，见表4-1。

表4-1 影响仓储费率的因素

因素	原因
价值	公共仓库对所储存的货物负有一定的法律责任。因此，货物价值越高，风险就越大，费率自然也会反映这一点

续表

因素	原因
易损性	仓储费率必须考虑产品的易损性，因为这会给仓库的经营者带来风险。物流管理者可以通过保护性的包装减少发生损坏的风险，从而减少仓库的损失。包装所产生的成本也要反映在仓储费率中
对其他货物的破坏性	在公共仓库中，所储存货物的不相容性总会产生相互损坏的风险。采用正确的包装和必要的防范手段会降低风险，但是这种费用的增加也需要反映在仓储费率中
存货量和定期性	尽管企业使用公共仓库通常不存在固定成本，但是仓库所有者本身是存在固定成本的。存货量和定期性会影响费率，因为租用企业能够“分摊”仓库所有者的部分固定成本。换句话讲，合理的存货量和定期性有助于降低单位成本以提高效率
重量密度	仓库通常以所占空间计费，但有时也会以重量密度为标准计费。也就是说，仓库管理者对重量轻但体积大的产品索要高费率。即使仓库不使用这种方式计费，使用者也应该考虑重量密度的问题，因为这会影响他们对租用空间的有效利用
服务	公共仓库如今已经成为广泛存在的行业。除一般的仓储功能外，公共仓库能够提供多种服务。使用这些服务当然要支付费用，而且所使用的服务越多，价格就越高。但是，公用仓库提供服务的成本可能会比自己提供服务的成本要低

③ 自有仓库与公共仓库的成本比较

采用公共仓库时，仓储管理的成本全部都是变动成本，如图 4-2 所示。随着仓库吞吐量的增加，企业必须增加所租用的公共仓库的空间。仓储空间的租赁费用一般是根据单位仓储空间计算，企业租赁的公共仓库空间越大，仓储成本就会按比例增加。因此，理论上的仓储总成本呈线性变化。在实践中，公共仓库的所有者为大量租赁仓库者提供一定的折扣，从而使总成本并非完全呈线性。

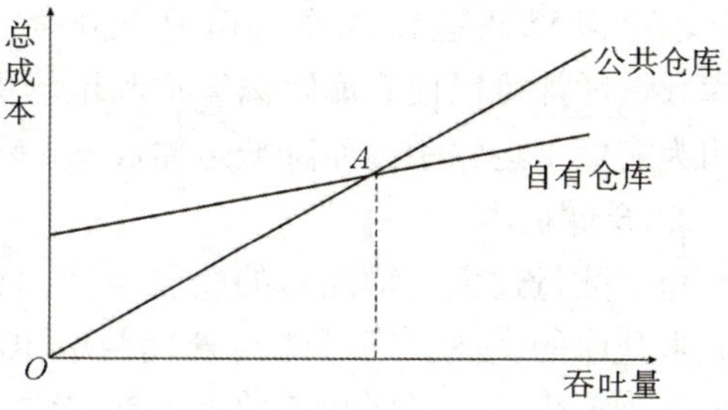

图 4-2 自有仓库与公共仓库的成本比较

采用自有仓库时，仓储成本含有固定成本。由于不涉及公共仓库的利润空间，通常自有仓库变动成本的变化率要小于公共仓库。由于存在固定成本，自有仓库需要相对高的吞吐量才能实现仓库的经济性。

一般而言，如果企业仓储量较少，使用公共仓库是最佳选择。随着仓储量的增加，单位数量的货物分摊的固定成本在减少，当达到一定仓储量时，企业采用自有仓库更加有效。当然，这种分析方法相对现实过于简单，而且其假设前提是企业的仓储需求和仓库的吞吐量稳定。而在现实中，由于企业具有不同的特征，企业所面临的形势要复杂得多。

（2）合同仓库

公共仓库的一个发展趋势是开始使用合同仓库或第三方仓库。合同仓库是一种以客户为导向的公共仓库，是由外部企业提供以前由企业自己完成的物流仓储服务。合同仓库的优势是能够提供高效、经济和准确的配送服务。

物流管理者必须把合同仓库和一般的公共仓库区分开。期望得到高质量仓储服务的企业应该使用合同仓库。合同仓库往往是为满足高标准和专业化的管理要求，如药品、电子产品和贵重物品等的需要而设计的。而只需要基本仓储服务的企业应该选择普通的公共仓库。合同仓库实质上体现的是制造商和仓储企业之间的一种合作关系，因此，合同仓库的客户数量比传统的公共仓库要少。合同仓库可以为满足客户特殊的产品需求提供定制化的存储空间、劳动力和设备。

合同仓库为仓储客户提供定制化的物流服务，如储存、拆包、组合、订单分类、在途混装、库存控制、运输安排、物流信息系统和其他一些附加物流支持服务。通过采用合同仓库，企业将其物流管理外包，从而可以将精力用于生产制造和营销。

3. 仓库数量决策

与产权决策一样，仓库数量决策也是仓储基本决策之一。物流管理者要决定物流系统所需要的仓库数量，决定是采用集中仓储还是分散仓储。

（1）仓库数量对物流成本有何影响

图 4-3 描述了物流系统中仓库数量对物流成本的影响。随着仓库数量的增加，运输成本和销售损失成本下降，同时库存成本和仓储成本呈上升趋势。

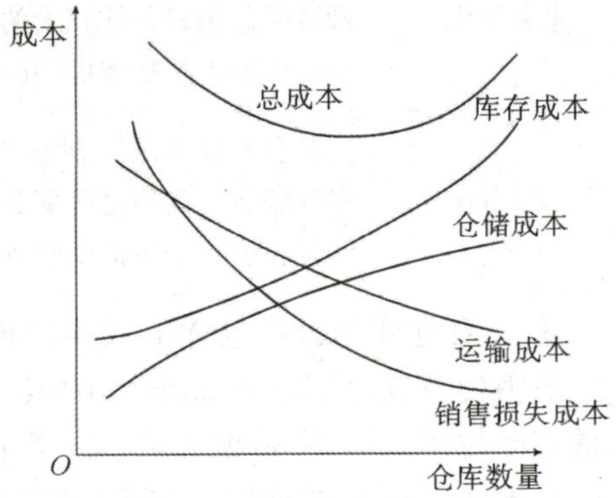

图 4-3　物流成本与仓库数量

① 运输成本

单纯从运输角度看，把货物集中起来进行整车运输可以降低运输成本。但是从出货角度讲，仓库数量增加可以使仓库距离客户和市场更近．从而因为缩短了运输距离而降低运输成本。

② 仓储成本

仓库数量过多会增加总的仓储空间，仓储成本就会上涨。例如，只管理一个 200 000 平方米仓库的企业，不可能与管理两个 100 000 平方米仓库的企业在同样的水平上运营。办公室、卫生间、餐厅和其他机构都需要一定的空间。同时，小仓库的过道也占用了较大的空间。

③ 库存成本

由于需求难以预测，拥有两个或更多仓库的企业不得不在每个仓库中都储存大量流动性差的产品，库存增加，库存成本就会上升。

如图 4-3 所示，随着仓库数量的增加，总成本呈下降趋势，但是库存成本和仓储成本的增加会抵消运输成本和销售损失成本的降低，这样总成本又呈上升趋势。当然，总成本曲线以及仓库数量变化带来的成本变化的范围会因企业不同而有所不同。

（2）集中仓储与分散仓储

物流系统中仓库数量的问题可以看作是集中仓储还是分散仓储的决策问题。使用集中仓储系统的企业拥有较少的仓库，而使用分散仓储系统的企业拥有较多的仓库。

① 货物可替代性

如果产品的可替代性高，企业应当选择分散的仓储系统以降低销售损失成本。

② 货物价值、特殊仓储要求、产品线

如果储存的货物比较昂贵，企业应当采用集中仓储系统。通过减少仓库数量，企业可以降低存货水平，从而降低库存持有成本。产品线比较复杂的企业也应当采用集中仓储系统以降低存货水平和库存持有成本。对于有特殊要求（如控制温度和湿度等）的货物，集中仓储系统可以减少对仓库和仓储设备的投资。

③ 购买规模

对于购买规模较小的企业，推荐采纳分散仓储系统。经过细致的成本分析发现，从集中仓库采用零担运输直接将货物送达客户，相较于先将货物通过整车运输至分散仓库，再由零担运输送达客户的模式，前者的运输成本更为经济。鉴于当前零售商和批发商对库存成本日益重视，他们更倾向于小批量多批次的采购方式。为了确保及时交货并有效控制运输成本，众多企业选择在距离小批量购买客户较近的区域增设仓库。

④ 客户服务水平

高水平的客户服务可以实现产品的差异化从而降低可替代性。为了防止运输服务水平低导致交货周期延长，应当采取分散仓储系统，因为企业可以通过增加仓库数量来缩短交货周期。

任务二　库存管理

一、库存与库存管理概述

企业高层管理者在经营活动中越来越重视供应链的作用。毫无疑问，库存管理是整个供应链中的一个重要方面。

1. 库存的含义

库存是指处于储存状态的物品或商品。库存与保管概念的差别在于前者是从物流管理的角度出发强调合理化和经济性，后者是从物流作业的角度出发强调效率化。库存具有整合需求和供给，维持各项活动顺利进行的功能。例如，某零售商直接向生产厂家订购一定数量的商品并要求第 2 天到货，而生产厂家生产该商品需要花 5 天时间，运送需要花 1 天时间。这样，如果生产厂家预先生产一定数量的这种商品并储存在物流仓库，则可马上满足顾客的要求，避免发生缺货或延期交货的现象。

一般来说，在销售阶段，为了能及时满足顾客的要求，避免发生缺货或延期交货现象，企业需要有一定的成品库存。在采购生产阶段，为了保证生产过程的标准化和连续性，需要有一定的原材料与零部件的库存。但是库存商品要占用资金，发生库存维持费用，同时，存在因库存积压而产生损失的可能。因此，既要防止缺货，避免库存不足，又要防止库存过量，避免产生大量不必要的库存费用。

2. 库存管理的含义

库存管理就是在保障供给的前提下，为使库存商品数量最少，所进行的预测、计划、组织、协调、控制等有效补充库存的一系列工作。

库存管理往往被误认为只是对库存商品的数量的控制，认为其主要内容就是保持一定的库存量，其实这只是库存管理中的一项重要内容，并不是它的全部内容。库存管理的内容见表 4-2。

表 4–2　库存管理的内容

管理内容	注意要点
库存信息管理	库存信息管理既包括库存商品本身的信息，又包括市场、用户对库存商品的需求信息，另外它还包括与库存业务有关的信息，如入库日期、出库日期、存货数量、库存成本等
库存决策、控制	库存管理要决定与库存有关的业务如何进行，如库存商品的购入或发出的时间、地点，库存商品的品种、数量、质量、构成、订购方式的确定等
库存管理水平的衡量	一定期间内采用的库存管理方式是否恰当，应给予评价、衡量。这不仅关系企业的经济效益，同时也关系到下一阶段库存管理策略的重大问题的调整

3. 库存成本的构成

库存成本主要包括订购成本，库存持有成本（储藏空间成本、库存服务成本、资本成本、库存风险成本），缺货成本（延迟订货成本、销售损失成本）。这三类成本对库存决策起着重要的作用，它们之间存在着背反关系，订购量越大，库存量越多，库存持有成本越高；而缺货可能性越小，缺货成本越低；同时由于规模经济，订购成本下降。因此在确定订货量来补充库存时，必须同时对这三种成本进行权衡，如图 4–4 所示。

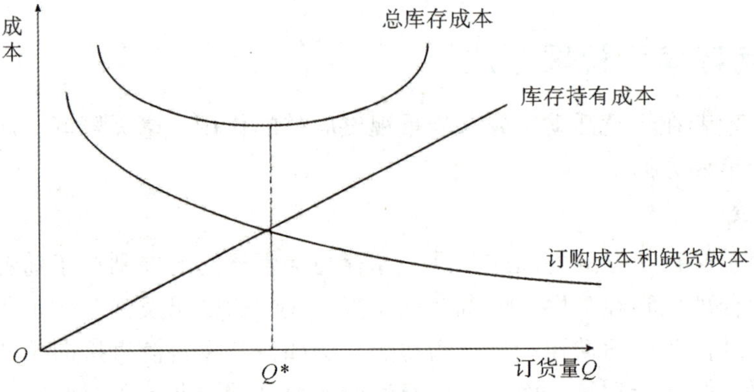

图 4–4　订货量与三类库存成本之间的背反关系

（1）订购成本

订购成本指补货时购买货物的相关成本。订购成本包括不同订货批量下产品的价格成本，生产启动成本，订单准备、传输和处理过程中的相关成本，货物运输成本（如果买方付款）以及接收货物时的物料搬运成本等。其中运输成本、生产启动成本和货物搬运成本随订货规模变化，在分析时要区别对待。

（2）库存持有成本

库存持有成本包含的范围是相当广泛的，它是企业在一段时间内储存和持有商品所产生的相关成本，具体包括如下方面。

① 储存空间成本

储存空间成本是由于占用仓储建筑的空间所支付的费用。如果是租借的仓储空间，一般以储存时间和储存重量计算租金。如果是自有或合同仓库，储存空间成本取决于仓库的运营成本（照明、取暖等）和储存设施的固定成本。

② 资本成本

资本成本有时也叫作利息或机会成本，这种成本类型是指公司将资金用于库存所放弃的其他投资机会的收益。

③ 库存服务成本

库存服务成本包括保险和税收带来的成本以及相关的管理费用。保险和税收根据产品价值和类型的不同而不同。

④ 库存风险成本

库存风险成本反映了存货的现金价值下降的可能性。例如，库存的商品存放了一段时间，因为可能污染、损坏、失窃、腐烂而不能销售或因过时而不适于销售所产生的废弃成本、损坏成本、损耗成本和移仓成本等。

（3）缺货成本

另外一个影响库存决策制定的重要因素是缺货成本——当用户需要或有需求时没有产品供应而产生的成本。缺货成本分为如下两种。

① 丧失销售的成本

当出现缺货，客户取消订单时，就产生了丧失销售的成本。确定由于库存无货而丧失销售的成本比较具有挑战性。比如，对于制造型企业，首先应该确定小时或日生产率，然后用它们乘以未能生产的单位所引起的利润损失。这个数字还是有点保守，因为尽管是短时间的停业，企业还需要给工人付工资，还要考虑分配到每一单位上的管理费用。

② 保留订单的成本

如果客户愿意等待补货继续履行订单，这时由于订单的延期履行所产生的成本就是保留订单的成本。如果订单通过其他分销渠道调货来履行，那么由于订单的处理、额外的运输和搬运产生额外的办公费用和销售成本是容易计算的，但是由于订单的延期可能造成的潜在客户的流失是很难衡量的。

为减少面临缺货的可能性，大多数公司通常都要考虑建立安全库存（safe stock）或缓冲库存，以应对需求的不确定性或再供应所需的交付周期的不确定性。但是，安全库存比周转库存风险大，持有成本更高。并且，确定安全库存水平的大部分决策都涉及概率分析。

二、库存管理与控制

1. 库存分类与管理

在储存管理中，可运用 ABC 分类法把物资按照其种类、数量、价值及出入库繁简程度等加以分类。在一般情况下，将那些品种数量很少而价值很大的物资分为一类，称为 A 类，实行重点管理；把那些品种数量很多而价值很小的物资分为一类，称为 C 类，实行一般管理；其余的物资介于两者之间，称为 B 类，根据情况，既可实行重点管理，也可实行一般管理。

ABC 分类管理方法包括两个步骤：一是确定分类，二是确定相应的管理方法。

（1）确定分类

库存物资通常按库存物所占总库存资金的比例和所占库存总品种数目的比例这两个指标来进行分类。具体地说，A 类库存品种少但资金占用大，即库存品种约占库存品种总数的5%~20%，而占用资金金额占库存占用资金总额的60%~70%。C类库存品种多但资金占用少，品种数一般占60%~70%，而占用资金金额占15%以下。B类库存介于两者之间，品种数约占20%~30%，占用资金金额占20%左右。

以上按品种数所占金额大小来分类的方法有一定的缺陷。例如，某种C类物资，却是生产过程中不可缺少的重要部件，一旦发生缺货则会造成生产的停顿，因此不能忽视对它的管理。为了弥补这种方法的不足，产生了重要性分析方法。重要性分析方法的基本点是按照工作人员的主观认定对每个库存品种进行重要度打分，再根据分数值的高低将物资品种划分为3~4个级别，即最高优先级、高优先级、甲优先级、低优先级。

（2）确定相应的管理方法

对库存进行ABC分类之后，便要根据企业的经营策略对不同级别的库存进行不同的管理和控制。

① A类库存

这类库存物资数量虽少但对企业却极为重要，是最需要严格管理和控制的库存。企业必须对这类库存定时进行盘点，详细记录并经常检查分析物资使用、存量增减、品质维持等信息，加强进货、发货、运送管理，在满足企业内部需要和顾客需要的前提下维持尽可能低的经常库存量和安全库存量，加强与供应链上下游企业合作降低库存水平，加快库存周转率。

② B类库存

这类库存属于一般重要的库存。对于这类库存的管理强度介于A类库存和C类库存之间。对B类库存，一般进行正常的例行管理和控制。

③ C类库存

这类库存物资数量最大，但对企业的重要性最低，因而被视为不重要的库存。对于这类库存，一般进行简单的管理和控制，比如大量采购大量库存，减少这类库存的管理人员和设施，降低库存检查频率等。

2. 库存管理过程

（1）库存的成本分析

库存管理的任务是用最少的费用在适宜的时间和适宜的地点获取适当数量的原材料、消耗品或最终产品。库存是包含经济价值的物质资产，购置和储存都会产生费用。库存系统的成本主要包括购入成本、订货费、保管（储存）费用及缺货成本。

① 购入成本

某种物品的购入成本有两种含义：当物品从外部购买时，是指单位购入价格；当由企业内部制造时，是指单位生产成本。单位成本始终要以进入库存时的成本来计算。对外购物品来说，单位成本应包括购价加上运费。对于自制物品来说，单位成本则包括直接费用，直接材料费和企业管理费用等。

② 订货费用（或称订购成本）

订货费用是从需求的确认到最终的到货，通过采购或其他途径获得物品或原材料的时候发生的费用。订购成本包括提出订货申请单、分析货源、填写采购订货单、来料验收、跟踪订货等各项活动发生的费用，主要包括内部人员的费用和管理费用。订货费用的主要特征是与采购次数直接有关，而与订货量的大小几乎无关。因为这个原因，采购必须制定政策与战略，以便从市场上以最有效的订货批量来进行采购，而不仅仅是根据生产与需求。

③ 保管（储存）费用

保管费用包括：存储费用，取暖、照明费用，以及仓储建筑物的折旧；库存运行的人力资源费用；库存记录的保存费用和系统费用，包括盘点和检查库存的费用；安全与保险费用；库存损坏与废弃的成本。这些都是可以控制的费用，用来衡量库存管理的效率。

④ 缺货成本

缺货成本是由于外部或内部中断供应而产生的损失，包括：原材料供应中断造成的停工损失，产成品库存缺货造成的延迟发货的损失、丧失销售机会的损失、失去顾客的损失以及商誉损失等。

（2）管理过程

① 需求识别与需求预测

对库存进行管理，首先要进行需求识别与需求预测。

② 存货识别与编码

要使库存管理更为有效，必须对存货进行识别和编码。存货包括很多不同种类的物品，最容易的识别方法是用名字或描述性文字。

当存货的数量很多、种类很广时，名字和描述性文字已经不能满足识别的要求，这时候通常采用编码。采用编码前要开发一个编码系统，制定编码规则。

目前，有很多不同的编码体系和编码方式。常见的一种编码方式是对要描述的物品属性，如物品自然属性、物品最终用途、库存地点、供应源以及最终用户进行分组，然后按照一定的规则进行编码。编码方法很多，如组码和条形码。

③ 存货分类

存货有很多种分类，例如，可将存货进行如下分类：在成为产成品的一部分之前需要处理的原材料；需组装到产成品中的零件；安装到产成品上的配件；提供必要保护的包装；准备销售给最终消费者的产成品；多余物品，如废弃物、垃圾、生产过程中的废物等。

④ 采购前期管理

无论订货数量多少，从订单发出到接收物品，总有一个时间间隔，这就是采购提前期（或称为采购前置时间），即从采购订单发出到收到货物的时间。采购提前期可能是不变的，也可能是变化的。当采购提前期可变时，可以用某种概率分布来描述它。

采购提前期一般可由以下几部分组成：

$$L=T_1+T_2+T_3+T_4+T_5$$

式中　L——补充库存的采购前置时间；

T_1——企业内部的订货准备时间；

T_2——订单传送时间；

T_3——供应厂家准备物品的时间；

T_4——运输的时间；

T_5——入库前对物品进行验收等活动所占用的时间。

可以看出，除 T_1 和 T_5 可控外，其他变量都是不可控的。

确定采购提前期，要考虑安全库存费用与缺货费用之间的平衡。通常假设采购提前期是固定的，但实际上，当产品处于生命周期的不同阶段，这个数字变化很大。在计算机系统中常根据第一次购买或制造的时间设定采购提前期，这比处于生命周期中间阶段的时间要长。

计算采购提前期可以用许多不同的方法，常见的方法见表4-3。

表4-3 计算采购提前期的方法

序号	方法
1	根据最后一次订货的情况来确定采购提前期
2	利用某一个固定的期间（如12个月）的平均提前期作为采购提前期
3	利用所有采购的平均提前期作为采购提前期

案例导入

采购提前期计算

某种物品的采购提前期的历史数据见表4-4所示，表中记录了该物品10次采购的提前期，分别利用上述三种方法计算其采购提前期。

表4-4 物品10次采购的提前期

序号（次）	1	2	3	4	5	6	7	8	9	10
采购提前期/天	10	8	7	5	8	9	11	10	9	9

解：

（1）按最后一次订货的提前期来确定采购提前期。

采购提前期=9天

（2）利用某期间（如按表中的第6次至第10次）内提前期的平均值作为采购提前期。

采购提前期=（9+11+10+9+9）天÷5=9天

（3）利用所有采购的平均提前期作为采购提前期。

采购提前期=（10+8+7+5+8+9+11+10+9+9）天÷10=8.6天≈9天

⑤ 库存出库

库存的出库政策主要是指物品消耗的顺序。先进先出这种政策按照进库的顺序进行处理，最先进库的物品最先使用，以避免存储时间超过货物寿命。排成一列的物品可以这样处理，此原则一般适用于寿命周期短的商品，如感光纸、胶卷、食品等。

后进先出是指最后进库的物品最先出库。堆成一堆的物品可这样处理。

随机政策就是物品出库没有规则。在零售时，有日期标识的库存要经常检查和出库；没有日期标识的库存要保持清洁和新鲜的外观，将新的库存放在货架的后面以保证货架清洁、整齐。

3. 库存控制模型

为方便库存管理，可对库存控制问题进行如下分类，见表4-5。

表 4-5 库存控制问题分类

序号	控制问题分类
1	根据是否重复订货分为一次性的库存控制问题和重复性订货问题
2	根据供应来源分为外部供应的库存控制问题和内部供应库存控制问题
3	根据对未来需求量的知晓程度分为需求量不变和需求量可变的库存控制问题
4	根据对前置时间的知晓程度分为前置时间不变的库存控制问题和前置时间可变的库存控制问题
5	根据所采取的库存控制系统的类型可分为固定订货量系统、固定订货间隔期系统、一次订货量系统和物料需求计划系统的库存控制问题

在库存控制系统中，库存活动可以用库存时间曲线表达，它是库存管理的基础。在不同的情况下，库存曲线表现出来的特征是不同的。

下面介绍两种基本的库存模型，即定量订货模型（也称 Q 模型）和定期订货模型（也有不同的称谓，如定期模型、定期盘点模型、固定订货间隔期模型及 P 模型）。

（1）定量订货模型

定量订货模型对应的是固定订货量系统。严格地讲，当物品以“件”为单位时，库存系统的变量（订货点和订货批量）的取值只能是整数。但对模型进行分析时，连续变量比较好处理，在许多情况下，这种近似是可行的。

为确定最优库存控制策略，需要以下数据：各项成本参数（如订购、储存、缺货等成本参数）；需求量的预测值；前置时间。

① 定量订货模型的运行机制

定量订货模型的库存系统运行机制为：每当库存余额小于订货点时，就发出固定批量的订货。库存余额可用下式计算。

库存余额=现有库存量+已订未到量-欠付量

固定订货量系统又称为连续系统，因为在这种系统中，要随时将库存余额与订货点做比较，决定是否订货。

② 经济订货批量的确定

计算经济订货批量的目的是平衡订货成本和持有成本。使得库存总成本最小的订货批量称为经济订货批量。为了确定经济订货批量，先作一些假设：各次订货的订货费用相同，与订货批量大小无关。单位物品在单位时间的储存费与物品的购入单价成正比。单位时间的需求量不变。前置时间固定。

这一过程可以用数学分析的方法来完成，求出经济订货批量。为简化分析，首先考虑物品的购入单价为常数且不允许缺货的情况。如果物品到货后的时间很短，可以看作是同一时间入库的。由于前置时间固定，所以可取订货点为前置期内的需求量。刚入库时，库存数量为 Q 单位。由于需求稳定，库存数量会以固定的速度减少。当库存量降到订货点时，就按 Q 单位发出一批新的订货。经过一个固定的前置期后，物品到达并入库，物品即将入库时库存数量为零。

图 4-5 表示了库存总成本（存储成本以及订购成本）随订货批量大小的变化而变化

的情况。

在年需求量一定的情况下，订货批量越小，平均库存量就越低，但发生的订货次数就越多。如果能大幅度降低订货费用，就可以大大降低订货批量，加快库存资金周转，有利于提高企业效率。

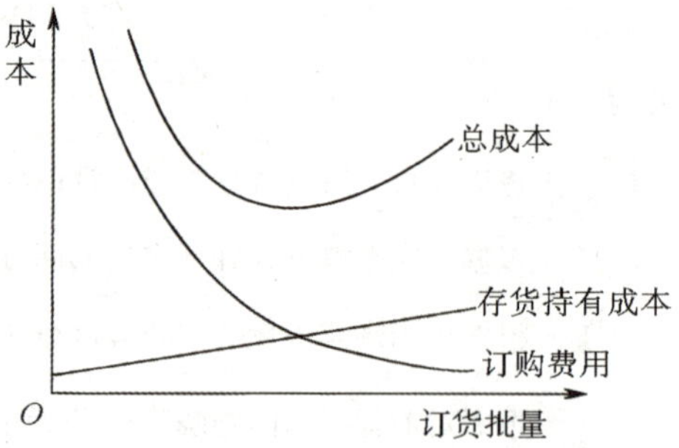

图 4-5　订购批量与成本之间的关系

若不允许缺货，则年总库存成本可以分析如下：

年总成本＝年购入成本＋年订购成本＋年储存成本

$$C_T=RC+\frac{RS}{Q}+\frac{QH}{2}$$

式中　C_T——年总成本；

R——年需求量，以单位计；

C——物品的购入成本；

S——每次订货的订购成本；

H——每单位每年的储存成本，$H=CI$；

Q——订货批量，以单位计；

I——以单位成本系数表示的年储存成本。

为确定经济订货批量，求年总成本对订货批量的一阶导数并令其为零，得

$$\frac{\mathrm{d}C_T}{\mathrm{d}Q}=\frac{H}{2}-\frac{RS}{Q^2}=0$$

从而求得经济批量（EOQ）为

$$Q^*=\sqrt{\frac{2SR}{H}}=\sqrt{\frac{2SR}{CI}}$$

在已知经济订货量的情况下，年订货次数 n 和两次订货间的平均时间 T 可按如下公式确定

$$n=\frac{R}{Q^*}=\sqrt{\frac{HR}{2S}}$$

在不考虑安全库存的情况下，再订货点可用下式计算。

$$R_{OL}=\text{前置期内平均需求}=RL$$

式中　R_{OL}——再订货点，以单位计；

L——前置时间，以年计。

一年以 12 个月或 52 周计，将经济订货批量代入总成本表达式，可得到最小年总成本公式。

$$C_T^*=RC+HQ^*$$

（2）定期订货模型

定期订货模型对应的是固定订货间隔系统。这类系统中，物品的订货都是按固定的时间周期进行的。

① 固定订货间隔期系统的运行机制

这类库存系统中，每隔固定的时间周期 T 就检查库存，确定库存余额并发出订货，订货批量等于最高库存数量与库存余额的差。这种系统由订货间隔期和最高库存数量这两个变量确定。与固定订货量系统而言，固定订货间隔期系统不要求保持连续的库存记录，因而又称为间隔库存系统。

根据固定订货间隔期系统的运行机制可知，当物品的消耗速度不变时，每次订货量相同。对于单项物品而言，这种情况下采用固定订货间隔期系统和固定订货量系统等效。当需求不完全均匀时，虽然订货仍是按相同间隔出发，但订货批量各不相同。

在定期订货系统中，不同时期的订购量不尽相同，一般比定量订货系统要求更高的安全库存。定量订货系统是对库存连续盘点，一旦库存水平到达再订购点，立即进行订购。而定期订货模型是仅在盘点期进行库存盘点。它有可能在刚订完货时由于大批量的需求而使库存降至零，这种情况只有在下一个盘点期才被发现，而新的订货需要一段时间才能到达。这样，有可能在整个盘点期 T 和提前期 L 内发生缺货，所以安全库存应当保证在盘点期和提前期内不发生缺货。

② 确定型模型

在确定型库存模型中，假设物品的需求是连续均匀的，补充供应的前置时间也是固定的。

基本经济订货间隔期模型（EOI）：固定订货间隔期系统的基本问题是确定订货间隔期 T 和最高库存数量 E。对于基本经济订货间隔期模型而言，其假设和定量订购模型的假设是相同的。

年总成本=年购入成本+年订货成本+年储存成本

$$C_T=RP+mS+\frac{RFP}{2m}=RP+\frac{S}{T}+\frac{RFP\cdot T}{2}$$

式中　m——每年订货或检查次数；

$\frac{R}{2m}$——平均库存量，$\frac{R}{2m}=\frac{RT}{2}$；

T——订货间隔期，以年计，$T=\frac{1}{m}$。

令年总成本对订货间隔期 T 的一阶导数等于零，得出经济订货间隔期为

$$T^*=\sqrt{\frac{2S}{RFP}}$$

最优年检查次数为

$$m^*=\frac{1}{T_0}=\sqrt{\frac{RFP}{2S}}$$

在确定性的情况下，固定订货间隔期系统和固定订货量系统之间没有区别，因为这时两套系统有相同的订货间隔期和订货量，即

$$Q^*=RT^*=R\sqrt{\frac{2S}{RFP}}=\sqrt{\frac{2RS}{H}}$$

设检查期的库存余额为 I，订货批量 $Q=E-I$，从而 $E=Q+I$。在确定性的情况下，前置

时间内物品消耗量为 I，订货间隔期内物品的消耗量为 Q，故最高库存数量由下式给出

$$E=R\ (T+L)$$

当订货间隔期和前置时间均以日给出，且一年有 N 个作业日，可用下式计算最高库存数量

$$E=\frac{R\cdot\ (T+L)}{N}$$

用经济订货间隔期 T^*，代替总成本的表达式的 T，得最低年总成本公式如下：

$$C_{T=}RP+RHT$$

（3）两种库存控制系统的比较

两者的基本区别是，定量订货模型是事件驱动，而定期订货模型是时间驱动。也就是说，定量订货模型在达到规定的再订货水平后，就进行订货，随时可能发生，主要取决于对物资的需求情况。相比而言，定期订货模型只限于在预定时期期末进行订货，是由时间驱动的。两者系统的比较见表 4-6。

表 4-6　定量订货模型与定期订货模型的比较

特征	定量订货模型	定期订货模型
订货量	固定	可变
何时订货	当库存量降低到再订购点时	盘点期到来时
库存记录	每次出库都做记录	只在盘点期记录
库存大小	比定期订货模型小	比定量订货模型大
持续所需时间	由于记录持续，所以较长	短
物资类型	昂贵、关键或重要的物资	需求稳定的、可持续预测且价值低、小批量的物品

通过对定量订货系统和定期订货系统的比较，可以初步得到以下几点。

① 定期订货模型平均库存较大，以防在盘点期（T）发生缺货情况；定量订货模型没有盘点期。

② 因为平均库存量较低，所以定量订货模型有利于贵重物资的库存。对于重要的物资如关键维修零件，定量订货模型更适用，因为该模型对库存的控制更密切，这样可以对潜在的缺货更快地做出反应。

③ 由于每一次补充库存或货物出库都要做记录，维持定量订货模型需要的时间更长。

4. 现代库存管理

我国企业普遍存在着流动资金短缺的问题，除多年形成的“三角债”外，企业的存货过高是另一主要原因。有关资料表明，企业平均的存货资金占用为流动资产总额的 40%～50%。因此，为缓解流动资金短缺，提高企业资金的利用率，企业必须采用先进、科学的存货管理方法，加强企业存货的规划与控制。

（1）传统的 EOQ 库存管理的缺陷

所谓 EOQ，即经济订货批量，是利用数学方法求得的在一定时期内储存成本和订货成本最低时的订货批量。该方法的缺陷在于，它没有认识到库存管理实质上是一个大量信息的处理过程。传统库存管理的假设如下。

① 物料需求是连续的

在传统的生产方式下，企业按计划生产，生产数量一般不会有大的波动，因而对物料的需求是均匀的。而在现代企业中，企业面向市场，面向客户，生产数量是变化的，因此，对物料的需求是不均匀、不稳定的，对库存的需求是间断性发生的。因此，按照EOQ订货法下达订货的时间常常偏早，从而造成物料积压，既造成资金大量无效地被占用，又引起库存费用的增加。另外，由于生产需求的不均衡，有时又会发生库存短缺，从而给生产造成严重损失。

② 对各种物料的需求是相对独立的

传统EOQ库存管理的方法不考虑各物料之间的联系，各种物料的订货点是分别加以确定的。但是，在实际的生产中，各项物料的数量必须进行合理的配备，才能制造装配成产品。由于传统EOQ订货方法是面向单个零件，对各项物料独立地进行订货，而不是对整个最终产品，因而在生产装配时不可避免地会出现物料数量不匹配的状况。

③ 库存消耗以后，能够及时补充库存

传统EOQ库存管理中，供应被认为是可靠的，即订单下达后，企业能在一定时间内收到物料。但实际上，供应商的供货也存在不确定性。一旦供应商由于各种原因不能正常到货，则会造成重大的缺货损失。

由于企业面临的经营环境的变化，EOQ模型中的许多假设条件与实际情况越来越不相符。所以，仍然采用EOQ库存管理不仅不能帮助企业提供可靠的数据，相反会误导企业的库存管理。企业迫切需要一种新的库存管理体系。

（2）JIT管理体系

JIT管理体系的采纳，已经被视为那些具有世界领先地位的企业成功之关键。

JIT的目标之一就是减少甚至消除从原材料地投入到产成品的产出全过程中的存货，建立起平滑而更有效的生产流程。在JIT体系下，产品完工时正好是要给顾客发货的时候；同样，材料、零部件等到达某一生产工序时正好是该工序准备开始生产之时；没有任何不需要的材料被采购入库，没有任何不需要的产成品被加工出来，所有的“存货”都在生产线上。

建立JIT管理体系需要一段很长的时间。它需要企业文化和管理方式发生巨大的变革，这并不是轻易就能完成的。然而，采用JIT管理体系的企业将获得巨大的收益，提高企业的市场竞争力。以下是建立JIT管理体系时应重视的几个方面。

① 实行全面质量管理

全面质量管理主要包括建立质量保证体系：在资源方面，重视原材料和外购件的质量保证，慎重选择供应厂商。在设计方面，运用JIT管理体系要求设计的产品具有很强的柔性。一些高科技的企业成功地把JIT和柔性制造系统（FMS）结合在一起，采用标准件来降低JIT生产系统的复杂度。在人员上，强调人的工作质量和对产品质量的责任感。在加工过程中，重视质量过程控制。只有在全面质量管理的作用下，才能在JIT系统的每个环节上把好质量关，使之尽力做到“零缺陷”，才能实现“零库存”。

② 企业全员参与管理

为了实现不间断地提高产品质量和生产效率，企业需要建立一支经过交叉岗位训练和一专多能的职工队伍。按产品分类的生产原则将职工重新组织起来，形成若干个班组，各班组的职工应对本部门原材料、产品质量负责。同时，企业还要改革劳动、人事和分配制度，形成一种激励机制和不断创新的工作氛围。

③ 控制生产准备耗费和储存成本

引进先进的机器设备，通过计算机的控制与操作，使得生产准备阶段所耗时间变得最短，从而使准备耗费大幅度下降。选择几个可行的供应商，且与他们建立长期的订购关系，采购业务仅通过传真或电话的方式进行，从而大量缩减采购费用。选定信誉较好的供应商，要求他们能按时、按量、按质地将材料运到，使企业的库存可以压到最低，由此也使储存成本降低到最低水平。

④ 利用看板管理法保证生产管理过程中物流的畅通

这种需求拉动型的生产管理能有效形成紧密联系的生产链和快节奏的生产计划，可减少在制品的库存和相应的搬运、计量、记录等工作量。

⑤ 系统的不断改善

JIT 要求不断改进完善。理想的 JIT 的最高目标是“零机器调整时间”“零缺陷”“零库存”“零设备故障”，因而 JIT 是一个永不停止的过程。

JIT 的运用会给企业带来许多收益。它不仅能使存货管理的效率提高，节省存货资金和仓库空间的占用，减少与之相关的保管人员等，其效益还包括由于减少占用流动资金而减少的借款利息支出，或者企业用这笔资金进行其他投资所获得的回报，最关键的收益是实现了 JIT 所追求的目标，即消除企业生产经营全过程中所有无价值增值的活动和耗费。最终结果是生产成本大幅度下降，提高劳动生产率，提高产品质量，更好、更快满足顾客的需求。

（3）零库存的物质环境

库存成本削减的潜力远超市场营销的任何环节。据我国统计，企业物流成本约占产品总成本的 30%，其中库存费用占比约 35%。对于众多制造业企业和分销商而言，库存的不断增长已成为一种沉重的负担。它们迫切希望尽量减少库存，直至实现零库存。然而，实现零库存需有先进的生产方式、强大的配送体系和信息技术的支持，即具备可运行的物质环境。

零库存被视为许多“新经济”公司战胜传统企业的法宝，主张通过网上在线订单、即时配送等手段降低库存和库存成本（即所谓的“以信息代替库存”），从而获得竞争优势。一些企业管理软件（包括 ERP 和 SCM）厂商也不断宣传这些系统能在整个供应链中实现零库存及其带来的好处。

海尔通过信息增值机制实现零库存、零运营资本和与用户的零距离。通过电子商务采购平台和定制平台，与供应商和销售终端建立紧密的、以互联网为基础的动态企业联盟，实现企业和供应商、消费者的互动沟通。在业务流程再造的基础上，形成“前台一张网，后台一条链”的闭环系统，包括企业内部供应链系统、ERP 系统、物流配送系统、资金流管理结算系统、遍布全国的分销管理系统以及客户服务响应 Call Center 系统，形成以订单信息流为核心的各子系统间无缝集成。

DELL 推行“黄金三原则”——摒弃库存、与客户结盟、坚持直销，提出“以信息代替存货”的核心理念，与供应商实现精准、迅速的信息交互，进一步缩短生产线与顾客的时空距离，以实现库存不断减少。市场数据显示，DELL 在全球的平均库存天数可降至 8

天以内。

海尔的“信息增值”和DELL的“以信息代替存货”业务实践成功表明，信息在现代企业运营中起着基本且重要的作用，优秀信息机制的建立和利用是实现零库存的核心。企业是否能够实施和实现零库存，需综合考虑其带来的收益及付出的成本，或在何种时间和环节实施零库存，企业需根据自身所处行业、商业环境和企业管理水平综合判断和决策。

5. 供应链管理下的库存管理策略

（1）VMI管理系统

在流通环节中，各个部门均实施独立的库存管理模式，包括零售商、批发商及供应商等，均设有各自的库存系统。同时，这些供应链的不同环节均遵循着各自独特的库存控制策略。然而，由于这些库存控制策略的差异性和多样性，导致了需求信息在传递过程中出现了不可避免的扭曲现象，也就是业界常说的需求放大效应。近年来，国外出现了一种新的供应链库存管理方法——供应商管理用户库存（vendor managed inventory，VMI）。这种库存管理策略打破了传统的各自为政的库存管理模式，体现了供应链的集成化管理思想，适应了市场变化的要求，是一种新的有代表性的库存管理思想。供应商管理库存是供应商等上游企业基于其下游客户的生产经营、库存信息，对下游客户的库存进行管理与控制。

① VMI的基本思想

传统意义上的库存是由库存拥有者管理的。因为无法确切知道用户需求与供应的匹配状态，所以需要库存，库存设置与管理是由统一组织完成的。这种库存管理模式并不总是最优的。供应链的各个不同组织根据各自的需要独立运作，导致重复建立库存，因而无法达到供应链全局的最低成本。同时，由于供应链中的“牛鞭效应”放大了需求信息和需求的波动，导致供应链各环节都积压了大量无效库存，且供应链越长，这种无效库存越多。VMI库存管理系统就能够突破传统的条块分割的库存管理模式，以系统的、集成的管理思想进行库存管理，使供应链系统能够获得同步化的运作。

关于VMI的定义，国外有学者认为，VMI是一种在用户和供应商之间的合作性策略，以对双方来说都是最低的成本优化产品的可获性，在一个相互同意的目标框架下由供应商管理库存。

VMI还有其他的不同定义，但归纳起来，该策略的关键措施主要体现在如下几个原则中，见表4-7。

表4-7　VMI的关键措施原则

原则	实施特点
合作性原则	在实施该策略时，相互信任与信息透明是很重要的，供应商和用户（零售商）都要有较好的合作精神
互惠原则	VMI不是关于成本如何分配或谁来支付的问题，而是关于减少成本的问题。实施VMI必须建立一个能使双方的成本都获得减少的机制
目标一致性原则	双方都明白各自的责任，观念上达成一致的目标。如库存放在哪里、什么时候支付、是否要管理费、要花费多少等问题都要回答，并且体现在框架协议中
持续改进原则	供需双方能共享利益和消除浪费，并持续改进

VMI 的主要思想是供应商在用户的允许下设立库存，确定库存水平和补给策略，拥有库存控制权。精心设计与开发的 VMI 系统，不仅可以降低供应链的库存水平、降低成本，而且还可以提高客户服务水平。

② VMI 的实施方法

实施 VMI 策略，首先要改变订单的处理方式，建立基于标准的托付订单处理模式。首先，供应商和批发商一起确定供应商的订单业务处理过程所需要的信息和库存控制参数，然后建立一种订单处理的标准模式，如 EDI 标准报文，最后把订货、交货和票据处理各个业务功能集成在供应商一边。

库存状态透明性（对供应商）是实施 VMI 的关键。供应商必须能够随时跟踪和检查到销售商的库存状态，从而快速地响应市场的需求变化，对企业的生产（供应）状态做出相应的调整。为此需要建立一种能够使供应商和用户（分销、批发商）共享库存信息的方法。VMI 策略可以分如下几个步骤实施，见表 4-8。

表 4-8　VMI 策略的实施步骤

步骤	实施要求
建立顾客情报信息系统	要有效地管理销售库存，供应商必须能够获得顾客的有关信息。通过建立顾客的信息库，供应商能够掌握需求变化的有关情况，把由批发商（分销商）进行的需求预测与分析功能集成到供应商的系统中来
建立销售网络管理系统	供应商要很好地管理库存，必须建立起完善的销售网络管理系统，保证信息和物流的畅通。为此，首先必须保证产品条码的可读性和唯一性；其次要解决产品分类、编码的标准化问题；再次要解决商品存储运输过程中的识别问题。目前，市场上的 MRP Ⅱ 或 ERP 软件系统都集成了销售管理的功能，通过对这些功能的扩展，可以建立完善的销售网络管理系统
建立供应商与分销商（批发商）的合作框架协议	供应商和销售商（批发商）一起通过协商，确定处理订单的业务流程以及控制库存的有关参数（如再订货点、最低库存水平等）和库存信息的传递方式（如 EDI、Internet）等
组织机构的变革	实施 VMI 策略要求供应商改变自身的组织结构。引入 VMI 策略后，在订货部门产生了一个新的职能，负责用户库存的控制，要与企业其他职能部门发生业务联系

一般来说，在以下的情况下适合实施 VMI 策略：零售商或批发商没有 IT 系统或基础设施来有效地管理他们的库存；制造商实力雄厚并且比零售商市场信息量大；有较高的直接存储交货水平，因而制造商能够有效规划运输。

③ VMI 的支持技术

VMI 的支持技术主要包括：ID 代码、EDI/Internet、条码系统等，见表 4-9。

表 4-9 VMI 支持技术包含的内容

内容	定义概述
ID 代码	供应商需对供应链商品进行编码，即 ID 代码，以有效管理客户库存。国际上已有标准系统如 EAN-13、EAN-14、SS-CC. 18 和位置码等。我国也有物资分类编码的国家标准。标准化 ID 代码有利于采用 EDI 系统提高管理效率。目前，全球通用的 ID 代码标准由国际物品编码协会和美国统一代码委员会共同编制。
EDI/Internet	EDI 是一种报文通信工具，可将商业文档转化为标准格式通过网络传输。供应商采用 EDI 进行供应链商品数据交换，可实时了解客户库存补给状态，提高运作效率。采用基于 EDIFACT 标准的库存报告清单能自动生成库存信息，提高监控率。
条码系统	条码系统是 ID 代码的自动识别方法，解决了数据录入与采集的“瓶颈”，为供应商管理客户库存提供支持。

（2）联合库存管理和多级库存管理

① 联合库存

联合库存管理理念可从分销中心的协同库存功能展开论述。地区分销中心展现了基础的联合库存管理思维。传统的分销模式下，分销商根据市场需求直接向生产商订货，如汽车分销商（或批发商），依据消费者对车型、颜色等差异需求，向汽车制造厂下单，供货周期较长。鉴于顾客不愿等待，各分销商不得不进行库存储备，庞大的库存使得分销商承受重压，甚至导致破产。

然而，在实施联合库存管理后，各销售商仅需保持少量库存，大量库存则由地区分销中心负责储备。即各销售商将其部分库存交由地区分销中心负责，从而缓解了各销售商的库存压力。分销中心发挥了联合库存管理的作用，既是商品的协同库存中心，也是需求信息的交流与传递纽带。

联合库存管理是一种有效方法，解决了供应链系统中因各节点企业独立库存运作模式导致的需求放大（牛鞭效应），提高了供应链的同步程度。与供应商库存管理不同的是，联合库存管理强调双方共同参与，制定库存计划，确保供应链中每个库存管理者对需求预测的一致性，从而克服需求放大带来的负面影响。

② 多级库存管理

基于协调中心的联合库存管理是对供应链的局部优化控制，而要进行供应链的全局优化与控制，则必须采用多级库存优化与控制方法。

多级库存优化与控制是在单级库存控制的基础上形成的。多级库存控制系统根据不同的配置方式，有串行系统、并行系统、纯组装系统、树形系统、无回路系统和一般系统。

多级库存控制的方法通常有两种：一种是非中心化（分布式）策略，一种是中心化（集中式）策略。非中心化策略是各个库存点独立地采取各自的库存策略。这种策略在管理上比较简单，但是并不能保证产生整体的供应链优化，如信息的共享度低、多数情况下产生次优的结果。采用中心化策略，所有库存点的控制参数是同时决定的，考虑了各个库存点的相互关系，通过协调的方法来获得库存的优化。但是，要采用中心化策略，管理协调的难度大，特别是供应链的层次比较多（即供应链长度增加）时，更增加了协调控制的难度。

学习完本项目的内容后，认真完成表 4-10 的实践清单。

表 4-10　实践清单

库存管理实践	
实践任务	假设你是一家小型零售企业的仓库管理员，负责管理该企业的库存。最近，由于产品销售量增加和新产品上市，该企业的库存管理出现了一些问题。你需要通过实践来解决这些问题，提高库存管理的效率和准确性
实践目标	(1) 理解库存管理的重要性和影响因素； (2) 学会制定合理的库存管理策略； (3) 学会使用库存管理工具和技术进行库存跟踪和控制
实践步骤	(1) 理解产品销售量和库存水平之间的关系。分析过去几个月的销售数据，并计算出平均每月销售量； (2) 根据销售数据和业务需求，制定合理的库存目标。考虑到产品的季节性需求和供应商的交货时间，确定安全库存和订货点； (3) 创建一个库存管理表格，用于跟踪和记录产品的入库和出库情况。包括产品名称、数量、入库日期和出库日期等信息； (4) 建立一个库存管理系统，可以实时更新库存信息，并提供库存报告和预警功能； (5) 设定库存管理的流程和责任分工。明确各个环节的职责和操作步骤，确保库存管理的执行和监控； (6) 定期进行库存盘点，比对实际库存和系统记录的库存，及时发现并解决库存差异问题； (7) 根据库存情况和销售趋势，及时调整库存策略和订货计划。避免库存过剩或短缺的情况发生
实践提示	(1) 在库存管理中，准确的数据记录和及时的信息更新非常重要。确保库存管理系统的可靠性和稳定性； (2) 与供应商保持良好的沟通和合作关系，确保及时交付和库存供应； (3) 分析销售趋势和产品生命周期，做好产品的销售预测和库存规划； (4) 遵守公司的库存管理政策和标准操作流程，确保库存管理的一致性和规范性； (5) 关注库存周转率和库存成本，寻找降低库存占用和提高运营效率的方法
实践总结	

完成以上实践后，认真完成表 4-11 的实践评价。

表 4-11　实践评价

评价内容	分值	得分
细心程度	25	
表格制作能力	25	
目标制定能力	25	
对库存管理的掌握程度	25	
教师点评：		

项目小结

仓储管理和库存控制是物流管理中的关键环节，对于企业的运营效率和成本控制具有重要影响。仓储管理涉及仓库的布局设计和仓储基本决策管理，以提高仓库空间利用的最大化和货物存取的效率。库存控制则是对库存数量和结构的管理，包括库存与库存管理概述、库存管理与控制等，以降低库存成本、提高企业资金周转率和客户满意度。在现代物流管理中，仓储管理和库存控制需要与供应链的其他环节紧密结合，以实现整体供应链的优化和可持续发展。

思考练习

1. 仓储的功能有哪些?
2. 仓库布局与设计的原则有哪些?
3. 库存成本的构成有哪些?

项目五

销售与配送管理

项目导读

销售与配送管理是物流管理中的重要组成部分，主要关注商品从生产企业到消费者之间的物流活动。销售物流是指在商品销售过程中所发生的物流活动，包括商品的运输、储存、包装、配送等。配送则是指在经济合理区域范围内，根据客户要求，将货物送达指定地点的活动。销售与配送管理的目标是降低物流成本、提高服务水平、提高企业竞争力。

学习目标

知识目标

（1）了解企业物流的概念。

（2）了解配送的分类。

（3）了解配送中心的功能。

技能目标

（1）具备物流成本分析能力，确定和优化企业物流系统。

（2）能够实施供应链管理，协调企业内部各相关部门的配合。

（3）掌握物流配送的各种管理技巧，能够根据具体情况选择最适合的物流方式，以降低物流成本。

（4）能够实现配送中心的布局和设计，选用合适的物流设备及其自动化技术，实现配送流程的优化。

素质目标

（1）培养学生的企业物流思维，增强全局观念和协作能力。

（2）提高学生分析问题及解决问题的能力。

（3）培养学生的责任心和协作精神。

思政目标

（1）增强学生对国家经济发展和物流行业发展的认识。

（2）培养学生高度的社会责任感和公民意识。

（3）着重培养学生的团队协作能力，发扬团结、拼搏、勇创的企业精神。

案例导入

A 便利店仓储优化方案

青岛市A集团有限公司旗下的A便利店，自2014年成立以来，主营业务为批发兼零售。作为零售业的新兴力量，A集团秉持“门店标准化，经营特色化，服务便民化”的经营理念，近年来不断深化发展，旗下门店已广泛提供早餐、便当、快递和云支付等便捷服务。

为实现公司门店扩张所需的物流配送服务，A集团在青岛市投资建设了现代化配送中心，为旗下门店提供覆盖半径50公里的物流配送服务。该配送中心实现了仓储自动化、装卸搬运机械化、拆零分拣智能化、物流管理信息化。

A便利店的仓库布局与多数便利店相似，由进货区、出货区、分拣区、加工包装区、存储区和办公区六部分组成。这一布局有效地支持了便利店的日常运营，为广大消费者提供了优质服务。

1. A便利店仓储管理存在的问题

（1）仓储布局不合理

仓库出入口紧密相邻，货物流通不畅；物资分拣区和包装区划分不清，货物摆放杂乱；存储区通道不足，影响货物运输效率。

（2）储位管理问题

储位利用率低，货物标码和记录不合理；货物被随意摆放，存在重复存放。

（3）仓储活动混乱问题

缺乏明确分工，人员缺失；搬运设备陈旧，货物摆放随意，影响安全和盘点。

2. A便利店仓储布局优化设计

（1）分析功能区域的关系

根据功能区域的重要性和非物流关系评估，确定合理位置，并解决冲突。

（2）运用ABC分类法进行储位管理优化

将物资按类别划分，合理规划存储区域，重点管理A、B类物资，提高周转率。

（3）引入RFID技术的仓储管理信息系统

使用RFID技术进行库存控制，优化物资供应、需求、入库、库内和出库管理。

通过上述措施，可以提高A便利店的仓储管理效率、优化布局设计，增加营运效益，同时提升物资管理水平和安全性。

任务一　企业销售物流概述

企业销售物流是企业产品离开生产领域，进入消费领域过程中的物流活动，它服务于企业的市场营销活动。

一、销售物流的概念

销售物流是指企业在销售过程中，将产品的所有权转给客户的物流活动，是产品从生产地到客户的时间和空间的转移，是以实现企业销售利润为目的的。销售物流是包装、运输、储存、配送等诸环节的统一。

企业的产品只有经过销售才能实现其价值，从而创造利润，实现企业价值。销售物流是企业物流活动的一个重要环节，它以产品离开生产线进入流通领域为起点，以送达客户和售后服务为终点。

二、销售物流的内容

销售物流

为了保证销售物流的顺利完成，以适宜的物流水平满足客户的需要，企业要合理地组织销售物流，主要包括产品包装、储存、销售渠道的选择、产品发送、信息处理几个方面。

1. 产品的包装

包装是企业生产物流的终点，也是销售物流的起点。包装分为销售包装和运输包装。销售包装又称为小包装或内包装，目的是向消费者展示，以吸引顾客，方便零售。运输包装又称为大包装或外包装，目的是保护商品，便于仓储、运输、装卸。包装形式的确定、包装材料和方法的选择，都要与物流的其他要素相适应。如不同的装卸方式、仓库堆码的高度、商品特性、运输工具及运送距离等，都对包装提出了不同的要求。

2. 产品的储存

保持产品的合理库存水平，及时满足客户需求，是产品储存最重要的内容。客户对企业产品的可得性非常敏感，缺货不仅使客户需求得不到满足，而且还会提高企业进行销售服务的物流成本。尤其是在企业推出新产品或搞促销时，或是在用户急需产品而企业不能立即供货的时候更是如此。

产品的可得性是衡量企业销售物流水平的一个重要参数。为了避免缺货，企业一方面可以提高自己的存货水平，另一方面可以帮助客户进行库存管理。当一个企业客户的生产线上需要成百上千种零部件时，其供应阶段的库存控制是非常复杂的，在这种情况下，企业帮助客户管理库存就能够稳定客源，便于与客户的长期合作。随着通信技术的发展，企业可以为客户进行自动化库存控制，包括计算机化的订单处理和库存监控。

另外，企业可以在客户附近保持一定数量的库存以降低客户的储存空间，甚至帮助客户实现“零库存”，企业直接从客户处得到订单，然后由供货商直接把货物运送给客户。

3. 销售渠道的选择

企业的销售渠道可分为直接渠道和间接渠道两大基本类型。直接渠道指的是生产企业与消费者（客户）直接进行销售活动，而间接渠道则需通过中间商如批发商、代理商、零售商等来实现。销售过程中，参与的中间商越多，渠道费用越高；中间商越少，销售渠道越扁平，费用越低。实践中，企业常采用混合型销售渠道，即直接渠道与间接渠道并存。此时，销售渠道管理的核心在于产品在两种渠道上的销售数量比例分配。

不同销售渠道的选择将影响企业销售物流的运作。影响销售渠道选择的因素包括政策性因素、产品因素、市场因素、中间商状况以及企业自身特点等。在分析这些因素后，企业需结合自身特点与需求，对各种销售渠道的销售量、费用开支、服务质量进行反复比较，以确定最佳销售渠道。

随着供应链管理思想的不断发展，企业开始关注共同决策所带来的优势。生产企业与下游销售渠道各环节，如批发商、零售商、代理商等，通过战略联盟或合作经营等形式形成的纵向一体化，构建了现代新型销售渠道。上下游企业一体化后，可通过信息共享、协同计划、决策共议，避免单独决策带来的供应链整体成本浪费。这一新型销售渠道的优势在产成品库存管理、配送管理、运输管理等方面得以体现。

恰当运用销售渠道，有助于企业迅速将产品传递至客户手中，实现扩大商品销售、加速资金周转、降低流通费用的目标。

4. 产品的发送

产品的发送以供给方和需求方之间的运输活动为主，是企业销售物流的主要管理环节。产品发送工作涉及产品的销售渠道、产品批量、运输方式、运输路线、运输工具、运送距离和地理条件等因素。同时，企业在进行产品发送过程中除了要关注运输活动外，还应重视产品在运输端点的搬运、装卸，它是运输作业中不可缺少的重要组成部分，对运输产品的质量有直接的影响。

5. 信息的处理

企业销售物流中的信息处理主要是指产品销售过程中对客户订单的处理。作为供应链的重要一环，在销售物流中，把握好信息的采集、控制、产生和传递是非常重要的。要处理好各种信息，就必须完善销售物流系统的信息网络，加强信息协作的深度和广度，并建立与社会物流沟通和联系的信息渠道；同时还要建立订货处理的计算机管理系统及客户服务体系。

知识拓展

分 销

分销是指在供应链中产品从供应商环节向顾客环节转移的过程。分销是决定企业整体营利性的一个关键因素，因为它既直接影响供应链的成本，又直接影响顾客的价值。分销管理就是对分销网络的计划、组织、协调和控制。

在制定分销战略时，企业需要构想供应链网络的总体结构，决定供应链分销环节的数量以及各环节的作用；在设施规划层面，企业还需要将总体结构转化为具体位置的设施及其能力、产能和需求分配。首先，企业应当充分考虑产品特性、客户需求以及可用的内部资源和专长，例如产品类别与属性、流程要求以及分销的功能定位。其次，选择分销网络设计方案，包括库存定位、设施数量、设施位置以及设施产权等。最后，对设施的占地面积、内部布局、产品放置等问题进行规划。

分销管理在降低供应链成本和创造客户价值方面具有重要的战略地位。具体来说，分销的作用包括以下方面。

1. 改善客户服务

可以通过缩短响应时间，增加产品类别，提高商品的可获性，改善客户体验，增加订单可视性，方便客户退货，降低客户的收货成本等来改善客户服务。

2. 平衡供给与需求

实体分销（即储藏和运输产品）能够创造产品的时间和空间效用，缓解供给与需求的数量缺口。分销设施可以对产品进行分类、分等、装配和包装等，使商品更符合顾客的需要。

3. 降低不确定性

分销可以将商品所有权转移给分销网络中的中间商（如分销商、零售商、承运人等），能够分散与分销工作有关的各类风险。

4. 支持数量折扣策略

通过鼓励中间商持有库存支持数量折扣策略。

5. 支持生产要求

中间商可以利用自己熟悉市场的优势及时把市场信息反馈给生产企业，使其能生产出满足市场需要的产品。

6. 满足全渠道需求

分销网络可以利用多种渠道与顾客互动和履行订单。

7. 刺激运输经济

分销过程中的产品运输与储存能够刺激运输业的发展。

三、销售物流合理化

1. 销售物流合理化的目标

许多企业把销售物流的最终目标确定为以最短的时间、最小的成本把适当的商品送达客户手中，但在实际工作中，没有任何一种销售物流体系能够既最大限度地满足客户的需求，又最大限度地减少销售物流成本。因此，销售物流应先从市场着手，企业首先要考虑消费者对产品及服务水平的要求，同时企业还必须了解其竞争对手所提供的服务水平，综合制定自己的服务水平，然后在实现此服务水平的基础上控制成本。

（1）平衡销售物流的职能成本与系统成本

为了实现销售活动，仓储、运输、包装等各职能部门所投入的成本称为职能成本。系统成本则是整个销售物流活动过程中各职能成本的总和。不少企业往往认为自己的物流系统已达到高效率水平，因为库存、仓储和运输各部门经营良好，并且都能把各自成本降至低水平。然而，如果仅能降低个别职能部门的成本，而各部门之间不能互相协调，那么总系统成本也不定最低。销售物流系统的各职能部门具有高度的相关性，企业应从整个物流系统的成本考虑来制定物流政策，而不能仅考虑降低个别职能部门的成本。

（2）不同分销方案的费用分析

① 直销方案的综合物流费用分析

这种销售方案把商品直接销售到客户手中，一般会耗费较多的物流费用，因为通常直销的货物数量不会很大，而且运输频率较高。但是这种直销一般是针对急需的客户采用的，一旦延误，很有可能会失去客户。如果失去销售机会的损失大于直销物流成本，那么企业还是应该采取直销方案。

② 中转运输方案的综合物流费用分析

如果企业经计算发现，将成品大批量运至销售地区仓库或中转仓库，再从那里根据订单送货给每位客户的费用少于直接将货物送至客户的费用，则可以采用经中转再送货的方案。增建或租赁中转仓库的标准是：增建或租赁仓库所节约的物流费用与因之而增加顾客惠顾的收益，大于增建或租赁仓库所投入的成本。

③ 配送方案的费用分析

配送价格是到户价格，与出厂价相比，其构成中增加了部分物流成本，因而价格略高于出厂价。与市场价相比，其构成中增加了市场到客户这段运输的成本，因而价格也略高于或等于市场价。但是，客户若将以往的核算改成到户价格的核算，就可以发现配送价格更优越。对于生产厂家，仅以出厂价交出货物，不再考虑以后到客户的各物流环节的投入，省去了大量的人力物力。配送方案可以使企业、配送中心、客户三方面分享规模化物流带来的节约，因此，配送中心的代理送货将逐渐成为合理资源配置的一种方案。

2. 销售物流合理化的形式

销售物流合理化应该做到在适当的交货期，准确地向顾客发送商品；对于顾客的订单，尽量减少商品缺货或者脱销；合理设置仓库和配送中心，保持合理的商品库存；使运输、装卸、保管和包装等操作省力化；维持合理的物流费用；使订单到发货的情报流动畅通无阻；将销售额等订货信息，迅速提供给采购部门、生产部门和销售部门。

销售物流合理化的形式有大量化，计划化，商流、物流分离，差别化，标准化等多种形式。

（1）大量化

通过增加运输量，实现规模经济，使物流合理化。大量化一般通过延长备货时间得以实现，如家用电器企业规定 3 天之内送货。这样做能够掌握配送货物量，以此提高配送装载的效率。

（2）计划化

通过适当控制客户订货量，使发货均衡化，这是实行计划运输和计划配送的前提。为此，须对客户的订货按照某种规律制定发货计划，并实施管理，例如合理使用按路线配送、按时间表配送、混装发货、返程配载等各种措施。

（3）商流、物流分离

一般较为常见的做法如下。

① 订单活动与配送活动相互分离

商、物分离把批发商和零售商从大量的物流活动中解放出来，从而把这部分力量集中到销售活动上，使企业的整个流通渠道得以通畅，物流效率得以提高，成本得到降低。

② 销售设施与物流设施在功能方面的商、物分离

这是通过与交易对象的合作，来力求减少物流环节（中转点）。例如，原来的流通路线是：工厂车间→企业仓库→经销商仓库→顾客，现在通过合作，把企业仓库和经销商仓库合并起来，流通路线缩短为：工厂→区域配送中心→顾客。这种做法在家电行业比较普遍，制造企业直接把货物送到消费者家里，并负责安装作业。

（4）差别化

根据商品周转的快慢和销售对象规模的大小，把仓储地点和配送方式区别开来，这就

是利用差别化实现合理物流的策略。周转较快的商品应分散保管；周转较慢的商品则尽量集中保管，以压缩流通阶段的库存，有效利用库存面积等。此外，也可以依据销售对象决定物流方法，无论哪一种形式，在使用时，都应把注意力集中在解决节约物流费用与提高服务水平之间的关系上。

（5）标准化

以国际标准为销售物流的作业基础，同时以销售批量规定订单的最低数量，成套或整包装出售，会明显提高配送和库存管理效率。这种标准化所带来的物流合理化，多用在化妆品行业和制药行业。

任务二　物流配送及其管理

配送是指根据客户要求，对物品进行分类、拣选、加工、集货、包装、组配等作业，并按时送达指定地点的物流活动。从配送实施过程来看，配送包括“配”与“送”两个方面的活动。“配”是对货物进行集中、分拣和组配。“送”是运用不同的方式将货物送达用户或用户指定地点。配送是现代物流发展的产物，是物流系统的基本功能，在物流与供应链管理研究中一直是人们研究的重点。

物流配送概述

一、配送的分类

根据配送的组织者、配送的商品数量和种类以及配送的时间和数量，配送有不同的分类方法。

1. 按实施配送的组织者分类

（1）商店配送

商店配送的组织者是商业或物资部门的门市网点。一般来讲这类配送规模不大，但经营品种比较齐全。除日常的零售业务外，这些网点还可以根据用户的要求，将日常经营的品种备齐，或代用户订购其他商店经营的商品，同本店经营的商品一起配齐送达用户。

由于商业或物资部门的零售网点数量较多、配送范围小，这种配送方式比较灵活机动。但由于规模、实力有限，这种配送组织者一般无法承担大批量的商品配送，主要是作为配送中心的辅助或补充配送形式。

（2）生产企业配送

生产企业配送方式的组织者是生产企业，特别是生产多品种产品的企业。产品直接由生产企业进行配送，而不需要发送到配送中心进行中转配送，在节省成本方面具有一定优势。这种配送方式多适用于大批量、单一产品的配送，具有一定的局限性。

（3）仓库配送

仓库配送形式以一般仓库为据点进行配送。它可以把仓库完全改造成配送中心，也可以在保持仓库原有功能的前提下，以原有功能为主，再增加一部分配送职能。

由于可以利用仓库原有的储存设施及能力，因而具有投资小、上马快的优点。但由于受原有仓库规模等条件的制约，仓库配送的规模较小，且专业化水平不高。

（4）配送中心配送

配送中心配送是配送的重要形式，其组织者是专职配送中心。配送中心是专门从事物流配送活动的经营组织，经营规模较大，其设施和工艺是根据配送活动的特点和要求专门设计的，故具有专业化程度高、设施与设备齐全、物流配送能力强的优点。但由于其初期投资较大，且一旦建成很难改变，因此灵活机动性差，在实施配送初期往往很难大量建立配送中心。

2. 按配送商品的数量和种类分类

（1）单（少）品种、大批量配送

这种配送形式适用于需要量大、品种单一或较少的生产企业。对于工业企业需要量较大的商品，单独一个品种或几个品种就可达到较大输送量。由于配送量大，可以实行整车运输，往往不需要再与其他商品进行搭配，就可使车辆满载并使用大吨位车辆。

（2）多品种、小批量配送

当客户需要的物品品种数较多，但每一种品种的数量不大时，如果采取大批量的配送方式，就会造成客户库存加大。多品种、小批量配送是指在配送时，根据客户要求，将所需要的各种物品配备齐全，凑整装车后送达客户。

（3）配套成套配送

当客户所需的物品是成套的，如装配型生产企业，其生产的产品可能需要很多零部件，往往采用配套成套配送。这种配送方式根据企业的生产需要，把生产每一件产品所需要的全部零部件配齐，按照生产节奏定时送达生产企业，生产企业随即可将此成套零部件送至生产线来装配产品。

3. 按配送的时间和数量分类

（1）定时配送

定时配送是指按既定的时间间隔进行配送，比如数天、数小时一次。每次配送的品种及数量可以根据预先的约定执行，也可以在配送之前根据客户需求调整。这种配送方式的优点是时间固定、易于安排工作计划、易于计划使用车辆，对于用户来讲，也易于安排接运人员和接运作业。缺点是由于配送物品种类和数量的变化，配货、装货难度较大。

（2）定量配送

定量配送是指按规定的批量，在指定的时间范围内进行配送。由于这种配送方式的数量和品种相对固定，备货工作较为简单，可以有效利用托盘、集装箱等集装方式，提高配送效率。同时，由于这种配送方式对时间要求不严格，可以将不同客户的物品拼凑成整车运输，提高运送能力的利用率。

（3）定时定量配送

定时定量配送指按照规定的配送时间和配送数量进行配送，兼有定时、定量两种方式的优点，是一种精密的配送服务方式。这种方式要求有较高的服务质量水平，组织工作难度很大，成本很高，通常针对有特殊需要的客户提供服务。

（4）定时定路线配送

定时定路线配送是指在规定的运行路线上制定运行时间表，按运行时间表进行配送，客户可按规定地点和时间接货，也可提出其他配送要求。这种配送方式可以对多个用户实行共同配送，比较容易管理且配送成本较低。

（5）即时配送

即时配送是指完全按客户提出的配送时间和数量要求随即进行配送的方式。即时配送可以灵活高效地满足客户的即时需求。采用这种配送方式，客户可以将安全库存降为零，以即时配送代替安全库存，实现零库存经营。即时配送对配送中心要求较高，对配送的时间和速度要求比较严格，配送成本比较高，可体现配送企业的能力。即时配送是企业实现零库存管理的重要保障。

4. 按照配送对象分类

（1）企业对企业的配送

作为配送的需求方，基本上有两种情况：第一种是需求企业是最终的需求方；第二种是需求企业在接受配送服务之后，还要对产品进行销售，这种配送一般称为“分销配送”。

（2）企业内部的配送

企业内部配送大多发生在巨型企业之中，有以下两种情况。

① 连锁型配送

如果企业属于连锁型企业，各连锁商店经营的物品、经营方式、服务水平、价格水平相同，配送的作用是支持连锁商店经营，这种配送称为连锁型配送。连锁配送的主要优势是：在一个封闭系统中运行，随机因素的影响比较小，计划性比较强，因此容易实现低成本的、精细的配送。

② 在巨型企业的内部配送

巨型企业成本控制的一个重要方法是，企业统一进行采购，实行集中库存，按车间或者分厂的生产计划组织配送。这种方式是现在许多企业采用的“供应配送”。

（3）企业对消费者的配送

企业可以通过会员制、贵宾制等方式锁定一部分消费者，从而可以采用比较容易实施的近似于连锁配送的方式。这种方式做得比较成功的是牛奶、报纸等产品的配送。但是，在多数情况下，消费者是一个经常变换的群体，需求的随机性非常强，服务水平的要求又很高，所以这是配送供给与配送需求之间最难协调的一种类型。最典型的企业对消费者的配送是和 BtoC 型电子商务相配套的配送服务。

二、配送的基本功能要素

配送的功能要素包括备货、分拣、配货、配装、送货及配送加工。

1. 备货

备货是配送的前期工作，包括筹集货源、订货、集货、进货及相应的质量检查、结算、交接等。备货的一个重要环节是集货，即将分散的、需要配送的物品集中起来，以便进行分拣和配货。

2. 分拣

分拣是配送作业的中心环节。分拣是依据订单要求，迅速、准确地将需要配送的物品从储位上拣取出来，配备齐全，并按配装和送货的要求进行分类，送入指定发货点堆放的作业，如图 5-1 所示。

3. 配货

配货是将完成拣取分类的货品经过检查，装入容器并做好标记，再运到发货准备区，待装车后发送的作业过程。分拣及配货是决定整个配送系统水平的关键要素。

4. 配装

当单个客户配送数量不能达到车辆的有效载运负荷时，就存在如何集中不同客户的配送货物、进行搭配装载以充分利用运能、运力的问题。配装就是指充分利用运输工具的载重量和容积，采用先进的装载方法合理安排货物的装载。

图 5-1 分拣

5. 送货

送货是指将配好的货物按照配送计划确定的路线送达客户指定的地点，并与客户进行交接。送货过程中的运输属于运输中的末端运输、支线运输，其特点是运输距离较短、规模较小，一般使用汽车或电动车作为运输工具，如图 5-2 所示。

图 5-2 送货

6. 配送加工

配送加工并不是配送必要的功能要素，却具有极其重要的作用。配送加工是根据客户要求进行的一种流通加工，配送加工可以提高客户满意度。

三、配送模式

配送模式是指企业对配送所采取的基本战略和方法。目前常见的配送模式有自营配送、互用配送、第三方配送和共同配送。

1. 自营配送

自营配送是指企业物流配送的各个环节由企业自身筹建并组织管理，实现对企业内部及外部货物配送的模式。自营配送是目前我国国内企业广泛采用的一种配送模式。自营配送有利于企业供应、生产和销售的一体化作业，具有系统化程度较高的特点。这种配送模式既可满足企业内部原材料、半成品及成品的配送需要，又可满足企业对外进行市场拓展的需求。但是在自营配送模式下，企业建立配送体系的投资将会大大增加，在企业配送规模较小时，配送的成本和费用也相对较高。

2. 互用配送

互用配送是几个企业为了各自利益，以契约的方式达成某种协议，互用对方配送系统的配送模式。采用互用配送模式，企业不需要投入较多的资金和人力，就可以扩大自身的配送规模和范围，但这种配送模式需要企业有较高的管理水平以及与相关企业的组织协调能力。互用配送模式比较适合于电子商务条件下的 B2B 交易方式。

3. 第三方配送

第三方配送是指企业将部分或全部配送活动交由交易双方之外的专业物流配送企业来完成的配送模式。随着现代物流业的不断发展以及第三方配送体系的不断完善，第三方配送已成为工商企业和电子商务网站进行货物配送的首选模式和方向。

4. 共同配送

共同配送是由多个企业或其他组织整合多个客户的货物需求后联合组织实施的配送方式。共同配送的指导思想是单个车辆的运载效率较低，将共同的货物和商品集中在一起配送，一方面可以提高单车装载率，提高物流效率；另一方面有利于减少在途运行车辆，缓解车辆运输对社会所产生的外部不经济。因此，共同配送的实质是通过配送活动的规模化降低作业成本以提高物流资源的利用效率。

根据组织形式的不同，共同配送包括横向共同配送和纵向共同配送。

（1）横向共同配送

① 同产业间的横向共同配送

同产业间的横向共同配送是指处于相同产业的生产或经营企业，为了提高物流效率，通过配送中心集中送货的一种方式。同产业共同配送的具体做法有两种。

一种形式是在企业各自分散拥有运输工具和物流中心的情况下，根据运输物品数量的多少，采取委托或受托的形式开展共同配送，也就是将本企业配送数量较少的物品委托给其他企业来运输，而本企业配送数量较多的物品，在接受其他企业委托运输的基础上实行统一配送，从而提高了各企业的配送效率。

另一种形式是同产业企业通过共同建立配送中心等基础物流设施来实施共同配送。对参与的企业来讲，这种方式可以在减少大量物流设施、设备及人员投资的同时，实现专业化配送。

② 异产业间的横向共同配送

异产业间的横向共同配送是指将不同产业的企业生产经营的物品集中起来，通过配送中心向客户输送的配送形式。

③ 共同集配

共同集配是以大型运输企业为主导的合作型共同配送。企业将需要配送的物品转交给指定的运输者，由其向客户进行配送，这是一种第三方物流公司主导的配送模式。这种配送模式最大的优点是配送成本低、专业化配送水平高。

（2）纵向共同配送

① 生产商与批发商物流共同化

在生产商力量较强的产业，为了强化物流批发机能，生产商自身代行批发功能，或利用自己的信息网络对批发企业多批次、小批量的配送服务给予支援。若生产商多为中小企业而批发商力量较强，则由批发商集中处理多个生产商的配送活动。

② 零售商与批发商物流共同化

零售商与批发商物流共同化的一种方式是大型零售商建立自己的配送中心，批发商经销的商品都必须经由该中心，再向零售商的各店铺进行配送。另外一种方式是中小型零售商自己不建配送中心，而是依托一家大型批发商，由该批发商对各中小零售店进行共同配送。

共同配送与互用配送这两种配送模式都可以提高配送的效率，但二者有着明显的区别，见表5-1。

表5-1　共同配送与互用配送的区别

区分方面	共同配送模式	互用配送模式
宗旨	建立配送联合体，以强化配送功能为核心，为社会服务。强调联合的共同作用	提高自己的配送功能，以企业自身服务为核心。强调企业自身的作用
稳定性	较强	较差
合作对象	经营配送业务的企业	既可以是经营配送业务的企业，也可以是非经营业务的企业

案例导入

亚马逊与德国邮政的配送方式

亚马逊是全球最大的电子商务公司之一，其成功的一大部分要归功于其高效的物流和配送系统。

亚马逊通过建设大型的物流中心和仓库，将商品存储在离消费者最近的地方。他们使用复杂的算法和数据分析，以预测需求和优化库存管理。当消费者下单购买商品时，商品将从最近的仓库中选取，并通过物流网络进行快速配送。

亚马逊还引入了一种名为“亚马逊机器人”的自动化系统来协助仓库内的物流处理。这些机器人可以根据订单的需求，自动将商品从仓库中的一个位置转移到另一个位置。这种自动化系统提高了运作效率和准确性，减少了人为错误和人力成本。

另一个值得关注的案例是DHL（德国邮政）。DHL是全球物流和快递公司，也是德国邮政的子公司。他们在物流配送方面采用了各种创新和技术。

DHL通过无人机进行快速的空运配送。无人机可以在陆地交通不便或无法到达的地方，例如偏远山区或海上岛屿，快速送达包裹。这种新技术使得DHL能够更快速和经济的服务到更多的地方。

此外，DHL还引入了物流机器人和自动化系统来协助仓库内的市内配送。物流机器人可以自动搬运货物并与仓库工作人员合作，提高了工作效率和准确性。

任务三　配送中心及其管理

配送中心于20世纪30年代形成于西方国家并发展至今。配送中心是接受供应商多品种大量的货物，按照多家需求者的订货要求，迅速、准确、低成本、高效率地将商品配送到需求场所的物流节点设施，如图5-3所示。配送中心是从事物流配送活动的现代化流通设施，是现代物流业的发展方向。

图 5-3 配送中心

一、配送中心的类型

配送中心作为现代物流体系中的重要环节，根据其功能特性的不同，可以分为以下几大类别。

1. 储存型配送中心

这种类型的配送中心的核心特点就是具备强大的储存功能。在我国，目前计划建设的配送中心大多都属于储存型。这类配送中心一般采用集中库存的方式，库存量较大，以满足长时间的储存需求。储存型配送中心不仅能够提供商品储存服务，还可能涉及其他相关业务，如库存管理等。

2. 流通加工型配送中心

这类配送中心的主要职能是进行流通加工作业。与储存型配送中心不同，流通加工型配送中心通常不具备长期储存功能。其货物运作方式多采用整进零出的模式，货物在配送中心内的停留时间相对较短。这类配送中心的核心目标是提高商品的流通效率，降低物流成本。

3. 综合型配送中心

综合型配送中心是一种全功能的配送中心，它既具备商品周转、分拣功能，又拥有保管、在库管理等管理型功能。这种配送中心融合了储存型和流通加工型配送中心的优点，能够提供一站式、全方位的物流服务。综合型配送中心在我国的发展也日益显现出其重要性，为各类企业提供了高效、便捷的物流服务。

这三种类型各有侧重，相互补充，共同构成了我国现代物流体系中的重要组成部分。随着我国经济的持续发展，物流行业的日益繁荣，各类配送中心将在其中发挥越来越重要的作用。

知识拓展

从事配送业务应符合的条件

从事配送业务的物流场所和组织应符合以下条件。

(1) 主要为特定的用户服务。

(2) 配送功能健全。

(3) 完善的信息网络。

(4) 辐射范围小。

(5) 多品种，小批量。

(6) 以配送为主，储存为辅。

二、配送中心的功能

1. 集货功能

为了满足客户需求，配送中心需要从众多供应商手中购进大量的品种比较齐全的商品。

2. 储存保管功能

配送中心需要按照客户要求及时将各种配装好的货物送到客户手中。为了顺利完成这一任务，更好地发挥保障生产和消费需要的作用，配送中心通常需要配备一定的仓储设施以储存一定数量的货物，并且要保障这些货物的质量与数量。

储存功能已经成为配送中心的重要功能之一。

3. 分拣功能

由于每个客户对货物的品种、规格、型号、数量、质量、送达时间和地点等要求不同，为了有效地进行配送，配送中心必须采取适当的方式对货物进行拣选，并且按照配送计划分装和配装货物。

4. 分装功能

为了提高经济效益，配送中心采用大批量的进货来降低进货价格和进货费用。但是客户为了降低库存、加快资金周转，往往采用小批量进货的方法。为了满足客户这种小批量、多批次的进货要求，配送中心必须进行分装。

5. 集散功能

配送中心能够将分散在各个生产企业的产品集中到一起，然后经过分拣、配装向多个客户发运。

6. 流通加工功能

为解决生产中的大批量、小规格和消费中的小批量、多样化要求的矛盾，配送中心按照客户的不同要求对货物进行分装、配装等加工活动。

7. 送货功能

配送中心将配好的货物按到达地点或到达路线进行送货。运输车辆可以租用社会运输力量，也可以使用自己的专业运输车队。

8. 信息功能

通过汇总及传递信息，配送中心可以提供更加准确、及时的配送信息。

9. 服务功能

配送中心以满足客户需求为宗旨，以客户需要为导向开展配送服务。

三、配送中心作业管理的内容

1. 订单处理作业

物流中心的交易始于客户的询价、业务部门的报价，然后是订单的接收，业务部门需查询出货日的库存状况、装卸货能力、流通加工负荷、包装能力、配送负荷等来满足客户需求，而当订单无法按客户要求交货时，业务部门需进行协调。由于物流中心不随货收款，因此在处理订单时，需根据公司对客户的授信状况查核。此外还需统计该时段的订货数量，并调货、分配出货程序及数量。退货数据处理也发生在此阶段。另外，业务部门需制定报价计算方式，进行报价历史管理，制定客户订购最小批量、订货方式或订购结账截止日。

2. 采购作业

接收订单后，物流中心需向供应商或制造商订购商品，采购作业包括商品数量需求统计、向供应商查询交易条件，然后根据所需数量及供应商提供的经济订购批量开出采购单。采购单发出后则进行进货入库的跟催活动。

3. 进货入库作业

开出采购单后，进货入库管理员即可根据采购单上预定入库日期进行入库作业调度、入库月台调度，在商品入库当日，进行入库资料核查、入库质检，当质量或数量不符时进行适当修正或处理，并输入入库数据。管理员可按一定方式指定卸货及托盘堆叠。退回的商品需经过质检、分类处理后登记入库。

商品入库后有两种作业方式。一种方式是商品入库上架，等有出库需求时再出货。商品入库上架需由计算机或管理人员按照仓库区域规划管理原则或商品生命周期等因素来指定储放位置并登记，以便日后的库存管理或出货查询。另一种方式是直接出库，此时管理人员需按照出货需求将商品送往指定的出货码头或暂时存放地点。入库搬运过程中需由管理人员选用搬运工具、调拨分派工作人员，并安排工具与人员的工作时程。

4. 库存管理作业

库存管理作业包括仓库管理及库存控制。仓库区管理包括：商品在仓库区域内的摆放方式、区域大小、区域分布等规划；商品进出仓库的控制——先进先出或后进先出；进出货方式的制定——商品所需搬运工具、搬运方式；仓储区货位的调整及变动。库存控制则需按照商品出库数量、入库所需时间等来确定采购数量及采购时间，并启用采购时间预警系统。制定库存盘点方法，定期负责打印盘点清单，并根据盘点清单内容清查库存数、修正库存账并制作盘盈盘亏报表。仓库区管理还包括包装容器的使用与包装容器的保管维修。

5. 补货及拣货作业

统计客户订单即可知道商品真正的需求量。在出库日，当库存数满足出货需求量时，即可根据需求数量打印出库拣货单，发出各项拣货指示，进行拣货区域的规划布置、工具选用及人员调派。出货拣取不只包括拣取作业，还需补充拣货架上的商品，以防缺货，这就包括补货量及补货时点的确定、补货作业调度、补货作业人员调派。

6. 流通加工作业

物流中心的各项作业中流通加工最易提高商品的附加价值。流通加工作业包括商品的分类、过磅、拆箱重包装、贴标签及商品组合包装。这就需要进行包装材料及包装容器的管理、组合包装规划的制定、流通加工包装工具的选用、流通加工作业的调度与作业人员的调派。

7. 出货作业

完成商品拣取及流通加工作业后，即可进行商品出货作业。出货作业包括根据客户订单为客户打印出货单据，进行出货调度，打印出货批次报表、出货商品上所需地址标签及出货核对表。由调度人员决定集货方式、选用集货工具、调派集货作业人员，并决定运输车辆的大小与数量。由仓库管理人员或出货管理人员决定出货区域的规划布置及出货商品的摆放方式。

8. 配送作业

配送作业包括商品装车并实际配送，完成这些作业需事先规划配送区域或安排配送路线，由配送路线的先后次序来决定商品装车顺序，并在商品配送途中进行商品跟踪、控制及意外状况的处理。

9. 会计作业

商品出库后销售部门可根据出货数据制作应收账单，并将账单转入会计部门作为收款凭据。商品入库后，则由收货部门制作入库商品统计表，便于供应商催款稽核之用。由会计部门制作财务报表，供企业管理者制定经营政策及经营管理参考。

10. 经营管理及绩效管理业务

除上述作业外，高层管理人员应通过实施各种考核评估来实现物流中心的效率管理，并制定经营决策及方针。参与经营管理和绩效管理的工作人员或中层管理人员需要提供各种信息与报表，包括出货销售统计数据，客户对配送服务的反应报告，配送商品次数及所需时间报告，配送商品的失误率，仓库缺货率分析，库存损失率报告，机具设备损坏及维修报告，燃料耗材等使用量分析，外雇人员、机具与设备成本分析，退货商品统计报表，人力使用率分析等。

学习完本项目的内容后，认真完成表 5-2 的实践清单。

表 5-2　实践清单

物流配送优化及其管理	
实践任务	假设你是一家大型物流公司的实习生，公司接到了一项挑战，需要你帮助优化他们的物流配送过程。你的任务是设计一个新的物流配送方案，以提高效率和减少成本
实践目标	（1）了解物流配送的基本原理和流程； （2）学习如何评估现有物流配送方案的效率和成本； （3）掌握使用合理的方法和工具进行物流配送优化； （4）提供具体建议，改进现有的物流配送方案

续表

实践步骤	（1）研究公司目前的物流配送方案，包括货物装载、路线规划、送货时间等方面； （2）收集和分析相关数据，如运输时间、车辆利用率、运输成本等； （3）使用适当的工具（如地理信息系统或优化软件）评估现有方案的效果； （4）提出改进现有方案的建议，例如优化货物装载方式、优化路线规划、减少运输成本等； （5）设计一个新的物流配送方案，并使用模拟工具测试其效果； （6）分析新方案的优点和潜在挑战，并制定相应的管理措施
实践提示	（1）与物流专业学生或相关企业合作，获取更多实际案例和经验； （2）注意收集和分析数据的准确性和全面性； （3）关注现有方案的效率和成本指标，确保改进方案能够提升物流配送效果； （4）在设计新方案时，考虑地理特点、实际需求和可行性； （5）提前与公司相关人员进行沟通和协调，确保改进方案的顺利实施
实践总结	

完成以上实践后，认真完成表5-3的实践评价。

表5-3 实践评价

评价内容	分值	得分
模拟工具的掌握程度	25	
评估能力	25	
搜集分析能力	25	
对物流配送流程的掌握程度	25	
教师点评：		

项目小结

销售与配送管理是商业运营中至关重要的一环，涵盖了销售物流的概念、内容、合理化，配送的分类、基本功能要素、模式，以及配送中心的功能、类型和管理内容。

首先，销售物流是连接生产与消费的重要环节，包括订单处理、库存管理、商品配送和销售数据分析等多个环节。通过优化销售物流，可以提高运营效率，降低成本，并提升客户满意度。

其次，配送是销售物流中的关键环节，其合理化对于提高物流效率、降低成本和提升客户满意度至关重要。配送的分类可以根据运输方式、目的地类型或配送模式进行。

配送中心是销售与配送管理的重要基础设施，其功能包括存储、分拣、包装、流通加工和信息交换等。不同类型的配送中心根据其服务对象和业务量而有所不同，但一般都具备这些基本功能要素。配送中心的管理包括订单处理、库存控制、人员管理、设备维护和安全控制等。

综上所述，销售与配送管理是商业运营的关键环节，需要综合考虑运输、存储、包装、流通加工和信息交换等多个方面。通过优化销售物流和配送管理，可以提高运营效率，降低成本，并提升客户满意度。

思考练习

1. 销售物流的内容有哪些?
2. 配送中心的类型有哪些?
3. 配送的模式有哪些?

项目六 需求预测计划

项目导读

需求预测是针对未来需求进行预测和规划的重要步骤，旨在为组织提供关于未来市场需求趋势的可靠信息，以便做出相应的生产和销售决策。通过预测，组织可以更好地管理库存、制定生产计划、优化资源配置，并提高市场竞争力。

学习目标

知识目标

(1) 了解需求预测的作用和特性。

(2) 了解需求预测的过程。

(3) 了解需求预测的管理过程。

技能目标

(1) 能够收集和整理历史销售数据，并进行数据清洗和预处理。

(2) 掌握使用统计工具和软件进行需求预测分析的技能。

(3) 能够运用合适的需求预测方法，预测短期、中期和长期的需求趋势。

(4) 具备数据可视化和报告撰写的能力，将需求预测结果有效地传达给管理团队。

(4) 能够实现配送中心的布局和设计，选用合适的物流设备及其自动化技术，实现配送流程的优化。

素质目标

(1) 培养学生系统思考和综合分析问题的能力，将需求预测方法和理论应用于实际情境。

(2) 提高学生的沟通和协作能力，与团队成员和相关专业人士合作，共同解决需求预测问题。

(3) 培养学生的逻辑思维和决策能力，能够根据需求预测结果提出合理的管理建议。

思政目标

(1) 加强学生对市场经济原理和供求关系的理解，认识需求预测对企业运作的重要性。

（2）培养学生的社会责任感和可持续发展意识，关注资源的合理利用和环境的保护。

（3）提升学生的创新意识和解决问题的能力，为企业的发展和社会的繁荣做出贡献。

案例导入

某电子产品制造公司的手机需求预测

一家电子产品制造公司通过收集历史销售数据和市场趋势分析，建立了一个需求预测模型来帮助他们制定销售计划和库存管理策略。

基于过去几年的销售数据和市场变化情况，他们使用时间序列分析和回归分析等方法，对销售数量进行预测。通过考虑季节性变动、市场竞争和促销活动等因素，他们能够更准确地预测产品的需求量。

每月初，该公司的销售和市场部门会收集最新的市场数据和竞争对手的活动情况。然后，他们会将这些数据输入到预测模型中，生成下一个月的销售预测。

这些预测数据被用于制定生产计划和采购计划。根据预测结果，公司可以决定需要生产多少手机以满足市场需求，并相应地与供应商合作，采购所需的零部件和原材料。

通过实时监控销售和库存情况，公司能够及时调整生产和采购计划，以确保库存的合理管理，避免过剩或缺货的问题。

该公司通过建立需求预测计划，并利用相关的数据和分析工具，能够更好地了解市场需求并做出相应的决策，从而提高销售效率和库存管理效果，降低生产和采购成本。

任务一　需求预测概述

规划、控制物流/供应链活动需要准确估计供应链所处理的产品和服务数量。因为需求预测是企业所有职能部门（物流、营销、生产和财务等部门）进行规划和控制的基础，所以需求预测的水平对于企业整体至关重要。需求的水平和需求的时间极大地影响了生产能力、资金需求和经营的总体框架。每个部门都有各自特殊的预测问题。

几乎所有的通过提供有形产品来满足客户需求的组织都需要建立需求计划。在深入讨论预测与需求计划之前有必要区分预测和需求计划。预测是基于统计地对未来的初始估计；需求计划是预计的未来需求，它通过对预测的评估和一致同意而获得。实际上，预测需要经过多个计划和证实过程来产生需求计划。

一、需求预测的作用

需求预测

物流需求是指在社会经济活动中，各类企业、事业单位和个体消费者产生的对运输、仓储、装卸搬运、配送等物流活动的需求。物流需求预测是对未来不确定性事件的预见和推测，依据市场过去的和现在的需求资料及其与物流市场需求变化因素的关系，运用合适的经验判断、技术方法和预测模型，对反映市场发展趋势的指标进行预测，以采取适当的策略和措施，谋求最大利益。

现代物流的发展及其系统的复杂性为物流规划和决策带来一定困难，需科学决策手段予以支持。预测作为决策的重要依据，在物流规划和管理中具有极为重要的作用，如图6-1所示。无论是运行中的物流系统还是拟建的物流系统，物流需求预测都直接影响整个系统设计方案的规划、生产计划的制定、原材料的采购及人员配置的合理性。

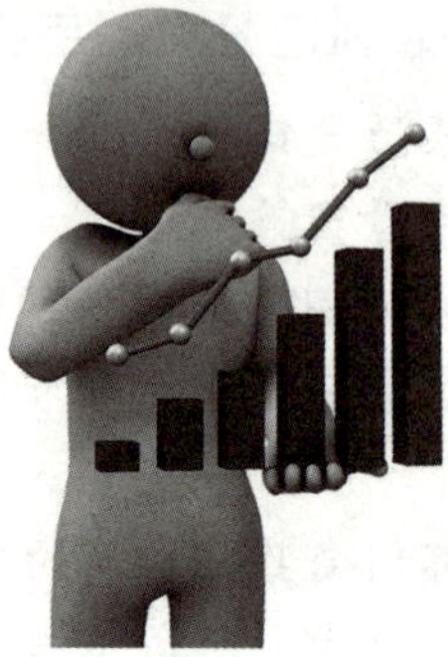

图 6-1　需求计划

物流组织实体处于不断变化的环境中，受外界环境影响而调整自身活动，同时其输出结果也不断改变周围环境。因此，物流需求预测技术对物流组织实体的建设与发展具有重要意义。

1. 物流需求预测是决定物流组织规模和发展战略的重要依据

物流需求预测直接决定物流组织规模和发展战略。以物流中心需求预测为例，物流中心的选址、发展规模以及发展战略直接取决于物流需求的预测结果。在物流需求预测中，必须考虑现在及未来的物流需求量、现在及未来的周边交通运输能力、现存及可能的竞争对手及其实力等相关因素，建立合理的预测模型，进行科学的预测。

2. 物流需求预测是实现科学物流管理的重要手段

对物流管理的简单理解是对物流活动进行计划、组织、指挥和控制，也就是做决策。无论是计划还是决策，首先要了解物流发展中诸因素的数据和发展趋势，预测在其中发挥着重要作用。一切物流管理活动都是从对信息的了解分析和预测入手的。物流需求预测是物流管理的重要环节，其作用和价值在于指导和调节物流管理活动，以便采取适当的策略和措施，更好地进行物流组织管理。

3. 物流需求预测是物流组织实体制定物流战略目标的依据

通过物流需求预测，可以揭示和描述市场需求的变动趋势，勾画未来物流需求发展的轮廓，并对物流需求发展可能出现的种种情况——有利方面和不利方面、成功的机会和失败的风险——进行全面系统的分析和预见，从而为制定物流战略目标和方向提供依据，避免决策的片面性和局限性，做到“运筹帷幄之中，决胜千里之外”。

二、需求预测的分类

对预测方法进行分类，可以更好地指导预测工作的开展。物流需求预测从不同角度可以划分为很多类别，常见的几种预测分类为：按预测的时间长短分类、按预测的空间范围分类和按预测采用的方法分类等。

1. 按预测的时间长短分类

按预测的时间长短分类，可以分为短期预测、近期预测、中期预测和长期预测，见表6-1。

表 6-1 按预测的时间长短分类

分类	含义
短期预测	一般是以周、旬为预测时间单位，根据对事物变化的观察资料，结合当前和未来的变化而做出合理估计
近期预测	一般是以月为单位，根据对事物变化的实际观察资料，结合当前的变化，对事物未来一年的发展变化做出预测
中期预测	一般是 3~5 年的预测。中期预测结果可以为物流企业编制 3~5 年的经济发展计划提供重要的依据
长期预测	一般是指 5 年以上的预测，是为制定国民经济和社会发展的长期规划而专门进行的市场预测，也有一些是物流企业为了制定企业长期规划而进行的预测

2. 按预测的空间范围分类

按预测的空间范围分类，可以分为宏观预测、中观预测和微观预测。宏观预测是统观整体市场需求的发展变化趋势，其内容涉及国民经济全局的预测，其空间范围往往是全国性的。中观预测是涉及国民经济各个行业的预测，从空间范围来看，以省（自治区、直辖市）或经济区为总体。微观预测一般是指企业进行的市场预测。它的范围较小，过程与内容比较具体细致，为企业提供更具体的信息。物流企业对业务量、营业收入等的预测是微观预测。

3. 按预测采用的方法分类

按预测采用的方法分类，可以分为定性预测和定量预测。定性预测是根据观察和经验，以逻辑思维和逻辑推理进行预测，具体包括德尔菲法、主观概率法、交叉概率法、类推法等。定量预测是根据历史数据，运用数学方法进行预测，又称统计预测，具体包括回归分析预测法、时间序列预测法等。

三、需求预测考虑的因素

产生准确的需求计划的能力始于产生有效预测的能力。如果需求计划是基于错误的预测，那么从一开始就可能失败。预测过程中需要考虑多种因素的综合影响。

1. 真实的历史需求

大多数情况下，预测是基于历史数据的未来模型。要使这个模型有效，它的历史基础就必须有效，所以预测必须建立在真实需求的基础上。顾客的原始订单可作为预测的历史基础，因为通过它能预测顾客的下一次需求。

2. 合适的预测模型

有大量的预测模型或方法，从简单的求平均值到非常复杂的算法。选择预测方法时要遵循以下两条原则。

（1）简单

在大多数情况下，简单模型的表现往往超过复杂模型，尤其是做短期预测时。

（2）重点关注获得正确信息和集成而不是得到理论上正确的预测

一个基于好的历史数据、因果因素以及能有效集成到运作中的普通预测模型，远比基于差的历史数据、因果因素和集成的强大模型产生的积极作用大。

基于这些原则，组织应从预测角度区分一种产品的各个方面。评价一个新产品时，要看预测数据库是否适合所使用的预测模型。在产品生命周期中组织应定期证明这个初始评价的有效性，确保预测类型仍然适用。

为使工作负荷最小，可利用预测准确性作为产品评估的指示器。如果预测准确，产品就不需要再评估。如果预测不准确，则任何一种原因都可能引起相关的变化。

3. 现实的趋势和季节性等因素的影响

通常企业每周或每月对各个分销地点的库存单位（SKU）进行预测，基本的要素包括基本需求、季节性需求、变化趋势、周期性需求、促销计划和不规律需求。假设基本需求是企业销售的平均水平，除了不规律需求，其他类型的需求都随着基本需求的增长而增长。预测模型可以表示为：

$$F_t = (B_t \times S_t \times T \times C_t \times P_t) + I$$

式中 F_t——t 时期的预测需求量；

B_t——t 时期的基本预测需求量；

S_t——t 时期季节性需求因素；

T——每周期需求增加或减少的变化趋势；

C_t——t 时期的周期性因素；

P_t——t 时期的促销性因素；

I——t 时期的随机需求。

基本需求是指企业在长时间内需求的平均水平，揭示了需求在一段时间内的稳定状况。季节性因素反映了一年内需求波动的情况，如圣诞节期间玩具等礼品的市场需求显著上升。趋势因素则表现了销售状况在一段时间内的变化，在产品生命周期中，销售趋势会多次转变。周期因素揭示了一年以上周期内需求的变化，如经济从衰退到复苏可能需时三至五年，房地产等行业的需求与这一经济周期紧密相关。促销因素是指企业市场营销活动（如广告、商务交易和促销等）对需求变动的影响。而不可归因于其他因素的影响，称为不规律因素，包括难以预测的随机需求。

知识拓展

需求的可预测性分析

通常来讲，物流需求的可预测性根据预测难度可划分为有规律需求，而且具有高度可预测性；无规律需求，但统计特征持续、统一；无规律需求，且不可预测。

从物流管理的角度讲，第一种需求模式最简单，不需要复杂的预测模型，就可能得到较为准确的预计销售额，直接用于运输安排和库存管理。而对于第二种需求，就需要借助统计预测的方法获得预测值，并在一定的概率水平下得到预计结果。如果属于第三种需求模式，则需要完善的库存管理系统，增强物流系统的柔性，尽可能增加物流需求的可预测性，减少企业存货，降低物流成本，满足客户需要。

任务二　需求预测方法与管理过程

物流需求预测是为了制定物流管理计划，而对需求时间、地点、库存单位、装运流量等进行的预测或估计。精确的需求预测可以促进物流信息系统和生产设施能力的计划和协调。通过物流需求预测可以确定产品是如何向配送中心和仓库或者零售商进行分配的。为明确责任，衡量需求预测的效果，开展物流需求预测需要建立一套包括组织、程序、动机以及人事等方面的完善的预测行政管理体制。在此基础上选择预测技术，实施预测过程并对其过程实行有效监控。

一、需求预测过程

一般来说，需求预测过程主要包括如下步骤。

1. 理解预测目标

所有预测结果都是用来支持以预测为基础的决策的，所以明确识别出这些决策很重要，因为这些决策必然会受到需求预测的影响。这就要求供应链上相关方就产品促销等达成共同预测，并以此为基础确定一个统一的行动方案。

2. 整合需求计划和预测

将预测和整个供应链中所有计划活动联系起来，如产能计划、作业计划以及促销计划等，通过预测信息共享实现上述计划的协调一致。

3. 识别主要影响因素

识别需求的特性，现在呈增长趋势还是衰退趋势，抑或存在季节性波动，明确需求的特性以便选择有效的预测方法；识别供货提前期的长短变化，以便决定所需要的预测精确度；识别替代产品或新产品的数量对预测的影响，以便决定需要预测的产品数量。

4. 选择合适的预测问题

企业的产品需求预测按照产品和需求区域可分为单一产品分区预测、单一产品需求总量预测、系列产品需求总量预测以及多种产品销售总额预测等不同综合水平的预测，因此，需要选择合适的综合预测水平、预测范围以及预测变量。

5. 选择合适的预测模型

根据对预测影响因素的识别结果和所选择的预测综合水平，选择合适的预测模型，收集预测所需数据，验证预测模型并做出预测。

6. 建立预测绩效标准

为衡量预测效果，应建立评价预测准确性和时效性的绩效衡量标准。根据评价结果，采取适当方案来减小预测误差或对观察到的预测误差做出回应。

要进行准确的预测，必须选用合理的预测方法。要想正确地使用预测方法就必须先分析当前形势所具有的特性，再根据这些特性选择合适的方法。评价方法是否合适需考虑准确性、预测的时间水平、预测的价值、数据的可获得性、数据的类型和预测者的经验。在选择方法时要考虑如上六个标准。

二、需求预测方法

一般来说，需求预测的方法按照需求对象的性质和预测模式可以分为定性预测法与定量预测法。

1. 定性预测法

定性预测法是主观的预测方法，依赖于人们的判断和意见做出预测，主要方法有一般人员意见法、德尔菲法、主观概率法。其主要适用于缺少历史数据或专家关于市场的见解对于预测十分重要的情况。这种预测方法具有预测时间短、成本低、操作性强的特点，但是预测的结果受主观因素的影响较大。

（1）一般人员意见法

集体意见预测法指把所有参与者的预测意见进行加权平均来求出预测值的方法。具体步骤为：每一位预测者提出个人的预测意见；计算每一位预测者的意见平均值；采用加权平均法求得集体的预测意见；经营人员意见预测法指通过听取经营人员的意见来预测市场需求。

一般人员意见法的特点如下。

① 简单明了，容易进行。

② 适用范围广。

③ 对商品需求量、品种、规格等都可以进行预测。

④ 在实际使用中灵活方便。

顾客意见预测法指直接听取顾客意见后再确定预测数。通过调查，对顾客或用户的购买意向、将来用什么、打算买什么都了解清楚，再考虑可能出现的竞争情况之后，做出对本公司产品需求的预测数。

可采用的方式包括：走访用户、用户座谈会、巡回展览、商品展销、定期填报需求登记表等。这一方法能否取得成功主要取决于顾客能否配合。

（2）德尔菲法

德尔菲法，即专家调查法。当要预测对象中长期的物流需求时，德尔菲法是常用的方法之一。定性的预测方法主观性、判断性较强，专家的选择和观点是企业或区域制定策略的主要依据。基本步骤为：由一组专家分别对调查表作答，组织者汇集调查结果，如果统计结果显示专家的意见比较分散，则需要重新设计调查表来进行新一轮的调查，直到专家的意见相对集中一致，则得到最终的调查预测结果。

（3）类推法

类推法是通过对同类事物在不同时间段或不同地点的发展进行类比推理获取结果的一种方法。类推法作为一种较为简单的定性预测方法，其工作原理是物流需求发展的稳定性和规律性，因而在宏观经济频繁变动的时期和物流需求结构复杂的地区，类推法有诸多局限。

① 纵向类推预测法——不同时间

通过将当前的物流市场情况和历史上曾经发生过的类似情况进行比较来预测市场情况。

② 横向类推预测法——同一时期，不同地区

在同一时期内对某一地区某种产品的市场情况与其他地区的市场情况进行比较，然后预测这个地区的市场情况。

2. 定量预测法

定量预测法需要有较为详实的数据作为基础，预测方法的复杂程度也大不一样。一般来讲，物流管理者不必考虑太过复杂的预测方法。因为预测尤其是销售预测，是企业各部门都需要进行的，预测活动常常由企业的营销、规划或经济分析部门进行。

在物流领域的实践中，中期至长期的物流需求预测工作通常是由其他部门负责并向物流管理者提供相应数据。物流管理者的主要职责则侧重于协助与库存控制、运输计划、仓库装卸计划等相关的管理部门进行短期预测，以确保物流运作的高效与精准。

大量的实证研究表明，没有哪种预测方法具有明显的优势，模型的预测精度也不会因为模型的复杂程度增加而自动提高。根据方法的复杂性、潜在作用和数据的可得性，物流管理者只需具体考虑几种预测方法。定量预测法主要包括时间序列法和长期趋势法。

（1）时间序列法

时间序列预测法就是从纷繁复杂的历史数据中，分析预测对象的变化规律，并将变化规律作为预测的依据。在预测时，首先将某变量的数据按时间顺序排列，再根据时间序列中数值变化的基本类型，选取适当的数学模型描述数值变化情况，最后利用这个数学模型，根据过去的需求变化规律向未来延伸，得到预测值。

移动平均法是用一组最近的实际数据值预测未来一期或几期内物流需求量的一种常用方法。移动平均法适用于即期预测。当物流需求既不快速增长也不快速下降，且不存在季节性因素时，移动平均法能有效地消除预测中的随机波动。

移动平均法的基本原理是通过移动平均消除时间序列中的不规则变动和其他变动，从而揭示出时间序列的长期趋势。根据预测使用的各元素的权重不同，移动平均法可分为简单移动平均法和加权移动平均法。简单移动平均法：简单移动平均法各元素的权重都相等。它的计算公式如下：

$$F_t=\frac{A_{t-1}+A_{t-2}+A_{t-3}+\cdots+A_{t-n}}{n}$$

式中　F_t——对下一期的预测值；

n——移动平均的时期数；

A_{t-1}——前期实际值；

A_{t-2}、A_{t-3} 和 A_{t-n} 分别表示前两期、前三期和前 n 期的实际值。

加权移动平均法：加权移动平均法给固定跨越期限内的每个变量值以不等的权重。它的原理是：历史各期物流需求的数据信息对预测未来期内需求量的作用是不一样的。除了以 n 为周期的周期性变化外，远离目标期的变量值的影响力相对较低，应给予较小的权重。

加权移动平均法的计算公式如下：

$$F_t=w_1A_{t-1}+w_2A_{t-2}+w_3A_{t-3}+\cdots+w_nA_{t-n}$$

式中　w_1——第 $t-1$ 期实际物流需求的权重；

w_2——第 $t-2$ 期实际物流需求的权重；

w_n——第 $t-n$ 期实际物流需求的权重；

n——预测的时期数。

在运用加权平均法时，应该注意对权重的选择。经验法和试算法是选择权重的最简单的方法。一般而言，最近期的数据最能预示未来的情况，权重应大些。例如，根据前一个月的货运量估测下个月的货运量比根据前几个月的货运量进行估测更好。但是，如果数据是季节性的，那么权重也应是季节性的。

使用移动平均法进行预测能平滑掉需求的突然波动对预测结果的影响。在运用移动平均法时也存在如下问题。

① 加大移动平均法的期数（加大 n 值）会使平滑波动效果更好，但会使预测值对数据实际变动不敏感。

② 移动平均值不能很好地反映趋势。移动平均法采用的基础数据为某段时期内的数据平均值，当数据既不快速增长也不快速下降，且不存在时间性波动因素时，移动平均法是非常有用的。如果未来呈现明显的数据波动，移动平均法就不适用了。

③ 移动平均法要有大量的历史数据的记录。

④ 将越来越多的新数据加入预测模型中，不断修改平均值，作为预测值。

（2）长期趋势法

时间序列长期趋势分布反映了所有长期因素对时间序列数据的影响。可通过建立一个合适的数学模型对长期趋势进行分析。长期趋势预测一般具有如下形式：

$$y_t = a + bt$$

式中　t——时间序数的期次；

y_t——第 t 期的趋势值；

a——$t=0$ 时该期的趋势值；

b——直线斜率。

a 和 b 可利用历史数据进行计算：

$$a = \frac{\sum y - b\sum t}{n},\quad b = \frac{n\sum ty - \sum t\sum y}{n\sum t^2 - (\sum t)^2}$$

式中　n——时期数；

y——时间序列的数据。

（3）指数平滑预测法

指数平滑预测法是一种在逐次实际观察基础上系统地对某一预测模型的估计系统进行修正的预测方法。预测策略是将历史观察外推至未来，然后根据自适应原理，对变化的需求形式进行修正。这种方法经常用于呈现水平、线性、二次曲线三种趋势变化的情况。在指数平滑预测中，近期观察的数据比开始时的数据更为重要，应赋予更大的权重。这里介绍比较常用的一次指数平滑法，其基本数学表达式如下：

$$F_{n+1} = \alpha X_n + (1-\alpha) F_n$$

式中　α——平滑常数，$0<\alpha<1$，其取值决定了不同数据的权重；

F_{n+1}——下一期的预测值；

X_n——时间序列中最后一期的观察值；

F_n——时间序列中最后一期的预测值。

一般情况下，

$$F_t = \alpha X_{t-1} + (1-\alpha) F_{t-1}$$

将上式展开，可得

$$F_t=\alpha X_{t-1}+\alpha(1-\alpha)X_{t-2}+\alpha(1-\alpha)^2X_{t-3}+\cdots+\alpha(1-\alpha)^{(p-1)}X_{t-p}+(1-\alpha)^pF_{t-p}$$

根据递推的需要，需赋初始值，定义 $F_1=X_1$，这就意味着 $F_2=F_1=X_1$，然后根据 F_t 的公式计算。

指数平滑预测法最关键的一步是要选择合理的平滑常数 α，α 直接影响过去各期观察值的作用。当 α 取值较大时，对时间序列的修匀程度较小，平滑后的序列能够反映序列的变化情况，适用于变化较大的时间序列，以便较快跟上变化。当 α 取值较小时，对时间序列的修匀程度较大，平衡后序列对原序列的变化反应较迟钝，适用于变化较小的、较平滑的时间序列。

在实际中，α 值需要经过比较才能确定。从理论上讲，α 取 0~1 之间的任意值都可以，其原则是保证预测的误差最小。根据经验，一般是选择 α 值进行试算，然后分别计算其误差均方差（MSE）或平均绝对误差（MAE），选择 MSE 或者 MAE 的最小 α 值。各期平滑预测值与观察值的误差用 e_t 表示，计算公式如下：

$$e_t=X_t-F_t$$

平均绝对误差为

$$MAE=\frac{1}{N}\sum_{t=1}^{N}|e_t|=\frac{1}{N}\sum_{t=1}^{N}|X_t-F_t|$$

误差均方差为

$$MSE=\frac{1}{N}\sum_{t=1}^{N}(e_t)^2=\frac{1}{N}\sum_{t=1}^{N}(X_t-F_t)^2$$

案例导入

使用指数平滑预测法预测货运量

某地区进行物流规划需要预测未来的货运量数据，已知 2014—2023 年的历史数据，见表 6-2，请利用指数平滑预测法，预测 2024 年的货运量。

表 6-2　不同 α 值下的预测值

年份	对应的 t	货运量实际值（万吨）	F_t	F_t	F_t
			$\alpha=0.2$	$\alpha=0.4$	$\alpha=0.6$
2014	1	400	400.00	400.00	400.00
2015	2	430	400.00	400.00	400.00
2016	3	420	406.00	412.00	418.00
2017	4	440	408.80	415.20	419.20
2018	5	460	415.04	425.12	431.68
2019	6	440	424.03	439.07	448.67
2020	7	470	427.23	439.44	443.47
2021	8	430	435.78	451.67	459.39
2022	9	440	434.62	443.00	441.76
2023	10	420	435.70	441.80	440.70

解：因为 $F_2=F_1=X_1$，如果 $\alpha=0.2$，那么 $F_3=0.2\times430+0.8\times400=406$，$F_4=0.2\times420+0.8\times406=408.80$

利用 $\alpha=0.2$，$\alpha=0.4$，$\alpha=0.6$，$\alpha=0.8$ 四个值分别进行预测。

根据类似推算得知，在 2024 年，当 $\alpha=0.2$ 时，$F_{11}=432.56$；当 $\alpha=0.4$ 时，$F_{11}=433.08$；当 $\alpha=0.6$ 时，$F_{11}=428.28$；当 $\alpha=0.8$ 时，$F_{11}=423.88$。

从图 6-2 中可以看出，不同的 α 值下的 F 值与实际值大不相同，为此，可以利用误差均方差计算方法选择合理的 α 值，选择过程见表 6-3 所示。

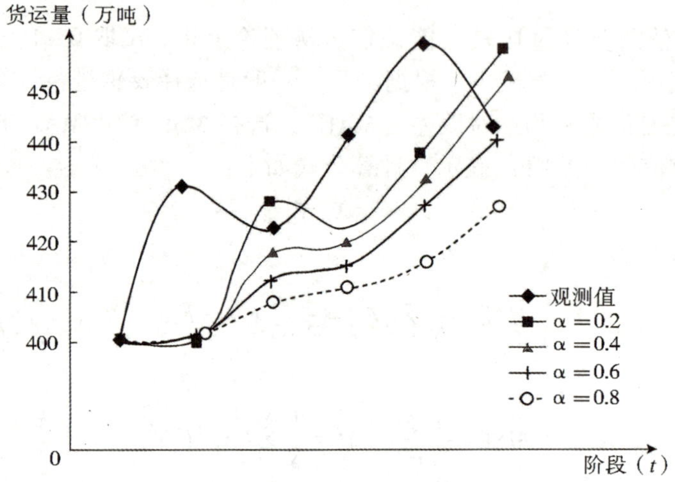

图 6-2　不同观测值下的货运量曲线表

表 6-3　不同 α 值下的 MSE 值

α	MSE	最终 α 选择值
0.2	648.423	0.6
0.4	468.387	
0.6	421.308	
0.8	439.452	

因此，2024 年的预测值最终为 428.28 万吨。

三、预测的管理过程

在供应链管理中，预测主要涉及日、周或月的周期。为实现高效预测，需构建一个健全的预测管理流程，涵盖众多关键要素。预测管理的基础是预测数据库，该数据库汇集了经处理待发货的订单、历史需求数据以及刺激需求的策略，如促销、特殊交易和产品交换等。理想情况下，预测数据库为企业实施企业资源计划（ERP）时的数据存储中心。此外，该数据库还涵盖了企业所需的其他数据，如经济环境和竞争活动等。为提高企业预测效能，必须采用有利于信息应用、总结、分析和传递的方式，确保历史数据和计划信息的实时更新。

有效的预测整合了以下几个要素：预测技术、预测支持系统和预测管理系统。

1. 预测技术

预测技术是采用数学或统计方法综合考虑基本需求、季节、周期和促销等要素从而得出预测的需求量的技术。具体包括移动平均法、指数加权平均法以及比较复杂的时间序列法、回归分析法等方法。虽然通过预测技术能够很容易地将历史数据与未来的需求值联系起来，但是预测技术未能把未来事件考虑进去。所以，企业将预测技术与预测支持系统和管理系统整合起来变得越来越重要。

2. 预测支持系统

预测支持系统的运作涵盖多个环节，如数据搜集与分析、预测运算、预测信息的传递至相关人员，以及将在计划系统中的预测信息实现应用等。在实施预测支持系统时，还需充分考虑多种外部因素的影响，例如促销活动、罢工、价格波动、产品线调整、市场竞争及经济环境等。例如，当产品包装规格发生改变时，预测系统中的历史数据应及时做出相应调整，以准确反映新的规格和数量。若系统受限，这些更改可能难以及时执行。因此，一个高效的预测支持系统能够助力企业保持、更新和操作历史数据，进而实现精准预测。

3. 预测管理系统

预测管理涉及企业对预测进行全方位的管理，包括组织、过程、促进和人员等方面。在组织管理中，重点关注个体角色与责任的分配，并在定义预测管理职能时，对这些影响因素进行详尽阐述。动态模拟有助于揭示预测不一致性在供应链多个成员间的影响。从起始环节至反馈阶段，信息不完善导致的成本掩盖了销售与预测间直接沟通的成本。由于大部分交易建立在对未来交易预测的基础上，若企业对预测持过于乐观的态度，便会使其大量精力投入无谓的工作中。

为提高预测准确性，有必要对误差进行衡量与分析。预测准确性指销售预测值与实际销售值之间的差异。通常，预测误差被定义为实际需求与预测之间的差距。然而，在计算误差大小及比较误差时，需明确误差的真正含义。同时，还需考虑衡量水平与累计总量的大小。若 SKU 信息有详细记录，可根据单个 SKU 的存储情况计算预测误差。通常情况下，累计总量越大，相应的预测误差越小。

案例导入

金虎便利：会员中台+数据中台助力企业疫情防控期间逆势增长

2020 年，新冠疫情的暴发给实体零售行业增长带来了巨大的挑战和不确定性。疫情防控期间，作为城市民生基础设施，便利店行业在保供应、稳物价的同时，也面临着客流急剧下降以及部分门店暂时关闭对市场销售带来的冲击。如何扭转经营持续下滑的局面成为摆在国内便利店企业面前的难题。

面对这一局面，山西金虎便利连锁股份有限公司（简称金虎便利）快速启动会员中台+数据中台的双中台联动项目，通过数据带动业务、业务反哺数据的模式，运用大数据分析和数据采集及优化的技术，不仅实现了企业的稳定经营，而且较上年同期逆势增长。

事实上，金虎便利品牌所属公司涉及烘焙、餐饮、生鲜等多个业态，分别使用多套会员体系，因此各领域会员不统一，会员没有忠诚度，“僵尸粉”居多，各品牌不能相互引流。而且各会员系统维护费用较高，会员渐渐成为企业的负担。因此建立会员中台，管各领各域会员体系尤为重要。

会员中台作为会员能力的基础平台，需要有为各种前端的业务形态提供会员的能力，同时会员价值数据分析需要数据中台有提供数据模型和大数据运算的能力。因此会员中台和数据中台之间需要形成相互反哺的模式，共同抗击疫情对公司的影响。

通过充分讨论和研究，金虎便利通过与北京君时慧成科技有限公司合作，基于数据中台与会员体系的架构，加强数据中台+会员中台的联动，快速上线基于会员的各种形态的到家业务和基于数据中台的门店经营管理。

数据中台+会员中台联动项目历时六个月，组建了两个核心项目组：一个主要负责完善会员中台微服务开发；另一个利用数据中台为会员提供基于会员消费的大数据分析模型。

整个项目系统分为三层架构，每一层都为上一层的架构提供自身的数据及业务能力。

最底层为数据中台。数据中台是所有业务中心和会员中台的数据基础。不仅包括基础的销售数据、商品数据、订单数据，还包括通过数据模型运算的大数据分析数据，通过强有力的数据能力赋能给会员中台。

中间层即为会员中台，通过 OneID 管理全域会员，通过规则引擎灵活制定各域会员的规则和通兑规则，通过会员营销管理创建跨域会员活动。会员中台通过对基础会员能力的封装，对外提供会员微服务及会员开放的 API 服务，为会员前端各种应用提供会员的全部能力。

最上层就是会员前端的各种灵活多变的应用层。无论是 2018 年最火的社区团购，还是 2019 年最火的刷脸应用等，通过会员中台及数据中台的赋能都能以最短时间、最低成本的方式迅速落地。

尤其是 2020 年疫情防控期间搭建的金虎云便利店小程序，历时一周，正常营业的线下门店全部上线云便利店，顾客根据 LBS 定位最近的云便利店，通过小程序从线上下单购买所需的商品。

数据中台为线上门店提供商品信息和实时库存，顾客从线上下单与在线下门店购买享受的会员服务和促销服务一致。

云便利店与金虎社区团购即金虎菜市场，一个以常规线下门店商品为主，一个以蔬菜水果生鲜为主，在疫情防控期间两个小程序以会员为主线，以线下门店服务为基础，形成 1+1>2 的合力，助力金虎便利销售稳定，获取优质会员，提高会员转化率。

数据中台具备数据建模以及大数据运算的能力。数据中台除了为会员中台输出基础数据能力之外，更为重要的是为会员中台输出会员精准营销和疫情防控期间门店商品选品。

数据中台通过分析会员购买的商品、购买频次、访问路径等消费行为，能够为门店提供商品补货建议，总部采购、备货及配送以及路线优化等都能根据不同于往常的现状迅速做出调整，充分保障民生物资的供应，也保证门店经营尽量不受疫情影响，能达到正常的日销。

在疫情防控期间，通过会员以及到家业务的拉动，在短时间内企业销售止跌回升，对比上年同期，销售额上升 5%。特殊时期培养了用户线上购物的消费习惯，优质会员的比例较上年上升 10%，整体会员价值也得到了可量化的提升。

学习完本项目的内容后，认真完成表 6-4 的实践清单。

表 6-4　实践清单

零售需求预测与管理实践	
实践任务	假设你是一家零售企业的实习生，负责进行零售需求预测与管理的实践项目。需要根据历史销售数据和市场趋势，设计一种有效的需求预测方法，并提出管理建议，以优化库存管理和满足客户需求
实践目标	(1) 掌握需求预测的基本原理和方法，包括定量和定性预测技术； (2) 学习如何利用统计工具和软件进行需求预测分析； (3) 提出可行的需求管理建议，以提高库存周转率和降低缺货风险； (4) 熟悉市场趋势分析和销售数据挖掘的基本流程
实践步骤	(1) 收集过去一段时间的销售数据，包括产品类型、销售量、季节性变化等信息； (2) 对销售数据进行分析，运用合适的统计方法（如移动平均法、趋势投影法等）进行需求预测； (3) 考虑市场趋势和外部因素（如节假日、促销活动等），对销售趋势进行预测； (4) 制定合理的库存管理策略，根据需求预测结果进行产品订货和库存控制； (5) 提出改进建议，例如优化订货周期、拓展供应链合作，以提高库存周转率； (6) 使用数据可视化工具展示需求预测结果，并向管理团队提供有效的决策支持
实践提示	(1) 注意销售数据的时效性和准确性，确保预测结果的可靠性； (2) 深入了解产品的季节性和周期性特点，确保预测方法的针对性； (3) 学习并灵活运用统计分析工具，如 Excel、SPSS 等； (4) 多与零售行业专业人士沟通，获取实际案例和经验； (5) 关注市场趋势和竞争对手动态，以更准确地预测需求； (6) 在提出管理建议时，兼顾客户需求和企业成本，以达到良好的平衡
实践总结	

完成以上实践后，认真完成表 6-5 的实践评价。

表 6-5　实践评价

评价内容	分值	得分
统计工具的熟练程度	25	
数据挖掘能力	25	
沟通能力	25	
对需求预测与管理的掌握程度	25	
教师点评：		

项目小结

需求预测在商业运营中起着至关重要的作用，它可以帮助组织更好地理解市场趋势和客户需求，从而做出更明智的决策。预测的分类可以根据预测的时间范围、预测的准确性要求以及预测的数据来源进行。在制定预测时，需要考虑许多因素，包括市场环境、竞争状况、客户需求、季节性因素、政策变化等。预测过程通常包括数据收集、数据处理、模型选择和预测结果验证等步骤。预测结果需要进行管理，以确保其准确性和可靠性。有效的需求预测计划需要一个健全的数据收集和分析系统，以及一支经验丰富的团队来执行和管理预测过程。

思考练习

1. 需求预测的作用有哪些?
2. 需求预测的分类有哪些?
3. 需求预测考虑的因素有哪些?

项目七

物流与供应链管理战略及规划

项目导读

物流与供应链管理战略及规划是企业管理的重要组成部分，旨在通过对物流和供应链系统的全面规划和管理，实现企业的战略目标。这一过程包括对物流系统的战略视角分析、战略目标的设定、战略计划的制定、战略实施的监控以及战略调整的评估。通过有效的物流与供应链管理战略及规划，企业可以提高运营效率、降低成本、增强市场竞争力，并提高客户满意度。

学习目标

知识目标

(1) 了解物流战略规划的内容。

(2) 了解物流系统规划与设计的目的。

(3) 了解常见的供应链战略开发模型。

技能目标

(1) 能够运用供应链视角分析和解决物流管理中的问题。

(2) 具备物流系统规划和设计的能力，能根据供应链环境和需求制定合理的物流方案。

(3) 能够运用供应链与物流战略规划模型和工具进行策略制定和决策支持。

素质目标

(1) 培养学生的跨学科融合思维能力，能够综合运用管理学、工程学、信息技术等知识解决复杂的物流管理问题。

(2) 增强学生的团队协作与沟通能力，能够与不同领域的专业人士进行合作，共同实施物流系统规划和设计。

(3) 培养学生的创新意识和问题解决能力，能够提出新颖的物流管理战略和规划设计方案。

思政目标

（1）强化学生的责任担当意识，认识到优化物流管理对推动经济发展和社会效益的重要作用。

（2）培养学生对国家物流发展政策和供应链管理规范的了解和遵守，关注可持续发展和环境保护。

案例导入

戴尔思想——赢在高效敏捷供应链

戴尔是全球知名的IT公司，戴尔曾提出名为“市场化供应链”的新供应链策略，该策略着重于基于市场差异化的供应链战略构建。根据不同的订单交付模式，有针对性地构建不同的供应链体系。这一策略得到了权威机构白皮书的高度认可，并赢得了众多专家的支持。

戴尔供应链的发展历程可分为两个十年阶段。在第一个十年，戴尔在我国成功构建了完整的供应链体系，包括优化第三方物流中心、供应商库存管理、订单整合中心以及信息流的汇聚。进入第二个十年，戴尔致力于全球化整合，构建全球化的呼叫中心、采购中心、制造团队和销售运营。

戴尔始终关注物流、信息流和资金流的优化。戴尔重视信息流，并在物流方面更多采用外包第三方模式。在进行多元化转型后，库存有所增加，但戴尔一方面控制库存，另一方面策略性地增加库存。为了实现可持续发展，供应链需要具备高效敏捷的特点。

在构建供应链时，企业需要关注提升协同性和灵活性。主要包括供应链计划体系、供应链协同能力、制造生产体系以及物流增值服务体系。戴尔在考虑指标管理时，从多个角度审视。为满足动态客户需求，提出了若干业务指标，其中包括NPS（客户净推荐值）。在市场化供应链细分中，库存管理体系至关重要。同时，在整个运营过程中，戴尔高度重视业务操作层面。

戴尔通过实际操作经验与咨询团队的结合，将供应链运作体系推向市场。此外，还成立了戴尔供应链研究学院，通过三天课程，将理论讲解与实际操作相结合，使更多行业客户能够了解和借鉴戴尔的供应链管理经验。

任务一　供应链视角下的物流管理战略

供应链管理模式需通过企业间的紧密协作，构建一种低成本、高效能、极具适应性且富有敏捷性的企业运营体制，从而在成本、质量、时效、服务及灵活性等方面显著增强企业的竞争优势。要实现这一战略目标，供应链物流系统需从企业战略层面进行规划和统筹，并通过物流战略的深入推进和实施，确保供应链管理战略得以落地，如图7-1所示。

图 7-1 供应链

一、供应链视角下物流管理战略概述

企业确定其战略方向，以达成财务、发展、市场份额等各项目标，是管理层必须深思熟虑的首要议题，这是一个富有创新和前瞻性的过程。企业发展战略规划确立整体发展方向，进而转化为具体行动计划，再分解为各职能部门的子计划。供应链管理战略立足于企业战略高度，对供应链进行全局规划，明确原材料获取与运输、产品制造或服务提供，以及产品配送和售后服务的方式与特点。

物流管理战略旨在确保物流可持续发展，设定物流发展目标，以及实现目标的途径与措施行动纲领。无论是物流企业还是生产流通企业，均涵盖市场营销、生产管理、物流运作、财务管理等部门。企业类型虽异，服务客户对象有所不同，但其物流运作均属于生产运作管理层面，具有共性特征。本书主要论述物流管理活动，并非从物流企业角度，而是基于企业生产运作管理视角。

物流管理战略为企业部门级战略，应与企业整体战略目标保持一致，以更好地实现企业总体战略。在传统物流管理观念中，物流被视为企业经营活动的辅助内容，因此往往缺乏足够重视，导致物流渠道不畅，产品分销受阻，或原材料供应出现问题，影响生产，制约企业经营战略实现。从供应链全局角度关注物流管理战略问题，是现代物流管理有别于传统物流管理的关键所在。

1. 物流管理战略的特征

从供应链视角来看，物流管理战略的主要特征表现在以下几个方面。

(1) 全局性

物流管理战略是以组织的全局为对象制定的整体行动纲领，追求的是整体效果和综合效益。

(2) 长远性

物流管理战略谋求的是长远发展，是组织对未来较长时期内生存和发展的运筹和规划。

(3) 对抗性

物流管理战略是关于组织在激烈的物流市场竞争中如何与对手抗衡的行动方案，也是针对来自各方的压力和挑战制定的战略。

（4）指导性

物流管理战略所规定的是组织整体的长远目标、发展方向和战略重点，这些都是原则性、概括性的行动纲领，必须层层分解，分步骤实施，形成具体的行动计划。

（5）风险性

物流管理战略考虑的是物流市场的未来，而在当今复杂且竞争激烈的市场环境中，未来具有很强的不确定性，因而物流管理战略必然带有一定的风险性。这就要求决策者密切关注竞争环境的变化，及时调整战略，提高组织抵御风险的能力。

2. 供应链视角下物流管理战略的目标

一般来讲，供应链视角下物流管理战略的目标有四个，即降低成本、节省投资、提升效率和改进服务。

（1）降低成本

战略实施的目标之一是将与运输和储存相关的可变成本降到最低，即在服务水平一定的条件下，通常要评价所选的行动方案，找出成本最低的方案。例如，在不同的仓库地址中进行选择，或者在不同的运输方式中进行选择，以形成最佳战略。

（2）节省投资

战略实施的目标之二是使物流系统的投资最小化。该战略的出发点是使投资回报最大化。例如，为避免仓储而直接将产品送达客户，放弃自有仓库而选择公共仓库，选择适时供给的方式而非储备库存的方式运送货物，以及利用第三方供应商提供物流服务。

（3）提升效率

提升效率不仅是用户的要求，也是社会进步的要求。整个社会再生产的循环取决于每一个环节，社会再生产不断循环进步推动社会的进步。物资流通时间越短，速度越快，效率越高，社会再生产的周期越短，社会进步的速度越快。

（4）改进服务

企业的收入一般取决于物流服务水平，尽管提高物流服务水平将大幅度提高成本，但收入的增长可能会超过成本的上涨。要使战略实施取得好的效果，就应制定与竞争对手截然不同的服务战略。

案例导入

上海通用汽车公司的供应链管理

上海通用汽车有限公司（SGM）是由美国通用汽车公司和上海汽车工业总公司联合投资建立，是迄今为止最大的中美合资企业。作为世界上最大的汽车制造商，美国通用汽车公司拥有世界上最先进的弹性生产线，能够在一条流水线上同时生产不同型号、不同颜色的车辆，每小时可生产27辆汽车。在如此强大的生产力支持下，SGM在国内首创订单生产模式，紧密根据市场需求控制产量。

同时，SGM的生产用料供应采用标准的JIT（just in time）运作模式，由国际著名的RYDER物流咨询公司为其设计实行零库存管理，即所有汽车零配件（CKD）的库存存在于运输途中，不占用大型仓库，而仅在生产线旁设立RDC（再配送中心），维持288台的最低安全库存。这就要求采购、包装、海运、进口报关、检疫、陆路运输、拉动计划等一系列操作之间的衔接必须十分紧密。

中国远洋运输（集团）公司（COSCO）承担了该公司全部进口 CKD 的运输任务，负责从加拿大的起运地到上海交货地的全程门到门运输，以及进口 CKD 的一关三检、码头提箱和内陆运输。

上海通用汽车公司在物流供应链方面的进一步要求包括如下。

1. 短备货周期，降低库存

SGM 物流供应链安全运作的前提建立在市场计划周期大于运输周期的基础上，只有这样，CKD 运输量才能根据实际生产需要决定。而目前 CKD 的运输周期是三个月，而计划市场周期为 1 周，所以只能通过扩大 CKD 的储备量来保证生产的连续性周期，造成库存费用很高。COSCO 的木箱配送服务虽然为其缓解了很大的仓储压力，但并非长久之计，还要通过各种办法改进订货方式、改进包装等缩短备货周期，真正实现零库存。

2. 改进信息服务

提供和协助 SGM 收集、整理、分析有关的运作信息，以改善其供应链的表现。因为 SGM 的整车配送、进口 CKD 和其他零配件的供应，分别由 ACS、上海中货、大通及其他供应商自行组织有关的运输，各服务提供商之间的信息无法有效地沟通。如通过整车配送，以协助 SGM 的销售部门改善营销预测的准确性和提前量，根据改善的预测信息来确定随后的生产和原料采购（进口）计划，可使每批进口 CKD 的品种构成更为合理化，从而可相应减少在途和上海 RDC 中不必要的库存积压。

二、物流战略规划的内容

长期以来，企业对物流在经营战略中的重要性并没有十分明确地认识，企业的资源更多地被投入生产和销售部门。但是，进入 20 世纪 90 年代以后，越来越多的企业开始认识到物流管理在企业战略管理中的重要地位，被管理者纳入企业战略规划的体系中。

企业物流管理上升到战略地位经历了一个过程：从纯粹为了降低企业内部的物流成本，到为了提高企业收益而加强内部的物流管理，通过向顾客提供满意的物流服务来带动销售收入的增长，再发展到现在从长远的战略视角去思考物流在企业经营中的定位，甚至超越本企业从供应链的角度来管理企业的物流。

企业的物流战略规划是指企业的高层管理机构根据本企业的长期经营发展目标，在对企业的外部环境和内部条件进行综合分析的基础上，制定的物流管理的方针和政策。企业进行物流战略规划的目的是保证企业的物流系统能够在满足客户需求的前提下实现总成本最低，并与企业总体目标相协调。

企业的物流战略通常包含十个关键部分，分别被组织在三个层次上，构成物流战略的金字塔。它确立了企业设计物流战略的框架。

1. 客户服务目标

客户服务是企业制定物流战略的主要依据。客户对物流服务水平的要求决定着包括采购、制造、销售、仓储和运输等环节在内的整个供应链的结构。物流活动的主要目的是更好地实现物品流通，促进货物价值实现，将商品更好地呈现给目标顾客，因此，有必要首先对客户需求有清晰地了解，并开发能够满足客户需求的物流战略。

2. 战略层

战略层决策的目的是确定物流系统的结构，包括网络规划和渠道设计。在了解了客户的服务需求后，企业需要考虑如何满足客户需求，物流网络和分销渠道提供了满足这些需求的基础。

（1）物流网络的规划

物流网络规划的内容主要包括：确定设施的数量、地理位置、规模，分配各设施所服务的市场范围。这样也就确定了产品到市场之间的线路，如图 7-2 所示。良好的设施选址应考虑从供应商、生产商、分销商，最后到达客户的整个产品移动过程及相关成本。

图 7-2　物流网络的规划

（2）渠道设计

渠道设计的目的是确定为达到期望的客户服务水平需要执行哪些活动，以及由渠道中的哪些成员来执行这些活动。

渠道设计主要包括以下内容：渠道目标的制定；渠道长度和宽度的评价；市场、产品、企业以及中间商因素的研究；渠道成员的选择及合作。

渠道设计与产品特性有关。例如，生鲜商品要求较直接的分销方式，减少存货、加快运输；体积庞大的笨重商品，要求运输距离短、搬运次数少的渠道布局。然而，随着顾客需求变化和竞争者的自我调整，渠道战略必须经常评价，以维持或增强企业的市场地位。

3. 战术层

物流战略的职能部分，涉及对运输、仓储和物料管理方面的分析与设计。运输管理决策包括运输方式的选择、运输路线的优化、车辆装载计划和运输管理绩效评价等方面的内容；与仓储有关的决策包括仓储设施的布置、货物装卸搬运技术的选择等内容；在物料管理方面，着重于客户需求预测、库存控制、生产进度计划和采购策略等。

由于市场环境和客户需求的不断变化，企业必须及时地调整其物流策略来适应这些变化。例如，对于顾客小批量、多批次的运输服务要求，必须对仓储和运输策略进行调整，以实现最佳的绩效。

4. 运作层

物流战略金字塔的最底层为运作层，涉及物流信息系统、指导日常物流运作的规章制度、设施设备的配置与维护，以及物流组织的变革与管理等问题。其中，物流信息系统和物流组织等要素对改善物流系统的绩效尤为重要。

归纳起来，物流战略规划主要解决四个方面的问题，即客户服务目标、设施选址战略、库存策略和运输策略。因此，物流战略规划也可以用物流决策三角来表示。这些领域是互相联系的，应该作为整体进行规划，每一领域都会对系统设计有重要影响。

三、物流战略规划的步骤

物流战略规划主要包括物流环境分析、物流战略定位，以及确定物流战略的实施策略三个阶段。

1. 企业物流环境的分析

（1）行业评价

本行业的现状和发展动向是对企业影响最大的、最直接的环境因素。行业评价可以从以下几方面入手。

① 市场规模与成长性

行业的规模和长期的发展趋势是制定计划时十分重要的依据。市场规模与企业的经营规模、投资决策密切相关。市场规模大，则企业物流系统的经营规模和投资可以适当扩大。如果成长快，投资可以采取大规模一步到位的策略，既降低投资成本，又快速占领市场；如果成长缓慢，则采取逐步投资方式，以观察市场走势，减小风险。

② 竞争者的实力与战略

企业在竞争中采取的策略在很大程度上与自己所处的市场地位有关。如果是行业的领导者，往往凭借其规模优势采取主动行为去影响甚至控制其他成员；作为一个弱势企业，往往会寻找发展机会，尽可能采取差别化战略。

③ 自身的有利因素与不利因素

对成功因素的分析应尽可能采取客观的态度，挖掘更多的有利因素，以充分利用自己的有利条件，增强信心，提高成功概率。对不利因素的分析要采取辩证的态度，以引起足够的重视，做好充分的准备，采用必要的预防措施，降低风险。

（2）区域市场的变化特征

区域经济的发展往往是不平衡的。不同地区具有不同的特点，这些要素的变动会影响市场需求，进而影响物资的流向。在分析区域市场时，人口统计资料，如人口数量、年龄分布、受教育程度、职业组成、收入情况等，都是识别和确定特定市场需求的基本要素，这些要素将是企业确定其物流服务策略的重要依据。

（3）新技术发展动态

传统的物流管理以手工作业为主，而现代物流的兴起完全得益于技术革命。新技术对降低物流成本、提高服务水平起着重要作用。对物流管理最有影响的技术主要是信息技术、物料处理技术、包装材料及包装技术、运输技术等。新技术最具影响力的意义就是促进整个物流管理系统的革命，使整个社会的物资供应实现准时化，大幅缩短物流周期，减少全社会的库存量，使社会资源得到更充分、合理地使用。

（4）物流渠道与物流服务产业状况

企业物流规划的核心环节在于确定如何构建企业物流渠道结构，以实现供应链一体化管理。总体而言，现代社会经济发展的基本特质为全球化，物流领域的全球化亦成为无可争议的事实。社会经济发展的显著特征之一为分工日益细化，专业化分工协作已逐渐成为发展趋势。当前社会涌现出众多专业化的第三产业企业，为第一产业和第二产业提供服务，服务业取得了飞速发展，其在 GDP 中所占比重不断攀升。与物流密切相关的服务企业涵盖运输、仓储以及以互联网技术为基础的信息服务等领域。这些专业化企业具备自身独特优势和一定规模，往往能够提供优质服务，因此在重组物流系统和建设物流渠道时，应将其视为重要的合作伙伴。

（5）政府法律法规导向

国家制定的公路法、航运法、环境保护法等法律法规，对物流业的发展会产生很大的影响。除了法律法规以外，国家的有关政策也是企业必须考虑的外部因素。例如在美国，自 1980 年国会通过《汽车运输公司规范改革及现代化条例》后，有 100 多家普通的汽车运输公司宣告破产，但与此同时也有一些传统运输公司和新建的创新性公司，因顺应该条例而得到快速地成长。企业制定物流战略时必须对政府的法律法规及其今后的动向做认真的研究。

2. 物流战略定位

通过对物流环境的分析，企业对自己在市场中的状态有了全面、清楚的了解，需要进行物流战略定位，然后提出实现战略目标的具体措施。

物流战略定位的要点是以物流成本和质量为主要出发点，确定在计划期内物流管理所要达到的水平，分析这个水平是否切实可行，并提出充分的依据。

（1）确定物流服务标准

确定物流服务标准是由一系列的步骤组成的工作程序，包括采用标杆法识别最优秀的企业，并根据自身的实际情况对标杆企业的标准进行修正，进而确定自己的目标。

受惯性思维的影响，人们一般很难跳出自我认识的局限性，去寻求新的实践方式，所以企业管理人员要不断地到企业外部去识别和研究最好的榜样。这种活动不一定局限在本行业中，只要是有效的实践经验，都可以拿来作为自己的目标基准。

（2）物流成本定位

遵循明确的物流服务标准，制定物流成本目标至关重要，坚定采用以单项作业为基础的成本核算方法。若能核算出各作业的成本，物流成本定位将更具针对性。物流成本由直接成本与间接成本构成。直接成本是完全源于物流活动需求的费用支出，可通过成本会计核算获取，较为容易确定。然而，分摊至单项作业的间接成本较为复杂，分摊规则与方法对物流系统设计与运作具有较大影响。对于物流管理人员而言，深入理解影响物流费用的关键因素至关重要。

（3）服务质量定位

物流服务质量是指物流系统满足物流客户相关要求的能力。服务质量对于吸引客户、提高客户对企业的忠诚度是最为关键的因素。

物流服务质量定位是物流战略规划的一个重点。物流服务最理想的境界当然是 100% 地满足客户的需求，但质量与成本始终是一对矛盾体。

3. 确定物流战略的实施策略

物流战略的实施策略是物流战略的具体化，一般可以从物流业务的分工与协作、物流过程与功能结构选择、竞争策略等方面来考虑。

（1）专业化与分工协作

分工可以提高作业效率，但分工也会造成业务流程的分解，引发协调问题。克服这个缺点的方法是专业化协作，这已经为大量的事实所证明。在物流管理中也完全可以对物流作业进行适当的分解，实现专业化和分工协作，从而提高物流系统的效率。

① 物流与商流的分离

以前，企业物流是与商流结合在一起的。为了满足市场需要、保证随时供应，企业产成品的储运由销售部门统一进行协调和管理。但随着市场的扩大，适当地将两者分离的，实现专业化管理，可能会使系统的效率得到提升。

② 物流功能具体化

在实行商流与物流分离策略的情况下，物流系统中的经营活动组成是：制造商下游的与商流相关的业务由分销商和零售商来执行，并由第三方厂商提供物流服务；制造商致力于技术开发和市场占有，向客户推广自己的产品；零售商的职能被设计成分销商的委托销售人。与传统做法相比，这时的制造商销售部门的主要工作集中在联合分销商和零售商，共同研究市场趋势，以便更好地支持销售活动。

商流与物流的分离是从为客户更好地创造价值的角度提出的，并不意味着两者可以独立存在。专业化分工与协作中，协作的基本准则是物流必须服从商流，在时间、地点及送货的责任义务方面遵守合作各方的共同约定。

（2）物流系统运作结构的选择

物流系统运作结构设计的主要任务是确定产品从原材料起点到市场需求终点的整个流通渠道的结构，包括物流设施的类型、数量和位置，设施所服务的客户群体与产品类别，以及产品在设施之间的运输方式。

设计物流运行结构必须充分考虑空间和时间两方面的因素。空间方面是指为工厂、仓库、零售点等设施选址。时间方面是指保证产品的可得性，以及为满足客户服务目标而采用的库存策略和运输管理方法。

尽管不同行业或不同企业具体的物流形式是千差万别的，但是在物流的运作结构上却有许多相似之处，归纳起来可分为三种类型：多阶段结构、直送结构，以及混合结构。

① 多阶段结构

多阶段结构的模式为

供应商→原料配送中心→制造商→批发商或配送中心→零售商→客户

这一结构是专业化分工与协作的产物，其显著特点是利用两个专业化的配送中心把物流过程分成几个阶段。从多阶段结构的模式可以清楚地看到配送中心在整个物流过程中所起的重要作用。多阶段结构具有很多优点。例如，通过在制造商与零售商之间建立配送中心，可以降低物流系统的运作成本。

② 直送结构

直送结构的生命力在于快速地把货物从仓库直接送达客户需求的目的地，没有任何的中间环节。一般而言，只要在经济上合理，就可以采用直接送货的系统结构。大型制造商的基本原料、燃料因其需求量大，比较适合采用直送方式。

③ 混合结构

由于不同客户往往有不同的物流服务要求，单一结构不能获得理想的服务效果，所以要采用更灵活的系统结构。混合结构就是为了适应这种情况而出现的。最简单混合结构形式是把直送结构与多阶段结构相结合形成一种混合结构。

作为一个有效率的物流渠道，还应该有能力处理各种突发性事件，这在物流结构设计时也应考虑进去。在物流系统中，突发事件经常发生，例如一个偶然事件导致运送计划无法完成，某项运输任务就成为紧急事件，为了保证客户服务水平，系统需要采取直接运送的处理方式。

四、供应链管理战略框架

当今企业的供应链管理是对企业进行战略性的管理。供应链管理战略强调企业要从长远的战略角度来组织管理企业的生产经营活动。随着时代的进步和供应链研究领域的发展，“三 A”供应链和“三 R”供应链等前沿供应链管理战略框架被相继提出。

1. 打造“三 A”供应链

供应链管理追求高效率低成本固然重要，但是公司若想超越其竞争对手，只有高效率和低成本是远远不够的，因为面对需求或者供给中出现的不可预见的变化，热衷于以高速度、低成本方式运行的供应链无法迅速做出反应，还会导致供应链在新产品推出期间就陷入瘫痪。公司只有同时具备反应敏捷、适应性强并能协调各方利益的供应链，才能在竞争中处于领先地位。

“三 A”供应链，即敏捷性（agile）、适应性（adaptable）和利益一致性（aligned）的供应链，它要求供应链从始至终保持高速运转，以确保供应链的敏捷性和适应性，从而应对各种挑战和变化。

“三 R”供应链，即快速响应（responsiveness）、弹性（resilience）和迅速重建（regeneration）的供应链。它要求企业建立能够主动计划与应对供应链中断、以相对较低成本、较高效率从中断中恢复的供应链新能力，以确保供应链的持续性和稳定性。

（1）“三 A”供应链的内容

① 敏捷性

敏捷性是指针对供需的短期变动迅速做出反应并能妥善应对外界突变情况的供应链。

② 适应性

适应性是指供应链管理团队能够根据市场结构变动实时调整供应链设计；针对公司战略、产品及技术特点改进供应链网络，使供应链能适应市场需求的变化。

③ 利益一致性

利益一致性是指让供应链伙伴与自身保持利益一致，以提升供应链的运营能力为目标，建立激励机制。

（2）构建“三 A”供应链的方法

① 加强与供应商、客户间的信息沟通；与供应商发展合作关系；在制造流程设计上采取“延迟战略”；通过储备低价值的关键部件，建立缓冲库存；确保物流系统和物流服务商的可靠性；制定应急计划，培养危机管理团队。

② 密切关注全球经济动向，及时发现新的供货渠道和产品市场；利用中间机构开发新的供应商，建设物流基础设施；评估最终用户需求，而非仅仅关注直接客户的需要；产品设计具备灵活性；判断公司产品分别处于技术发展和产品生命周期中的哪一阶段。

③ 开诚布公地与供应商和客户交流信息；明确供应商和客户各自的角色、任务以及需要承担的责任；在公平的基础上，各方共同承担风险和费用，并分享对供应链的改进所带来的成果。

2. 打造“三 R”供应链

近年来，各种流行病、自然灾害、恐怖袭击活动频发。毫无疑问，这些突发事件的出现会给供应链管理带来极大的威胁和挑战，甚至直接造成供应链大规模的中断。无论是对物流企业还是生产流通企业，构建“三 R”供应链都将是实现可持续发展的关键。

（1）“三 R”供应链的内容

“三 R”供应链考验的是供应链在面对重大突发事件带来的中断或者威胁时，以及时且经济有效的方式来计划、响应和从中断中恢复的能力。

① 快速响应

快速响应是指供应链能够在客户和市场需求出现急剧波动时，通过快速和准确的反应来满足这些需求。

② 弹性

弹性是指在外部灾害冲击面前能够最大限度地保障运作的延续性，快速恢复因灾害导致的某些中断。

③ 迅速重建

迅速重建是指能够在完全停止后重新启动供应链，重新设计/重新配置供应链，以满足外部灾难情况下的新需求。

（2）实现“三 R”供应链所需的五大模块

为了增强供应链的敏捷性、响应速度和迅速恢复能力，企业需构建五个关键能力模块，分别为供应链速度、供应链柔性、供应链应急计划与管理、供应链可视化和供应链协同。

供应链可视化指的是各环节参与者能及时准确地获取运营所需的关键信息，从而创造商业价值。这并非仅涉及技术问题，许多企业能借助技术实现内部连接，但在跨组织和端到端的供应链连接方面往往遇到困难。在这种情况下，供应链协同显得尤为重要。

供应链协同是指在共同目标的驱动下，各环节参与者紧密合作，以实现比单个企业所能实现的更大利益。在供应链中，一家企业很难独自完成端到端的所有事务，通常需要与他人合作。而企业能在多大程度上利用他人的资源和能力，往往取决于其供应链协同水平。

供应链速度反映的是各环节运作和流程间的衔接速度。企业可通过流程整合与创新来缩短关键流程的提前期，或减少非必需的流程，从而提高供应链整体速度。

供应链柔性则强调供应链在面对需求变化（如需求量、产品规格和种类等）时的应对和调整能力。

供应链应急计划与管理是指企业针对不同危机情景下的供应链应急方案预先进行规划，在实际危机事件发生时，通过跨部门或组织协同迅速执行计划。这些计划包括在供应链中保持一定的闲置能力（如安全库存、备用供应商等），以应对突发状况。

由此可见，端到端的供应链可视化及供应链协同是基础模块，这两种能力模块有助于企业建立和提升其他三个模块。此外，五大模块的构建及相互融合还需数字化技术，尤其是大数据分析的支持。许多管理者过去依赖经验决策，但在突发异常事件中，由于缺乏历史经验，经验决策往往低效，无法充分发挥供应链各环节的应对能力。企业管理者应充分利用供应链可视化与协同所积累的多环节数据，以取代经验决策，从而在异常事件发生时更迅速、准确地做出供应链决策。

案例导入

新冠疫情下海尔集团的供应链管理

2020年初，突如其来的新冠疫情在国内外蔓延，很多以线下销售为主业的企业遭受毁灭性打击。传统家电行业持续遭受重创，2020年第一季度，国内家电行业销售下滑47.5%，行业进入寒冬。但在这样的局面下，海尔集团的家电产品却实现了逆势增长，市场份额增长了4.4%。这傲人的成绩与其成功的供应链管理密不可分。

在快速响应市场方面，面对突发疫情下市场需求结构的巨大变化，海尔集团将产品设计、采购和生产进行模块化处理，这极大提高了运营过程的灵活性。早在2017年海尔就成立了卡奥斯COSMO Plat工业互联平台，在抗击疫情的关键时期，海尔集团运用此平台管理大量模块供应商，从而成功应对了市场对产品数量和品种需求的快速变化。

在弹性方面，海尔集团与供应商和政府机构密切合作，通过海云链平台从全球进行医疗物资的采购，帮助解决供应链端到端可视化的问题。通过增强供应链的柔性，供应链各环节的问题很快得到解决。

在迅速重建方面，海尔集团通过上述两个功能（快速响应和弹性）迅速重启了现有供应链的运营。通过为供应链重新进行资源配置，海尔集团能实时适应外界环境的变化来提供新的产品和服务。具体操作如下。

（1）快速开发医疗物资信息/资源共享平台。

（2）帮助山西省一家纺织企业转向防护服和一次性防护口罩的生产。

（3）帮助某移动家居制造商在3天内将生产切换到智能测温消毒通道。

可以看出，新冠疫情虽然给供应链带来巨大挑战，但也给企业重新思考供应链的发展带来了机遇。海尔集团的供应链团队及管理层能在疫情下抓住机会，构建快速响应、有弹性且能迅速重建的供应链，为其在同行业的竞争中占据领先地位提供了必要条件。

任务二　供应链环境下的物流系统规划与设计

供应链管理的核心领域不仅涵盖企业内部及企业间的物流运输与实物分销，还涉及以下主要方面：战略层面的供应商与客户合作关系管理；供应链产品需求的预测与规划；供应链架构的设计（包括全球节点企业、资源、设备等的评估、选取与定位）；企业内部与企业间的物料供应与需求调控；基于供应链管理的产品设计与制造管理、生产整合计划、追踪与控制；基于供应链的客户服务与物流管理（如运输、库存、包装等）；企业间的资金流管理（如针对汇率、成本等问题，通过互联网/局域网实施供应链交互信息管理等）。

供应链管理注重总体物流成本（包括原材料至最终成品的全过程费用）与用户服务水平之间的平衡，因此，须将供应链的各职能部门有机地整合在一起，以充分发挥供应链的整体优势，实现供应链企业的整体收益。

一、物流系统规划与设计的目的

在供应链环境下进行物流系统规划与设计，不能独立或局部地进行，而要紧紧把握供应链管理的思想，系统地思考和分析，重点解决好如下几方面的问题。

1. 供应链管理系统的设计

供应链管理系统的设计是一项关键任务，其目标在于有效整合制造商、供应商与分销商，构建一个相互关联的有机整体。为实现整个供应链的高效运作，必须充分考虑各环节之间的协调与配合。通过运用先进的技术和理念，如电子数据交换、互联网等，可实现供应链的分布数据库信息集成，进而集中协调各企业关键数据，如订货预测、库存状态、缺货情况、生产计划、运输安排、在途物资等。从而，企业可实现采购订单的电子接收与发送、多位置库存控制、批量和系列号跟踪、周期盘点等重要信息的共享。

2. 供应链分布数据信息的集成

在现代供应链管理中，分布数据信息的集成至关重要。利用电子数据交换、互联网等技术，实现不同企业间的关键数据集成，提高整个供应链的协同效率。共享关键数据有助于企业更好地把握市场动态，提高响应速度，降低库存成本，优化资源配置。此外，分布数据信息的集成还有助于企业实现采购订单的电子接收与发送、多位置库存控制、批量和系列号跟踪、周期盘点等重要信息的共享，提高供应链的整体运作效率。

3. 集成的生产计划与控制模式以及支持系统

为了适应供应链管理的需要，企业需要研究和采用集成化的生产计划与控制模式以及相应的支持系统。包括运用系统论、协同论、精益生产等理论与方法，实现生产过程的优化和资源的高效利用。通过集成化的生产计划与控制模式，企业可以更好地协调各环节的生产活动，降低生产成本，提高生产效率。同时，支持系统可以帮助企业实时掌握供应链各环节的运行状况，为决策者提供有力支持，提高整个供应链的竞争力。

4. 适应供应链管理的组织系统重构

在供应链管理中，组织系统的重构至关重要。企业需要根据供应链的特点，优化运作流程，对供应链上不同企业在不同地域的多个部门进行重构。包括确定相应的供应链管理组织系统的构成要素以及应采取的结构形式。通过组织系统的重构，企业可以提高内部协同效率，降低管理成本，更好地应对市场变化和客户需求。此外，优化后的组织系统还有助于提高员工的积极性和创新能力，为企业带来持续的竞争优势。

5. 建立适应供应链管理要求的绩效评价系统

为了确保供应链管理的有效实施，企业需要建立一套适应供应链管理要求的绩效评价系统。这套系统应按照一定的程序和评价标准，采用定量与定性相结合的分析方法，对供应链上的物流经营效益和经营活动的业绩做出实事求是的客观判断和衡量。通过绩效评价，企业可以更好地了解供应链的运行状况，发现存在的问题，为改善物流管理提供依据。同时，绩效评价也有助于激励员工积极参与供应链管理，提高整个供应链的运营水平。

在当今竞争激烈的市场环境中，供应链管理已成为企业取得竞争优势的关键因素。只有通过不断优化供应链管理，企业才能在激烈的市场竞争中立于不败之地。

二、物流系统规划与设计

1. 物流系统规划与设计的流程

物流系统规划与设计的流程见表 7-1。

表 7-1　物流系统规划与设计的流程

序号	顺序
1	需要物流服务的客户群发出订单需求
2	订单处理模块存储订单信息，并进行分类整理
3	信息处理模块根据订单要求向决策中心发送相关信息
4	决策分析处理模块查阅库存信息、人员设备信息及其他运输、仓储外协合作商和供应商数据，并分析经营管理的历史数据，然后做出决策，提交到配送中心
5	配送运输模块向相应的配送站或者外协合作商和供应商进行配货、送货、退货等
6	运输点执行配送任务
7	经营管理模块通过协调库存管理来处理财务、人事、供应链合作商管理和数据分析统计等工作

在实际的作业过程中还涉及其他的作业管理，如客户管理、库存盘点、入库管理、供应商管理、设备管理、系统维护等。

2. 物流系统规划与设计的功能结构

物流系统规划与设计的功能结构可以划分为四个层次：数据管理层、业务处理层、决策管理层及战略管理层。系统的总体功能模块见表 7-2。

表 7-2　物流系统的总体功能模块

模块	功能
客户管理子系统	客户登录管理、客户资料管理、客户身份验证、客户查询、客户关系管理
订单管理子系统	订单的接收、分类整理、查询
仓库管理子系统	入库管理、出库管理、库存盘点、仓库优化管理、货物查询管理
配送管理子系统	配货管理、送货管理、运输跟踪管理、运输调度管理、运输线路决策、配送站点决策
经营决策子系统	反馈信息管理、合作商管理、供应商管理、市场预测管理、市场信息管理、企业内部信息发布管理（企业介绍、经营理念、法律法规、市场报价等）
账务管理子系统	主要包含成本预算管理、客户财务结算、供应商财务结算、合作商财务结算、财务统计管理、各子系统人力资源管理、人事考勤管理、设备维护维修管理
系统管理子系统	用户管理、数据备份、系统设置、文档管理、查询打印服务等

任务三　供应链与物流战略规划模型及设计策略

供应链战略开发模型与物流战略规划模型是为指导和帮助物流与供应链系统的设计、实施和运行而提供的结构化、多功能的模型和方法。随着供应链管理技术和实践的发展，人们逐渐重视对供应链战略开发模型的研究，并开始研究统一的标准化结构模型，下面介绍几个重要的模型。

一、常见的供应链战略开发模型

1. 供应链战略开发模型的作用

供应链战略开发模型是企业制定和实施供应链管理战略的一个分析框架，对供应链进行科学的定位和辅助性实施有着重要的作用，具体表现在以下三个方面。

（1）供应链系统中复杂性的存在，对产品设计、制造、库存、运输及销售环节均构成挑战。构建供应链战略开发模型，有助于模拟和探究企业供应链管理系统的战略设计与运作，使供应链更能适应市场需求，并在竞争中持续取得竞争优势。

（2）在全球商业竞争环境、客户需求多样化以及信息技术发展背景下，企业需在提升内部运营效率的同时，加强供应商、合作伙伴及客户之间的协作效率。实现该目标的核心在于科学地定位供应链战略，系统性地评估企业供应链运营状况，从而持续优化内外部流程。供应链战略开发模型为实现此目标提供了可能。

（3）供应链战略开发模型为供应链上各成员间的交流、沟通与合作提供了一项有效工具。通过协同开展战略开发工作，供应链成员可以实现统一的绩效评估与改进，进而促进供应链整体竞争力的提升。

国际上常见的供应链战略开发模型主要有两种，分别是基于战略集成的供应链开发模型（supply chain development model，SCDM）和基于应用场景的供应链运作参考模型（supply chain operations reference，SCOR）。

2. SCDM

Rockford 咨询公司是美国一家有名的企业管理咨询公司。该公司于 1998 年提出了 SCDM，强调不断改善业务过程和提高供应链的敏捷性。该集成模型是三维结构，如图 7-3 所示：第一维是闭环的业务管理过程，包括四个阶段；第二维是六个关键的决策因素，包括生产、供应、库存、位置、运输和信息；第三维是通向成功的五个重要的性能指标，包括速度、柔性、质量、成本和服务。

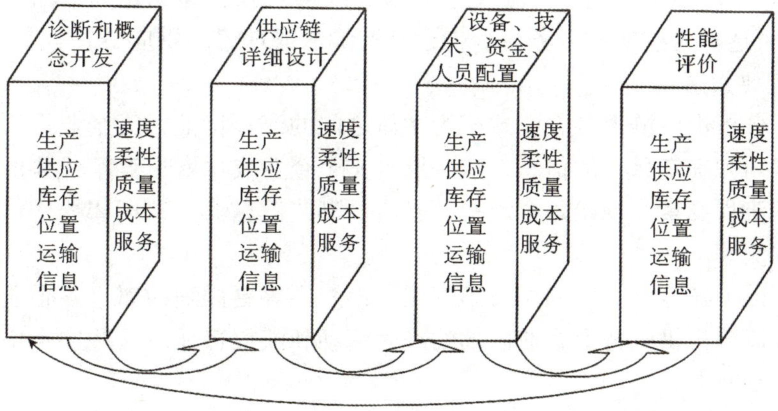

图 7-3　Rockford 公司的供应链开发模型

第一维共分以下四个阶段。

第一阶段是进行诊断和概念开发，从诊断供应链现有的能力和性能开始，主要评价供应链的竞争能力，确定改进的目标和总体规划。

第二阶段是制定具体的行动计划，对供应链进行详细的设计。这是进一步开发总体规划的工程化阶段。

第三阶段是进行设备、技术、资金和人员配置，也是构建实际运行的完整供应链的阶段。

第四阶段是评价供应链的性能，即从速度、柔性、质量、成本和服务方面对供应链的运行性能进行检验。评价结果返回到第一阶段，以便制定更完善的计划并及时调整，从而形成一个闭环的开发过程。

在开发供应链模型时，要考察的六个关键的决策因素是生产、供应、库存、位置、运输和信息。该模型的实质是从整体规划开始，在实施供应链管理过程的每个阶段中，对供应链的六个关键的决策因素进行速度、柔性、质量、成本和服务方面的性能分析和评价，以获得最佳的供应链实施方案。

3. 基于应用场景的供应链运作参考模型

SCOR 模型于 1996 年首次发布。它是由美国供应链协会开发支持的、适用于不同工业领域的供应链运作参考模型。SCOR 模型综合了业务流程再造、标杆管理和流程测评等管理思想，是一个过程参考模型。它提供了一种语言，使公司内和公司外的供应链合作企业可以进行沟通，从而使企业间能够准确地探讨供应链问题，客观地评测其性能，确定性能改进的目标，并影响今后供应链管理软件的开发。

SCOR 模型的体系结构按流程定义的不同可分为以下三个层次。每一层都可用于分析企业供应链的运作。

（1）流程类型层

SCOR 模型的顶层描述了五个基本流程：计划（plan）、采购（source）、生产（make）、运送（deliver）和退货（return）。顶层定义了 SCOR 模型的范围和内容，是企业确立其供应链性能和目标的基础。

（2）流程配置层

定义了 26 个核心流程类型（如供应要采购的物料和面向工程的产品、订单制造的产品等）。企业可选择这些核心业务流程构建其实际的或理想的供应链。

（3）流程要素层

主要用于分析供应链上各企业或行为主体之间的流程特征，为企业提供在改善供应链时用于成功规划和确定目标的信息。这一层定义了企业成功取得竞争优势的能力，其中包括定义和分解流程要素、规定每个流程要素需要哪些信息输入和期望哪些信息输出、对流程性能进行评测等。

在第三层以下还可以有第四层、第五层、第六层等更详细的属于各企业所特有的流程层次描述，用以分析供应链上企业内部的经营活动和流程特征。这些层次中的流程定义不包括在 SCOR 模型中。

企业可应用 SCOR 模型建立标准的流程描述，并有效地评价其供应链流程；利用评价以及获得的最佳实施数据，优化它们的活动，并进行定量分析以提高某一流程可能带来的潜在利益；把适用的软件产品与标准的供应链流程进行匹配，判定该产品是否符合要求。

SCOR 模型是企业进行供应链战略开发和管理流程再造的最佳工具，取得了很好的效果。

二、基于系统工程思想的物流战略规划模型

物流作为一个复杂的社会经济系统，其系统要素间往往相互矛盾，存在非常强的交替损益或效益背反现象，如果处理不慎，就会出现系统总体恶化的结果。因此，做好物流系统的规划和设计，是保证物流系统良好运作的前提。

物流规划本身是一项系统工程，规划工作强调用系统的观点和思维方式分析和解决问题。系统工程思想是物流规划的重要思想基础。

1. 运用系统工程的方法论指导物流系统规划设计注意的问题

在运用系统工程的方法论指导物流系统的规划设计工作时，应注意以下几个方面的问题。

（1）牢牢把握全局观

把物流规划工作视作一个有机整体，将全局观、整体观贯彻到规划工作的各方面、各部分和各阶段，做好局部协调。在物流规划的过程中，各子系统的目标必须服从系统的整体目标，根据总体协调的需要确定最佳方案。

（2）坚持系统动态性原则

物流系统工程往往是大型复杂的实践过程，研究对象内部复杂的相互作用和外部的环境多变性，使物流系统工程本身呈现出动态特性。在物流规划的过程中，应把物流系统看作一个动态过程，分析系统内外的各种变化，掌握变化的特点、方向和趋势，采取相应的措施和手段，改进工作方法，提高规划和计划的效率，在动态变化中求得系统整体优化。

（3）坚持系统创造性思维原则

系统创造性思维的基本原则有以下两项。

第一，把陌生的事物看作熟悉的东西，用已有的知识加以辨识和解决。从这项原则出发，不只是对新的事物给予合理的解释，还可能给予新的解释，甚至创造出新的理论。

第二，把熟悉的事物看作陌生的东西，用先进的方法和原则进行研究，从而创造出新的理论和技术。创造性思维活动极为复杂，形式多种多样，常常是多种形式互相重叠交错在一起的。

所以，在物流规划的过程中，既要坚持调查研究、实事求是，做深入的研究分析，又要敢于跳出现实，善于从现有的归纳分析中抓住事物的本质、发展规律和方向；既要积极借鉴国内外物流规划的成功经验，又不能生搬硬套，而是在借鉴他人经验的基础上，结合实际情况，创造性地提出自己的规划方案。

一般来讲，物流系统规划应考虑以下内容。一是物流系统的范围和外部环境，这是物流系统的输入条件。在进行规划设计时，必须首先根据所要解决的问题，确定所设计的物流系统的范围、外部环境以及系统的接口。二是物流系统的目标任务，这是物流系统的输出结果。

2. 物流系统的目标任务

物流系统的目标任务通常包括：提高物流系统的承载能力以适应产量增长的要求；建设一个柔性的物流系统，以适应经常变化的市场；对生产过程中可能出现的各种意外情况或随机变化做出及时响应，保持均衡生产；改善劳动条件，减轻劳动强度；对物流系统中的货物进行实时跟踪；对物流系统的货物进行分类或选配，为随后的处理（加工或包装）

提供方便。三是提出各种可供选择的方案。四是评价物流系统的优劣。通常评价标准包括经济性、可靠性、可维护性、灵活性或柔性、可扩展性、安全性、劳动强度、易操作性、服务水平、环境保护和敏感性等。在具体评价某个方案时，可以根据各项评价标准的重要程度分别赋予权重，用加权平均的方法对各方案进行综合评价。

3. 物流系统战略规划工作的五个阶段

基于系统工程思想的物流战略规划模型是对物流系统战略规划工作过程的总体描述。以工作的时间维度为主线，可把物流系统战略规划工作分为以下五个阶段，如图 7-4 所示。

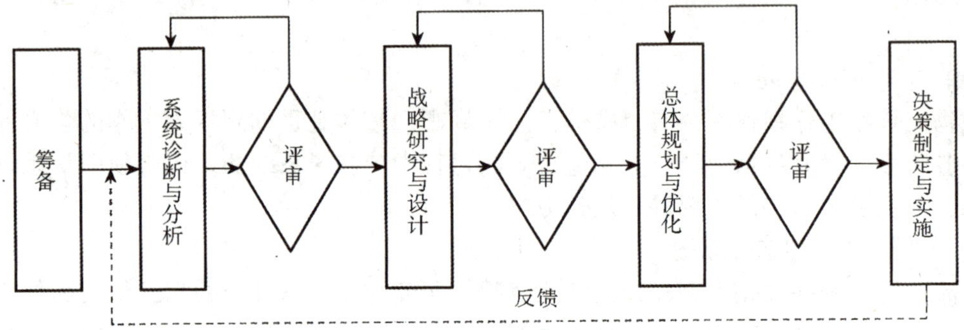

图 7-4　物流系统战略规划阶段

（1）筹备阶段

筹备阶段是整个系统规划与设计的起点，主要为规划做好准备工作，包括工程规划，理论与物资准备，设立组织领导机构，明确指导思想和基本原则，完成模型构思和系统状态描述，划分时空边界以及确立课题等。

（2）系统诊断与分析阶段

系统诊断与分析是物流系统战略规划的基础和关键，其主要作用如下。

① 系统诊断与分析作为一种决策工具，其主要目的是为决策者提供直接判断的依据和决定最优方案的信息和资料。

② 系统诊断与分析把研究对象视为系统，以系统的整体最优为工作目标，强调科学的推理步骤，使得所研究的物流系统中各种问题的分析均能符合逻辑和事物的发展规律，而不是凭主观臆断和单纯的经验。

③ 系统诊断与分析应用数学的基本知识和优化理论，使各种可行方案的比较不仅有定性的描述，而且大都能做定量评价。对无法进行定量描述的因素，运用直觉、判断以及经验加以考虑和衡量。通过系统诊断与分析，决策的科学性有较强的保障。

④ 系统诊断与分析在一定的条件下可充分挖掘物流系统的潜力，做到人尽其才、物尽其用。

系统诊断与分析阶段的工作就是要找问题、找制约因素、找根源、找优势、找潜力，以利于系统整改与提高，为战略研究（目标选择）和规划创造条件。此阶段一般采用定性与定量相结合的分析方法建立模型，并不断反馈、修改和完善，从广度和深度上对问题进行全面地认识，透过现象发现本质，保证系统诊断与分析的科学性和准确性。

系统环境分析是系统分析的一项重要内容。系统环境是指存在于系统周围与系统有关的各种因素的集合，通常包括自然、社会、国际、劳动和技术等方面的因素。一方面，系统环境对系统的运行产生重要影响；另一方面，系统与环境之间也会产生相互影响，促使系统状态不断发生变化。

（3）战略研究与设计阶段

战略研究与设计是系统规划设计的核心工作，其目的是在系统诊断与分析的基础上，运用战略的理论、系统工程的分析方法，提出物流系统发展的战略指导思想以及战略目标、模式、重点、步骤和措施，为规划工作指明方向。

战略研究与设计要特别注意三个方面的工作。

① 系统预测工作

由于预测结果直接指导目标设计，其科学性对物流系统设定的战略目标是否科学合理（既可实现又具有挑战性）有直接影响，因此预测工作应建立预测模型群，尽可能做到以定量分析为主。

② 目标论证工作

确定目标比执行目标更重要，确定战略目标是战略研究的核心。战略目标不仅要体现发展的需要，还应考虑目标实现的可能性。目标论证过程一般要充分考虑影响目标的各种因素，确定几个关键因素设定指标（指标应具有一定的弹性），形成几套方案，供领导决策时选择。

③ 发展模型研究工作

确定发展模型，首先要深入研究物流系统的战略思想、战略目标、战略重点和战略步骤，在此基础上，采用模型方法进行研究，把问题、目标层次化，分析确定最佳发展模式。

战略研究与设计阶段的工作步骤如图 7-5 所示。

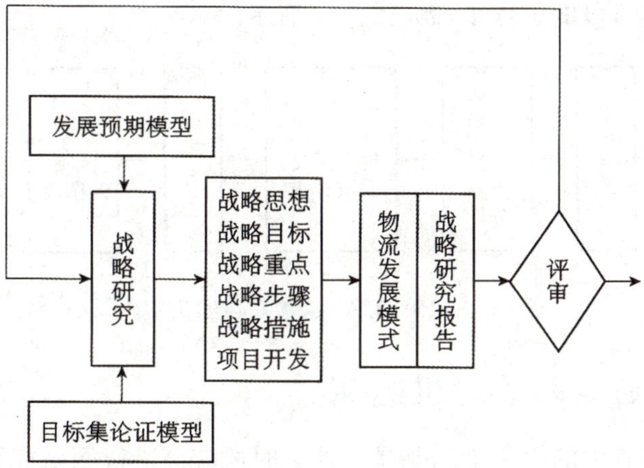

图 7-5　战略研究与设计阶段的工作步骤

（4）总体规划与优化阶段

总体规划与优化是在系统诊断与分析和战略研究与设计的基础上，对物流系统的发展模式做总体的规划设计及优化，包括系统的总体方案设计、子系统设计、重点项目设计等。在综合优化的基础上，提出总体规划报告。

总体规划应坚持总体性原则，运用多目标、多方案、多途径的方法，追求整体最优，并注意各子系统的互相协调和综合平衡。在系统诊断与分析过程中，部门与总体无明确的先后关系，通常是部门诊断与分析在前，总体诊断与分析在部门诊断与分析和模型分析的基础上进行。

在总体诊断与分析完成后，部门应根据总体诊断与分析结果，修正部门的诊断与分析。在研究发展战略的过程中，一般先提出总体发展战略，根据总体发展战略制定各部门的发展战略。在物流规划设计的过程中，部门规划与总体规划几乎是同时进行的，在不断反馈的过程中形成总体优化、部门协调的规划方案。

总体规划与优化阶段的工作步骤如图 7-6 所示。

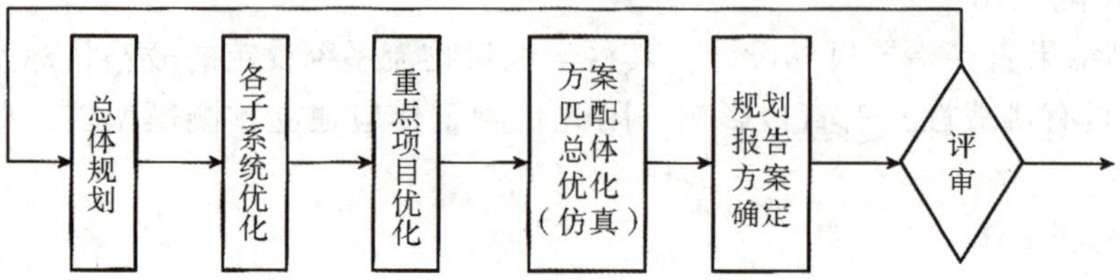

图 7-6　总体规划与优化阶段的工作步骤

（5）决策制定与实施阶段

此阶段的主要工作是对上一阶段规划设计出的多个方案进行综合评价，通过设立多个评价指标进行量化比较，分析各方面的期望效能以及可能带来的不良后果，从中选择较优方案，完成规划决策。

在方案确定后，应做好方案的组织实施工作。一般应形成较系统的规划文本，制作相关图表，制定实施计划和保障措施。在方案实施前，应对方案的规划指标进行分解，形成各部门的目标和各发展阶段的目标。

决策制定与实施阶段的工作步骤如图 7-7 所示。

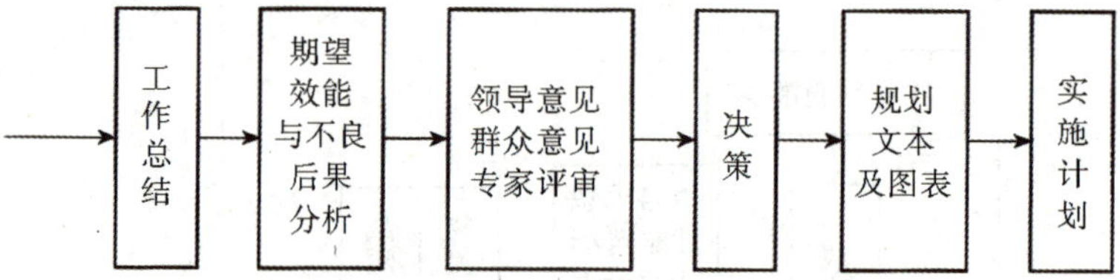

图 7-7　决策制定与实施阶段的工作步骤

三、物流战略规划的时机选择

物流战略规划过程中的第一个问题是，什么时候应该进行网络规划或什么时候应该重新规划。如果是新企业或新的产品品种，显然需要进行物流网络规划。然而在大多数情况下，物流系统已经存在，物流战略规划需要解决的问题是：应该修改现有网络还是继续运行原有网络。企业可以从以下五个方面入手对具体情况进行评估与审核。

1. 需求

需求的水平和需求的地理分布极大地影响了物流网络的结构，需求模式的巨大变化可能要求在需求增长比较快的地区建造新的仓库或工厂，而在市场增长缓慢或萎缩的地区，可能需要关闭（部分）设备。

2. 客户服务

客户服务的内容很多，包括库存可得率、送货速度、订单履行速度和准确性。随着客户服务水平的提高，与这些因素相关的成本会以更快的速度增长。由于竞争的压力、政策的调整以及制定的服务目标已与过去不同，物流服务水平发生了改变，因此，企业需要重新制定物流战略规划。但是，如果服务水平很低，变化的幅度也很小，那么只需在原来的基础上加以修订就可以了。

3. 产品特征

物流成本受产品重量、规格（体积）、价值、风险等影响很大。在物流渠道中，包装设计或产品的储运状态可以在一定程度上改变产品特征，并且改变物流组合中的某项成本，形成新的成本平衡点。当产品特征发生较大的改变时，重新规划物流系统可能是有益的。

4. 物流成本

企业在实物供给、分拨过程中产生的成本往往决定了物流系统规划的频率。生产高价值产品的企业由于物流成本占总成本的比重很小，可能并不关心物流系统规划是否最优；而对于生产工业化产品和食品的物流成本很高的企业，物流规划是其关注的重点，因为物流系统的点滴改进，都会引起物流成本的大幅下降。

5. 定价策略

由于价格政策决定了买方是否承担某些物流活动的责任，因此，商品采购或销售的价格政策发生改变会影响物流战略规划。供应商将出厂价格改为到货价格，意味着采购企业无须负责提供或安排内向物流。同样，定价策略也影响着商品所有权的转移或分拨渠道内运输责任的划分。

综合以上五个方面的评估与审核，企业选择物流战略规划的时机通常有以下几种情况，见表7-3。

表7-3　企业选择物流战略规划时机的几种情况

序号	几种情况
1	企业组织架构内部发生调整，如制造业企业对产品线和事业部进行调整，需相应地进行物流战略规划。此外，企业在与其他企业进行业务整合、并购或重组时，亦需从物流战略角度对整个物流系统进行重新设计，以适应新环境
2	企业外部环境条件发生重大变化，表现为物流系统服务范围、内容、对象组成及格局的明显改变，导致服务可靠性无法充分保证，对服务过程经济性带来严重挑战。因此，企业有必要重新制订物流战略规划
3	物流服务条件及方式出现新变化，为企业提升服务品质或降低物流成本带来契机。企业应对物流战略进行必要调整，或对物流活动及过程进行重组，以更好地应对环境挑战

四、供应链体系的设计策略

1. 供应链体系设计的基础

产品是任何经营活动或经营过程的产出或成果。产品的实体部分和无形部分构成了企业提供的总产品。产品的实体部分由重量、体积、形状和外形、性能、耐用性等特征组成；无形部分是产品的售后服务、企业信誉、为提供准确及时的信息（如运输货物跟踪）与客户进行的交流、满足客户个性化要求的灵活性，以及为更正错误而召回产品等。供应链体系的设计通常要考虑以下因素。

（1）产品分类

根据产品的使用者不同，供应链体系设计应反映出不同的使用模式。宽泛的产品分类对提供物流战略的思路很有价值，而且在很多情况下，产品分类还有助于理解为什么产品要按照某种方式供应或分拨，见表 7-4。

表 7-4　产品分类及特征

产品分类	产品细分	需求特点	分销网点	服务要求
消费品	便利品	购买频繁、直接	广泛分销、众多网点	可得性、及时性
	选购品	慎重选购、做比较	有限分销、存储点少	价格、质量、性能
	特殊产品	特定产品或服务	集中分拨	可得性
工业品	用于生产	供应商寻找买主		服务水平要求低

（2）产品生命周期

产品导入市场后，并不是立即达到最高销售量，也不会永远保持最高销售量。一般而言，随着时间的推移，产品会遵循销售量变化的模式，经历产品生命周期的四个阶段：导入期、增长期、成熟期和衰退期，如图 7-8 所示。在产品生命周期的不同阶段，实物分拨战略是不同的。

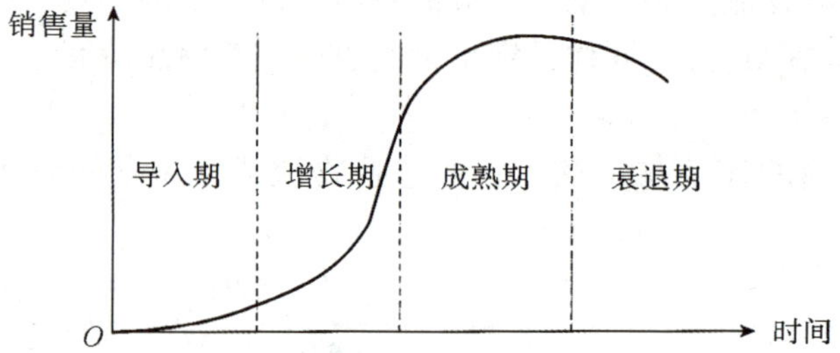

图 7-8　产品生命周期的四个阶段

在新产品投放市场之后，导入期随之开始。由于产品尚未广泛获得认可，销售规模相对较小。在这一阶段，实物分拨策略倾向于谨慎，库存控制在有限的地点，现货供应比例相对较低。若产品市场反响良好，销售量可能迅速攀升，进而进入增长期。在这一阶段，实物分拨计划尤为棘手，缺乏历史销售数据来确定库存水平或选择合适的存储点数量。在这一扩张阶段，分拨管理主要依赖管理人员的主观判断和控制。随着关注客户数量的增加，更多地区的产品现货供应率迅速提升。

增长期可能较为短暂，随后进入较长的成熟期，销售量趋于平缓或维持在峰值水平。由于销售波动减小，产品可纳入现有类似产品的分拨模式。此时，产品分拨渠道广泛，市场范围内运用大量存储点，现货供应率保持在适宜水平。

然而，受技术变革、竞争或消费者兴趣减弱等因素影响，多数产品销量会逐步下滑。为保持高效分拨，需调整产品运输和存货调度模式。在这一阶段，存储点数量减少，产品库存降低，存放地点更加集中。

产品生命周期现象会对分拨战略造成影响。物流人员应该时刻了解产品所处生命周期的不同阶段，调整分拨模式，以实现该阶段分拨效率最大化。

企业的物流问题是个别产品问题的总和。典型企业的产品系列包括处于产品生命周期不同阶段的各种产品。

根据帕累托法则，企业80%的销售额是由20%的产品系列创造的。如果根据销售情况对产品分组或分类，销售额在前20%的产品称为A类产品，其后30%的产品为B类产品，其余的产品是C类产品。针对每一类产品，企业可以采取不同的分拨战略。

（3）物流产品属性

影响物流战略规划的最重要的产品特征是产品自身的属性，如重量、体积、价值、易腐性、易燃性和可替代性。这些属性的不同组合会对仓储、库存、运输、物料搬运和订单处理提出一定的要求。

① 重量-体积比（密度）

重量-体积比是一个具有特殊意义的指标，与运输成本和仓储成本直接相关。重量-体积比高的产品，可以充分利用运输设备，其运输成本和仓储成本低。但重量-体积比低的产品，在运输设备达到载重量上限之前，其空间就已经被填满了。

随着产品密度的增加，仓储成本和运输成本占销售价格的比重会降低。

② 价值-重量比（价值密度）

所运输、存储产品的货币价值是制定物流战略的重要影响因素。存储成本易受产品价值的影响。价值-重量比低的产品，其仓储成本很低，如煤炭、铁矿石、沙子等，但运输成本占销售价格的百分比较高。由于库存持有成本是按产品价值的一定比例计算的，也是存储成本中的重要因素，因此较低的产品价值意味着较低的存储成本。运输成本则不同，是与重量挂钩的。价值-重量比高的产品，刚好与价值-重量比低的产品相反，其存储成本较高，但运输成本较低。

如果企业经营的产品价值-重量比低，通常会尽力争取优惠的运输费率。如果产品的价值-重量比高，通常会将库存降至最低。当然，也有企业通过改变包装要求和产品重量调整不利的价值-重量比。

③ 可替代性

如果客户觉得企业的产品与其竞争对手的产品区别不大或没有区别，该产品就是可替代性强的产品。在大多数情况下，物流人员无法控制产品的可替代性，又不得不为可替代性不同的产品分别制定分拨计划。产品的可替代性强，企业通常认为客户选择竞争性品牌的可能性较大，会导致供应商丧失销售机会。物流人员通常通过物流服务、仓储服务的选择或两者兼用，解决销售损失的问题。改进运输服务会降低销售损失。通过提高货物运送的速度和可靠性，可以减少客户购买替代品的可能性。当然，供应商要在快捷的运输服务所发生的较高运输成本与销售损失之间进行权衡。

④ 风险特征

产品的风险特征是指产品的易腐性、易燃性、贬值与爆炸的可能性和容易被盗等方面的特征。如果产品在上述一个或多个方面表现出高风险的特征，就会对分拨系统有一定的限制性要求，产品的运输成本、仓储成本的绝对值及其占销售价格的百分比就会很高。

2. 供应链体系设计的前提

（1）成本与服务的关系

一般情况下，客户服务水平与成本呈正相关，如图 7-9 所示，更多、更完善的客户服务意味着需要更多的人员培训和更严格的管理制度，有时还需要额外的设备投入和网络设施建设。因此，在提升客户服务水平的过程中，成本的增加常常成为首要问题，随后才能获得市场的认可并提高销售业绩。利润取决于收入与成本之间的差值，在不同服务水平下，所产生的差异构成利润曲线。物流系统规划的目标是根据这条曲线寻找最佳服务水平的平衡点。

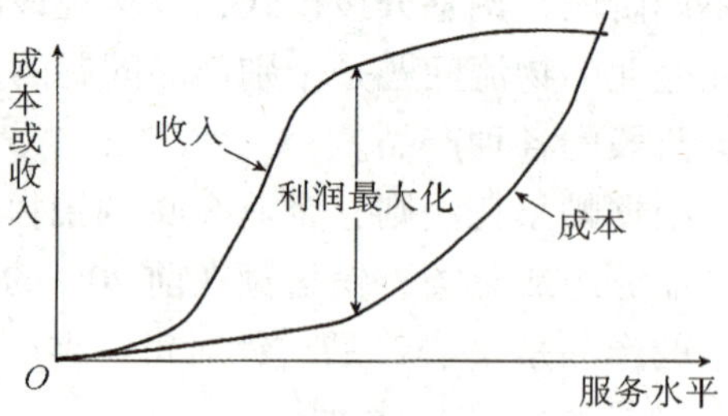

图 7-9　物流客户服务水平与成本的关系

（2）确定最优的客户服务水平

物流服务水平的提高有利于创造需求和扩大市场，但要达到一定的客户服务水平，一定的投入是必不可少的。物流服务水平的提高必然推动经营成本的提升。企业要平衡成本与收益，就要达到最优的服务水平。

一般认为，利润最大化是确定客户服务水平的决定因素。企业应首先确定不同水平的客户服务对销售收入的影响，然后计算给定客户服务水平下的成本，最后从销售收入中减去成本，盈余最大的点所对应的就是最优的客户服务水平。

3. 供应链体系设计的目标

在进行供应链设计时，核心应以产品为出发点，构建与产品特性及服务水平需求相契合的供应链体系。根据产品类型的差异，供应链设计有其特定要求。通常，产品可划分为两大类别：一类为创新性产品，具有高边际利润和不稳定需求；另一类为功能性产品，边际利润较低，但需求稳定。

功能性产品主要用于满足客户基本需求，其特性相对稳定，具有可预测的需求和较长的生命周期。为实现收益，降低生产成本成为关键目标。针对这类产品，供应链设计应侧重有效性供应链流程，主要体现在物理功能方面，即以最低成本将原材料转化为零部件、半成品、产品，并在供应链中完成运输。管理目标在于以最低成本满足可预测需求。

创新性产品生命周期较短，需求预测困难。企业可通过产品功能创新赢得消费者，进而实现高边际利润。针对这类产品，供应链设计应采用反应性供应链策略。反应性供应链主要体现在市场中介功能，即将产品分配至满足用户需求的市场，对未知需求做出迅速反应。管理目标为缺货、降价、库存最小化，供应商选择重点关注速度、柔性和质量，以成本和质量为核心，实现绩效最大化。

4. 供应链体系设计的方法

通过成本的核算和优化选择供应链的节点，找出最佳的节点企业组合，设计出低成本的供应链，从而形成基于成本的供应链设计策略。该策略的核心是，在给定的时间周期内，计算所有节点组合的供应链总成本，从中选择最低成本的节点企业组合，构建供应链。计算公式如下：

$$C(k) = min\sum_{t=1}^{T}\left\{\sum_{i\in k}\left[M_i(t) + L_i(t) + T_i(t) + U_i(t)\right]\cdot e_i(t)\cdot Pv_i(t)\right\}$$

式中 t——时间周期，假设供应链合作周期为 T，则 $t=1, 2, \cdots, T$；

i——节点序数，假设供应链由 k 个节点企业组成，则 $i=1, 2, \cdots, k$；

$M_i(t)$——物料成本函数，可以通过实际测算后获得。单位产品的物料成本随着累计产量的增加而降低，加工经验的积累和成品、零部件、产品设计、质量工程的改善都可能导致产品物料成本降低；

$L_i(t)$——劳动力成本函数，劳动力成本随累计加工产量的增加而使成本下降。可以通过实际测算获得；

$T_i(T)$——运输成本函数；

$U_i(t)$——设备和其他变动成本函数；

$e_i(t)$——当期汇率；

$Pv_i(t)$——净现值折算系数。

能够使总成本最低的节点企业组合就是最优的节点组合。由这些节点企业组成的供应链将会达到成本最小化的目的。

5. 基于产品的供应链设计的步骤

供应链设计的流程如下。

（1）分析市场特征，把握产品需求。主要分析面向哪些产品市场开发供应链才会有效，了解市场对产品的需求特点、产品的类型和产品的特征。主要手段是通过市场调查，获取买主、客户、竞争者的产品需求信息，充分掌握产品需求市场的特征。

（2）分析企业现状，了解存在的问题。着重研究供应链开发的方向，总结企业中影响供应链设计和管理的阻力和制约因素。如果企业已经有供应链管理，则应侧重分析现有供应链中存在的问题。

（3）针对问题提出供应链设计的项目，分析供应链设计的必要性。

（4）根据基于产品的供应链设计策略，提出供应链设计的目标。

供应链设计的目标见表 7-5。

表 7-5 供应链设计的目标

序号	目标
1	达到较高的客户服务水平，支付较低的运作成本
2	进入新市场
3	开发新产品
4	改善客户服务，提高客户满意度
5	降低库存，提高工作效率

（5）分析供应链的组成，提出供应链的基本框架。这里的分析主要包括：制造工厂、设备、工艺和供应商、制造商、分销商、零售商和用户的选择与定位，以及确定选择与评价的标准。

（6）分析与评价供应链设计的技术可行性。在可行性分析的基础上，结合企业的实际情况，为开发供应链提出技术选择的建议。这是一个决策过程，如果认为方案可行就继续下去，否则重新设计或终止设计。

（7）使用相应的工具、方法和技术设计供应链。

主要设计任务见表 7-6。

表 7-6　主要设计任务

序号	设计任务
1	确定供应链成员组成，如供应商、设备、制造工厂、分销中心等
2	确定原材料的来源，如备选供应商、供应地、材料价格、流量、运输方式等
3	生产设计，如需求预测、生产能力、产品生产计划与控制、产品成本、库存管理等
4	分销任务与分销渠道设计，如目标市场、备选分销商、运输、价格等
5	信息系统设计
6	物流管理系统设计

（8）检验并完善供应链。在供应链设计完成后，应通过一定的方法、技术进行测试检验或试运行，以便进一步发现问题并加以完善。在此基础上就可以实施供应链管理了。

学习完本项目的内容后，认真完成表 7-7 的实践清单。

表 7-7　实践清单

物流系统规划与设计实践	
实践任务	设计一个基于现实场景的物流系统，包括仓储、运输和配送等环节，并通过实践来验证系统的可行性和优化性能
实践目标	（1）理解物流系统的基本原理和设计要求； （2）掌握物流系统规划与设计的方法和工具； （3）了解物流系统中各个环节的流程和关键要素； （4）能够通过实践发现问题，并进行改进和优化
实践步骤	（1）选择一个具体的物流场景，例如某电商企业的商品仓储、运输和配送流程； （2）分析实践场景中的物流需求，包括仓储容量、运输距离、订单量等指标； （3）确定仓库数量、位置和规模，并设计合理的货物存放和管理策略； （4）确定运输方式（如陆运、海运、空运等），制定运输路线和计划，并考虑物流节奏控制等问题； （5）确定配送方式（如快递、配送站等），优化配送路线和时间窗口，并建立配送调度与追踪系统； （6）根据实施情况，适时调整和优化各个环节的设计和策略，不断提高物流系统的效率和性能
实践提示	（1）在设计物流系统时，要充分考虑实践场景中的特点和需求，例如货物特性、运输距离、订单量、时限要求等； （2）利用物流规划与设计的方法和工具，例如仿真软件、优化算法等，来辅助决策和优化设计； （3）在实施物流系统时，注意进行数据采集和监测，以便及时发现问题并进行改进； （4）与相关领域的专业人士进行交流和学习，获取更多实践经验和建议； （5）实践过程中要注重团队合作和沟通，充分发挥各个成员的专长，共同完成任务
实践总结	

完成以上实践后，认真完成表7-8的实践评价。

表7-8 实践评价

评价内容	分值	得分
沟通交流能力	25	
设计能力	25	
数据采集能力	25	
对需求预测与管理的掌握程度	25	
教师点评：		

项目小结

物流与供应链管理战略及规划是企业管理的重要环节，需要综合考虑企业战略、市场需求、竞争环境、技术条件、资源状况等多个因素。在供应链视角下，物流管理战略的制定需要从全局出发，结合企业实际情况，制定合理的战略目标。物流战略规划的内容包括确定战略目标、分析物流环境、选择合适的物流模式、制定物流系统布局等。物流战略规划的步骤包括明确规划背景、进行市场调研、制定战略方案、实施战略计划、评估战略成果。常见的供应链战略开发模型包括基于系统工程思想的物流战略规划模型和供应链体系的设计策略等。物流系统规划与设计的目的在于优化物流运作、提高物流效率、降低物流成本，并提升企业的整体竞争力。企业应根据实际情况选择合适的物流战略规划时机，并根据实际情况调整和优化供应链体系的设计策略。

思考练习

1. 物流战略规划主要解决哪几个方面的问题?
2. 物流系统规划与设计的目的是什么?
3. 供应链战略开发模型的作用是什么?

项目八

供应链与物流管理的绩效控制

项目导读

供应链与物流管理的绩效控制是企业管理的重要组成部分，旨在通过有效的绩效评估和控制机制，实现供应链和物流系统的优化和高效运行。绩效控制包括对物流成本、物流效率、客户服务水平、库存周转率等关键指标的监控和分析，以及根据实际情况进行调整和优化。通过有效的绩效控制，企业可以提高运营效率、降低成本、增强市场竞争力，并提高客户满意度。

学习目标

知识目标

（1）了解物流成本管理原则。

（2）了解毕马威模型。

（3）了解供应链企业激励的方式。

技能目标

（1）能够运用成本管理方法和技巧，识别和分析物流成本的关键因素，并制定成本控制策略。

（2）具备供应链绩效评价的能力，能够收集和分析相关数据，并评估供应链各个环节的绩效水平。

（3）能够应用毕马威模型，量化和评估供应链企业的绩效，发现改进机会并制定相应的策略。

（4）具备设计和实施供应链企业激励机制的能力，能够合理激励员工和供应链合作伙伴，提高整体绩效。

素质目标

（1）培养学生的数据分析和决策能力，能够基于数据和指标进行问题诊断和决策，以改善物流成本和供应链绩效。

（2）强化学生的团队合作和协作能力，能够与供应链各方合作，共同实施成本控制和绩效改进措施。

(3) 培养学生的创新意识和问题解决能力，能够提出和实施改进措施，推动供应链管理的创新和变革。

思政目标

(1) 强化学生的责任担当意识，认识到成本控制和绩效改进对企业经济效益和可持续发展的重要性。

(2) 培养学生的公平、公正、公开意识，设计和实施激励机制时注重平衡各方利益并维护正当竞争。

(3) 提高学生的社会责任感，在成本控制和绩效评价中考虑环境保护和社会效益。

案例导入

加拿大 Molson 公司的物流管理

Molson 公司作为加拿大资产超过 20 亿美元的顶级啤酒生产商，同时也是北美最大的酿酒厂。Molson 公司为确保在市场竞争中保持优势，不仅在酿造工艺和生产流程上不断引入创新技术和方法，同时在物流管理方面，积极采用新型科学化管理模式。其供应链管理策略的核心在于：利用高效通信手段以满足销售计划的需求。

公司总经理 Galardo 表示："为确保各啤酒品牌时刻保持适量供应，同时处理多渠道供应并保持八个酿酒厂生产稳定，我们需要全面掌握每日供应与需求量。在原材料供应方面，虽模式相对简单，但公司仍通过网络向全国各地的供应商发布生产需求预测及原材料库存预测，进而获取供应商的供应计划和预定发货时间表。"

产品的销售问题就复杂多了。原则上说，每个省设置一个主要的批发商，但各省的情况不尽相同，如魁北克省公司就拥有三级批发网分配其产品，即直接发货、批发中心和代理商。这些省级批发商有些将产品分配给本身系统的连锁店，而有些则将货物发送给地区的仓库，再由这些仓库把啤酒批发给独立商店。

销售和库存的地址被输入设在多伦多的总部的中央 IBMAS/400 计算机中，此主机与设在四大区（西区、东区、安大略和魁北克）的作为服务器使用的 AS/400 相连接，构成一个分布式的客户服务器网络。Molson 公司将网络叫做 link。主机用于市场预测、采购、制定生产计划 MRP 和销售计划 DRP 等方面的工作；服务器用于订货、收款、库存状态及采购控制等业务。

Galardo 认为：Link 系统的采用，正在为 Molson 公司赚得大量利润，这是因为，由于公司能更准确地制定供应计划，改善了与供应商的关系并降低了库存；并且由于能按照客户需求进行生产，供需之间的配合更为有效。所以，现在 Molson 公司已经能够做到既降低了货物脱销的危险，也降低了货物库存时间太长的风险。实际上，在实施了 Link 系统之后的第一年，它的生产成本大约降低了 6%。

这样，Molson 通过这种供应管理方式的改革，以恰当的时间、恰当的地点、恰当的数量、恰当的供应方式逐步扩展着市场，成为加拿大国内最大的啤酒供应商，并且靠着这套系统，将产品打入美国，现已成为美国的第二大啤酒进口商。

任务一　物流成本控制

在供应链绩效评价中，常用的指标是质量、成本、服务、可靠性、订货提前期等，而其中物流成本是供应链与物流绩效最直接的衡量指标。物流管理的目的就是为了降低物流总成本。

物流成本是指伴随着物流活动而发生的各种费用，是物流活动中所消耗的物化劳动和活劳动的货币表现。它涵盖了生产、流通、消费全过程的物品实体与价值变化所涉及的全部费用，包括从生产企业内部原材料的采购、供应开始，经过生产制造中的半成品、产成品的仓储、搬运、装卸、包装、运输及在消费领域发生的验收、分类、仓储、保管、配送、废品回收等所有的成本。

一、物流成本概述

物流成本

物流成本有狭义和广义之分，狭义的物流成本仅指由于物品移动而产生的运输、包装、装卸等费用。广义的物流成本是指生产、流通、消费全过程的物品实体与价值变化所产生的全部费用，具体包括从生产企业内部原材料的采购、供应开始，经过生产制造形成半成品、产成品过程中的仓储、搬运、装卸、包装、运输以及在消费领域发生的验收、分类、仓储、保管、配送、废品回收等产生的所有成本。具体来讲，物流成本的统计范围由四方面因素决定。

1. 物流成本的划分

企业在实践中发现，正确地划分物流成本并将其准确地计算出来，对物流运作效率的评价起着关键的作用。企业可以根据自身的物流管理特点，进行物流成本的划分、计算。通常对物流成本的划分有下列几种方式。

（1）按物流成本支出形式不同划分

按物流成本支出形式的不同，物流成本可分为本企业支付的物流成本和其他企业支付的物流成本两项。

① 本企业支付的物流成本

本企业支付的物流成本指企业在供应、销售、退货等阶段，因运输、包装、搬运、整理等发生的由企业自己支付的物流成本。

② 其他企业支付的物流成本

其他企业支付的物流成本指由于企业采购材料、销售产品等业务发生的由有关供应者和购买者支付的各种包装、发运、运输、验收等物流成本。

（2）按物流活动构成划分

按物流活动的构成，物流成本可分为物流环节费、信息流通费和物流管理费。

① 物流环节费

物流环节费指产品实体在空间位置转移时，各流经环节所发生的成本，包括包装费、运输费、保管费、装卸费及流通加工费等。

② 信息流通费

信息流通费指为实现产品价值交换，处理各种物流信息而发生的成本，包括与库存管理、订货处理、为客户服务等有关的成本。

③ 物流管理费

物流管理费指为了组织、计划、控制、调配物资活动而发生的各项管理费，包括现场物流管理费和机构物流管理费。

（3）按物流过程划分

按物流的过程，物流成本可分为供应物流费、生产物流费、销售物流费、退货物流费、废品物流费。

① 供应物流费

供应物流费是指企业为生产产品而购买各种原料、材料、外购件等所发生的运输、装卸、搬运等费用。

② 生产物流费

生产物流费是指企业在生产产品时，由于材料、半成品、成品的位置转移而发生的搬运、配送、发料、收料等方面的费用。

③ 销售物流费

销售物流费是指企业为实现商品价值，在产品销售过程中所发生的仓储、运输、包装及服务费用。

④ 退货物流费

退货物流费是指产品销售后因退货、换货所引起的物流费用。

⑤ 废品物流费

废品物流费是指因废品、不合格产品的物流所发生的物流费用。

2. 物流成本统计的影响因素

（1）物流成本的计算范围

物流成本的计算范围，即物流的起止问题。从广义物流的概念可以看出，物流的范围是相当大的，包括原材料物流、工厂内物流、从工厂到仓库及配送中心的物流、从配送中心到顾客的物流等。

（2）将哪几种物流活动作为物流成本的计算对象

运输、储存、装卸搬运、包装等多种物流活动中，将哪几种物流活动作为物流成本的计算对象问题。以所有的物流活动为对象计算出来的物流成本，与只以其中的运输、储存等部分活动为对象计算出来的物流成本是有很大差异的。

（3）把哪几种费用列入物流成本

运费、保管费等企业外部支付的物流成本，或人工费、折旧费、修缮费、燃料费等企业内部的费用支出，究竟将其中的哪一部分列入物流成本中进行计算，将直接影响物流成本的大小。

（4）企业运行机制对成本的影响

销售部门或生产部门决定着物流总成本的一大半，因此，销售或生产部门是物流成本的决定者。由于物流的结构在很大程度上受销售和生产部门的制约，而物流结构状态又是决定物流成本的最大因素，物流结构一经决定，一大半物流成本就确定下来了。

3. 物流成本控制的类型

物流成本控制包括事前控制、事中控制和事后控制。

（1）事前控制

事前控制是指依据物流费用的历史资料及企业现在所面临的客观情况，再结合管理人员的经验，对尚未发生的物流活动做全面预算，制定费用标准，即标准费用水平。

（2）事中控制

事中控制是指在一定的物流活动过程中，以标准费用水平来控制实际发生的费用水平，并提示差异及差异形成的原因。

（3）事后控制

事后控制则是指通过对差异及其形成原因的分析和研究，采取相应的措施，巩固成绩，克服缺点，实现对物流费用的有效控制，全面提高经济效益。

例如，若在一个期间结束后，发现实际退货物流费用高于标准的退货物流费用，物流部门就应该分析费用高的原因，比如产品质量降低、信誉受损、销路受阻，或有新的竞争者加入，而后把原因迅速反馈给有关部门（生产、销售部门等），以帮助改善这种状况，降低物流费用水平。物流费用的控制过程中要遵循全面控制原则、责权利相结合原则、节约原则、例外管理原则及目标原则。

二、物流成本控制

1. 物流成本管理原则

（1）从流通全过程来降低物流成本

对于一个企业来讲，控制物流成本不单单是本企业的事，即不能仅仅追求本企业物流的效率，而应该考虑从产品制成到最终用户整个供应链过程的物流成本效率，亦即物流设施的投资或扩建与否要视整个流通渠道的发展和要求而定。（2）提高对客户的物流服务来削减成本

提高对客户的物流服务是确保企业利益的关键。提高客户服务可以降低物流成本，但过度服务可能阻碍物流效益。例如，多频度、少量化经营的扩大，配送要求提高。不考虑客户产业特性和商品特性，一味追求次日配送或小单位化发货，会增加物流成本。因此，企业应在考虑客户和商品特性基础上，与客户充分协调，探讨配送和降低成本，以提高物流服务并降低成本。

（3）从信息系统角度管理物流成本

要在激烈的竞争中获得成本优势，企业需要与其他交易企业建立高效的交易关系。这需要借助现代信息系统，使物流作业和业务处理更加准确、迅速。此外，企业还应建立物流经营战略系统，通过网络传输订购意向、数量、价格等信息，让全过程的企业和部门共享利益。这可以应对各种需求，调整企业间的经营行为和计划，从而整体上控制物流成本。

（4）从效率化配送角度管理物流成本

企业要实现效率化的配送，需重视配送计划管理、提高装载率及车辆运行管理。通过构建配送计划信息系统，将生产商与批发商的配车计划与生产、进货计划相连，确保按客户需求生产与配送，并优化行车路线和数量，降低成本。在制定配送计划时，综合分析客

户进货条件和配送量，计算最佳装载率，降低成本。借助5G技术建立车辆跟踪系统，控制货物在途情况，提高车辆运行效率，削减成本。

（5）从物流外包角度管理物流成本

控制物流成本的一个重要方面是物流外包。它是利用企业外部的分销公司、运输公司、仓库或第三方货运人来执行本企业的物流管理或产品分销职能的全部或部分。一个物流外包服务提供者可以从规模经济、更多的门对门运输等方面实现运输费用的节省，并体现利用专业人员与技术的优势。

2. 物流成本管理策略

（1）物流成本控制策略

物流成本控制是对物流各环节发生的成本进行有计划、有步骤地管理，压缩不必要的成本，以达到预期设定的成本目标。

① 绝对成本控制

绝对成本控制是指把成本支出控制在一个绝对金额以内，从而节约各种成本支出，杜绝浪费。

② 相对成本控制

相对成本控制是通过成本与产值、利润、质量和服务等对比分析，寻求在一定的约束因素下取得最优经济效益的一种控制技术。相对成本控制扩大了物流成本控制领域，要求在降低物流成本的同时，注意与成本关系密切的因素，诸如产品结构、项目结构、服务质量水平、质量管理等方面的工作，目的在于提高控制成本支出的效益，即减少单位产品成本投入，提高整体经济效益。

（2）压缩物流成本策略

通过对物流与销售成本关联性的运用，可以采取两种物流合理化策略以降低成本。第一种，以调整客户服务水平为基础的物流合理化；第二种，在确保服务水平的前提下，提高物流活动效率以实现物流合理化。

从削减物流成本的角度来看，第一种方法效果更佳，但实施该方法需注意物流部门与销售部门之间的关系调整。第二种方法可在物流部门独立完成，但其合理化程度受限。实际操作中，从第二种方法入手，逐步过渡至第一种方法，更具可行性。为实现物流成本压缩，可采取如下措施：商流与物流分离，优化物流渠道；实施运输共同化，提高运输规模；设定合理库存水平；采用适宜的包装方式及科学的装卸作业。

3. 物流成本的核算

（1）物流成本核算的原则

为提高成本核算的质量，发挥成本核算的作用，成本核算时主要应遵循以下原则。

① 合法性原则

合法性原则指计入成本的支出都必须符合国家法律、法令、制度等关于成本支出范围和标准的规定，不符合规定的支出不能计入成本。所谓成本费用开支范围，是指哪些支出可计入成本，哪些支出不可以计入成本；所谓成本开支标准，是指可计入成本范围支出的数据限制。合法性原则有助于保证成本信息的合法性和有用性。

② 可靠性原则

可靠性包括真实性和可核实性。真实性就是指所提供的成本信息与客观的经济事项相一致，不应掺假，或人为地提高、降低成本；可核实性是指成本核算资料按一定的原则由不同的会计人员加以核算，都能得到相同的结果。可靠性原则是为了保证成本核算信息的正确可靠。

③ 相关性原则

相关性包括成本信息的有用性和及时性。有用性是指成本核算要为管理当局提供有用的信息，为成本管理、预测、决策服务；及时性是强调信息取得的时间。及时的信息反馈，可帮助及时地采取措施，改进工作；否则，提供的成本核算信息往往成为徒劳无益的资料。

④ 分期核算原则

企业为了取得一定期间所发生的物流成本，必须将生产经营活动按一定阶段（如月、季、年）划分为各个时期，分别计算各期的物流成本。成本核算的分期，必须与会计年度的分月、分季、分年相一致，便于利润的计算。

⑤ 权责发生制原则

权责发生制原则是指成本核算应以权责发生制原则为基础，对于应由本期成本负担的支出，不论其是否在本期已经支付，都要计入本期物流成本，不应由本期物流成本负担的支出，即使是在本期支付，也不应计入本期物流成本。

⑥ 按实际成本计价的原则

物流成本核算应遵循按实际成本计价的原则。企业在生产经营过程中所发生的各项费用，应当以实际发生数计入成本中；如生产经营所耗用的原材料、燃料、动力，都要按实际数量和实际单价计算成本。

⑦ 一致性原则

企业应当根据自己的生产经营特点和管理的要求，确定适合本企业的物流成本核算对象、物流成本项目和物流成本计算方法。物流成本核算对象、物流成本项目和物流成本计算方法一经确定，不得随意变更；如需变更，应当根据管理权限，经股东大会、董事会或经理会议讨论，并在会计报表附注中予以说明。

⑧ 重要性原则

重要性原则是指在物流成本核算过程中，应基于管理要求，区分主次，对于那些对物流成本有重大影响的项目应作为重点，力求精确；而对于那些不太重要的琐碎项目，则可以从简处理。

（2）物流成本核算的内容

物流成本核算的目的是更好地进行物流成本管理，它包括以下三个内容。

① 物流成本种类核算

成本种类核算要回答的问题是：在某一核算期内，企业发生了哪些成本？各是多少？成本种类核算是成本核算的第一步，它按成本种类，如工资、租金、折旧等，对每个价值损耗进行收集和分类。此外，对不能计入成本的所有价值损耗必须通过财务会计进行界定，以避免成本的错算。

② 物流成本位置核算

物流成本位置核算要回答的问题是：在某一核算期内，各个成本位置发生了哪些成本？各是多少？成本位置核算是在成本种类核算的基础上完成的，通过企业核算矩阵可将成本种类核算的结果分摊到相应的成本位置上，从而获得成本位置核算结果。

③ 物流成本承担者核算

成本承担者要回答的问题是：在某一核算期内，企业发生了哪些成本？为谁发生？各是多少？成本承担者核算，包括单位产品成本核算和企业经济效果核算。单位产品成本核算每个效益单位的成本，这需借助于一定的核算图来完成。企业经济效果核算从成本种类核算中获得核算期内的成本总量并与这一核算期所获得的效益相对比，以计算企业经济效果。

（3）物流成本核算的过程

物流成本的大小，取决于评价对象（物流活动的范围）和采用的评价方法等。评价范围和使用的评价方法不同，得出的物流成本也各不相同。计算物流成本的基本流程如下。

① 明确节流过程范围

作为明确物流过程范围，是指确定物流的起点与终点。通常所说的物流范围一般包括原材料物流和企业内部物流，即从工厂到仓库的物流，从仓库到顾客的物流这样一个广泛的领域。明确物流领域从哪里开始到哪里停止，才能确定物流成本的大小。

② 确定物流功能范围

确定物流功能范围是指在物流多种功能中，把哪些功能作为物流成本的计算对象。物流功能可分为包装、运输、保管、装卸、流通加工、信息流通、物流管理 7 种。

③ 确定计算科目范围

计算科目范围是指在计算物流成本时，把计算科目中的哪些项列入计算对象的问题。

（4）物流成本核算的方法

① 简单除法核算

采用这种方法不需将总成本分解为直接成本和间接成本，可用某一时期的总成本除以物流作业量得出单位产品的平均成本。这种简化的成本核算方法适用于大量业务的物流。每种作业的成本 K_S 可计算如下。

$$K_S=\frac{K_G}{X}$$

式中，K_G——某一期间的总成本；X——某一期间的物流业务量。

利用这一公式核算物流成本，要求在某一期间物流和正在作业的存量不能发生变化。

② 等效系数核算

如果各种产品的流通加工技术相似，各种产品的成本之间存在一定的关系，可以计算等效系数。以某一产品作为标准赋予其等效系数为 1，其他产品的等效系数可根据它们之间的关系计算出来。第 j 种产品的单位产品成本 K_{Sj} 可用下面公式计算。

$$K_{Sj}=\frac{K_G}{a_1X_1+\cdots+a_nX_n}a_j$$

式中，a_j 为第 j 种产品的等效系数。

③ 联合作业核算

在具体联合作业的物流中心中联合作业核算将作为除法核算的特殊形式适用。由于自然的或技术的原因，在物流过程中，不可避免地会出现各种不同的物流作业。要精确计算每一种联合作业的成本基本上是不可能的，但可以根据平均原则得出近似解，采用残值法，根据平均原则，主要产品的物流成本可用如下公式计算。

$$K_S=\frac{K_G-\sum\ (E_{VNj}-K_{WNj})\ X_{Nj}}{X_{HP}}$$

式中　K_S 为主要产品的单位物流作业成本；

E_{VNj} 为第 j 种物流作业的单位物流的净收入；

K_{WNj} 为第 j 种物流的单位流通加工成本；

X_{Nj} 为某一期间第 j 种物流的业务量；

X_{HP} 为某一期间主作业的业务量。

如果各种联合作业可以区分为一种主作业和其他多种副作业，则可以应用残值法。多种作业的净收入以及随后发生的加工成本必须是已知的。残值即为联合作业过程的总成本减去各种副作业的期间净收入，再加上各种副作业的后续加工成本。要想求得主作业的完全成本，还必须考虑管理和销售成本，这可以通过追加核算法求得。

④ 作业成本核算

作业成本法，亦称 ABC 成本法，是一种以作业为基础的成本核算方法。该方法的核心理念是将企业所消耗的资源根据其动因分配至各个作业，再将作业所汇集的作业成本根据作业动因分配至成本对象。其理论基础源于生产活动引发作业需求，作业过程消耗资源并产生成本，最终产品或劳务则消耗作业。在作业成本法下，成本计算程序主要分为两步：首先，将各类资源成本分配至各作业；其次，将各作业成本进一步分配至最终产品或劳务。

作业成本法以作业为核心，不仅能提供相对准确的成本信息，还能为改进作业提供非财务信息。通过作业这一纽带，作业成本法将成本信息与非财务信息有机结合，实现基于作业的成本分配、分析及管理。

4. 物流业绩评价体系

业绩评价从对物流活动实施分权管理开始，必须把整个物流过程划分为各种不同形式的责任中心，对每个责任中心，明确其权力、责任及业绩计量和评价方式，建立起以各个责任中心为主体，责、权、利相统一的机制，通过信息的积累、加工、反馈，形成物流系统内部严密的控制系统。具体包括以下几个方面。

（1）合理划分责任中心，明确规定权责范围

实施责任制度，首先要按照分工明确、责任分明、业绩考核的原则，合理划分责任中心。其次必须依据各个责任中心的特点，明确规定其权责范围，使每个责任中心在其权限范围内独立自主地履行职责。

（2）编制责任预算，明确各物流责任中心的业绩考核标准

制定责任预算，将物流活动的总体目标分解、落实并具体化至各物流责任中心，以此作为日常工作的依据和评价成果的基础标准。业绩考核标准应具备可控性、可计量性和协调性等特性，即考核内容仅限于物流部门能够控制的因素，考核指标的实际执行情况应能精确计量和报告，并能促使各物流责任中心在实现物流活动总体目标的过程中明确自身目标和任务，以达成整体与局部的统一。

（3）区分每个责任中心的可控与不可控费用

对各个责任中心进行的工作成果评价与考核应仅限于受其影响的可控项目，不能把不

应由它负责（如运输线路中断）的不可控项目列为考核项目。为此，要一一判别所发生的全部物流费用的责任归属，将责任分别落实到各个责任中心，再根据可控费用科学地评价各责任中心的业绩。

（4）建立健全严密的记录、报告系统

也就是要建立一套完整的日常记录、计算和考核有关责任预算执行情况的信息系统，以便为各责任中心的实际业绩提供可靠的依据，并能对责任中心的实际工作业绩起反馈作用。

（5）制定合理且有效的奖惩制度

也就是针对每个物流责任中心制定一套既完整又合理有效的奖惩制度，根据实际工作成果的好坏进行奖惩，做到功过分明、奖惩有据。

（6）定期编制业绩报告

通过定期编制业绩报告，对各物流责任中心的工作情况进行全面的分析和评价，并以此为依据实行奖惩，以促使各责任中心相互协调并卓有成效地开展物流活动，共同为最大限度地降低物流费用水平、提高经济效益而努力。

从以上分析中可以看出供应链物流管理会计是一种系统化、全过程的成本分析和管理，它考察的不仅仅是一般财务会计中所计量的物流成本，而是从不同的角度综合地分析物流成本，并且根据这种成本反映出来的情况进行供应链物流作业决策，最终进行物流成本的预算管理。

案例导入

供应商总运作成本评价

本案例是关于三家供应商总运作成本的比较评价。总运作成本包括价格、质量、交货期等方面的要素。这个比较分析来源于一个意大利中等机械制造企业的供应链。

1. 案例背景

该企业生产的机器上有一种零件需要从供应链上的其他企业购进，年需求量为 10 000 件。有三个供应商可以提供该种零件，它们的价格不同，质量也有所不同。另外，这三个供应商的交货提前期、提前期的安全期及要求的采购批量均不同。详细数据见表 8-1。

表 8-1　详细数据

供应商	价格/（元/件）	合格品率（%）	提前期/周	提前期的安全期/周
A	9.50	88	6	2
B	10.00	97	8	3
C	10.50	99	1	1

如果零件出现缺陷，需要进一步处理才能使用。每个有缺陷的零件处理成本为 6 元，主要是返工费用。

为了比较分析评价的结果，共分三个级别评价供应成本和排名：第 1 级：仅按零件价格排序；第 2 级：按价格+质量水平排序；第 3 级：按价格+质量水平+交货时间排序。

2. 供应商供货绩效及排序分析

首先按第 1 级即价格水平排序。排出的结果见表 8-2。

表 8-2　按第 1 级即价格水平排序

供应商	单位价格/（元/件）	排名
A	9.50	1
B	10.00	2
C	10.50	3

其次，按价格和质量成本的绩效排名。有缺陷的零件的处理成本可根据不同供应商的零件质量水平来计算。排出的结果见表 8-3。

表 8-3　按价格和质量成本的绩效排名

供应商	缺陷率（%）	缺陷费用/（元/年）	缺陷处理成本/元	质量成本/（元/件）	总成本/（元/件）	排名
A	12	1 200	7 200	1.70	9.50+0.72=10.22	2
B	3	300	1 800	0.18	10+0.18=10.18	1
C	1	10	600	0.06	10.50+0.06=10.56	3

最后，综合考虑价格、质量和交货时间的因素，评价供应商的运作绩效。交货期长短的不同会导致库存成本的不同。主要考虑下列一些因素：交货提前期、提前期的安全期、允许的最小采购批量、考虑缺陷零件增加的安全量（补偿有缺陷零件的额外库存）。

该企业用下列方式计算考虑提前期和安全的库存数量：

$$安全库存（SS）=K \cdot s \cdot \sqrt{LT+LTS}$$

式中　K——根据质量可靠性（95%）确定的系数，取 K=1.64；

s——标准偏差，在这里取 s=80，即每周的零件数量偏差为 80 件；

LT——交货提前期；

LTS——交货提前期的安全期。

下面以供应商 A 为例计算库存相关费用。给供应商 A 设定的安全库存为：

$$SS=（1.64\times 8\times \sqrt{6+2}）件=371 件$$

则库存物资的价值为：

$$371 件\times 9.50 元/件=3\ 575 元$$

供应商 A 要求的订货批量为 2 500 件，由订货批量引起的成本按下面的方法计算：

$$(2\ 500\div 2)件\times 9.50 元/件=11\ 875 元$$

用于预防有缺陷零件的成本是根据缺陷率和零件的总的库存价值计算的，即：

$$(3\ 575+1\ 875)元\times 12\%=1\ 848 元$$

综合以上结果，得到的数据见表 8-4。

表 8-4　得到的数据

供应商	提前期引起的库存价值/元	批量引起的库存价值/元	总库存价值/元	年缺陷零件造成的费用/元	实际总库存成本/元
A	3 525	11 875	15 400	1 848	17 248
B	4 352	25 000	29 532	881	30 233
C	1 377	1 050	2 427	24	2 451

与零件库存有关的维持费用，如库房租赁费、货物保险费等，按库存价值的25%计算（这个系数根据企业法的不同而不同）。计算结果见表8-5。

表8-5　计算结果

供应商	实际总库存价值/元	维持费用/元	单位零件成本/（元/件）
A	17 148	4 312	0. 43
B	30 233	7 558	0. 76
C	2 451	612	0. 06

根据价格、质量成本、交货期的综合评价结果见表8-6。

表8-6　综合评价结果

供应商	价格/（元/件）	质量成本/（元/件）	交货期成本/（元/件）	总成本（元/件）	排序
A	9. 50	0. 72	0. 43	10. 65	2
B	10. 00	0. 18	0. 76	10. 94	3
C	10. 50	0. 06	0. 06	10. 62	1

3. 结论

通过对3家供应商的供货运作绩效的综合评价，在价格、质量、交货时间及订货批量方面，供应商C最有优势，最后选择供应商C为供应链上的合作伙伴。

任务二　供应链绩效评价

随着现代企业物流和供应链管理的蓬勃发展，企业对物流服务和供应链管理服务的要求越来越高，也越来越急迫。如今绝大多数企业都已经意识到物流管理和供应链管理是企业提升竞争力的重要手段，也是企业实现经营绩效的有力方法。在这种状况下，合理控制和管理供应链物流绩效，通过体系化的绩效管理体系促使供应链物流的有效运作，成为供应链物流管理的重要方面。

供应链的绩效评价一般从三个方面考虑：一是内部绩效评价，二是外部绩效评价，三是供应链综合绩效评价。

一、供应链绩效评价概述

供应链各成员通过协调和信息共享，在供应链基础设施、人力资源和技术开发等内外资源的支持下，通过物流管理、生产操作、市场营销、顾客服务、信息开发等活动增加和创造的价值总和，即为供应链绩效。

现行企业绩效评价指标的数据来源于财务结果，在时间上有所延迟，不能反映供应链动态运营情况，而且现行企业绩效评价指标主要评价企业职能部门的工作完成情况，不能对企业的业务流程进行评价，不能科学、客观地评价供应链的运营情况。再者现行企业绩效评价指标不能对供应链的业务流程进行实时评价和分析，而是侧重于事后分析。当发现偏差时，偏差已成为事实，其危害和损失已经造成，往往很难补偿。基于此，供应链绩效评价指标体系应运而生。

供应链绩效评价存在于供应链从建立到消亡的全过程，在供应链中占有重要的地位是供应链管理的关键组成部分，它对供应链运行状态进行持续的监视和跟踪，为供应链决策者优化和调整供应链运行参数以及供应链业务流程发挥着关键的作用。

1. 供应链绩效评价的原则

随着供应链管理理论的不断发展和供应链实践的不断深入，客观上要求建立与之相适应的供应链绩效评价方法，并确定相应的绩效评价指标，以科学客观地反映供应链的运营情况。供应链绩效评价指标有自身的特点，其内容比现行的企业评价指标更为广泛，它不仅仅代替会计数据，同时还提出一些方法来测定供应链是否有能力及时满足用户或市场的需求。在实际操作上，为了建立能有效评价供应链绩效的指标体系，在衡量供应链绩效时应遵循如下原则。

（1）突出重点，对关键绩效指标进行重点分析。

（2）采用能反映供应链业务流程的绩效指标体系。

（3）指标要能反映整条供应链的运营情况，而不仅仅是反映单个节点企业的运营情况。

（4）尽可能采用实时分析与评价的方法，因为能反映供应链实时运营的信息要比事后分析有价值得多。

（5）采用能反映供应商、制造商及用户之间关系的绩效评价指标。

综上所述，评价企业绩效时应综合考虑企业供应链业务流程、供应链上下游各节点间的关系、供应链经济效益等方面，并分别为每个方面设定相应的评价指标。另外，企业绩效的评价和指标设定应根据具体的发展愿景和战略进行，因而不同企业（供应链）的评价侧重点和具体评价指标可以不同。

2. 供应链绩效评价的特点

供应链绩效评价应遵循的原则要求，评价指标主要揭示供应链整体运营状况及上下游企业间的运营关系，而非单独评估某一供应商的运营状况。以供应链中的某一供应商为例，若其提供的某种原材料价格较低，若仅孤立地评价该供应商，可能会认为其运营绩效良好。然而，若上层节点企业在选择原材料时，仅关注价格因素，而忽略加工性能，可能会导致生产成本增加。如此一来，原本因低价格节省的成本被额外产生的生产成本所抵消。因此，评价供应链运营绩效时，需兼顾该节点企业（或供应商）的运营绩效及其对上层节点企业或整个供应链的影响。

现有企业绩效评价指标主要基于功能，并不适用于评价供应链运营绩效。相反，供应链绩效评价指标应以业务流程为基础。

二、内部与外部绩效评价

1. 内部绩效评价

内部绩效评价主要是对供应链上的企业内部绩效进行评价。其常见的指标有：成本、客户服务、生产率、资产管理、质量等。

（1）成本

物流绩效的最直接的反映是完成特定运作目标所发生的真实成本。物流成本绩效的代表性指标是以总金额表示的销售量的百分比或每个单位数量的成本。表 8-7 列出了代表性的物流成本绩效指标，并分别列出了制造商、批发商和零售商使用各项指标的百分比。

表 8-7　物流成本绩效指标

绩效指标	按行业分类（%）		
	制造商	批发商	零售商
总成本分析	87.6	74.8	82.1
单位成本	79.7	63.8	79.5
销售量百分比成本	83.3	81.2	79.5
进界运费	86.0	80.0	87.5
出界运费	94.4	88.3	90.6
仓储费用	89.0	85.7	89.9
行政管理费用	80.0	79.1	76.7
订货处理	52.0	45.8	45.7
直接劳工	78.6	71.4	86.2
实绩与预算的比较	96.6	86.6	86.5
成本趋势分析	76.9	59.1	61.4
产品直接利润率	59.2	46.8	27.8

（2）客户服务

第二组常用的物流绩效指标是客户服务。这些指标考察了一个企业满足客户需要的相对能力。表 8-8 列出了常用的客户服务指标，并分别列出了制造商、批发商和零售商使用各项指标的百分比。

表 8-8　物流客户服务绩效指标

绩效指标	按行业分类（%）		
	制造商	批发商	零售商
填写速度	78.2	71.0	66.2
无现货	80.6	72.9	71.6
运送错误	83.0	78.9	81.9
及时发运	82.7	70.5	76.9
订货未付	77.1	69.2	58.7
周期时间	69.9	34.7	56.4
客户反馈	90.3	85.0	84.1
销售部门反馈	87.9	85.0	51.5
客户调查	68.8	51.6	58.9

（3）生产率

生产率是衡量绩效的另一个指标。但这个指标是不是最重要的，或者说是否为必需指标，还需在实际中加以研究。

生产率是系统用于生产某产品而给予的投入（资源）与产出（产品和/或服务）之间

的相对关系，通常用比率或指数表示。生产率指标有三个基本类型：静态的、动态的和替代的。如果一个既定系统的所有投入和产出都包括在生产率公式中，则是全因子静态生产率；反之，如果一个系统的投入和产出以一个时期的静态生产率与另一个时期的静态生产率比较，其结果就是动态生产指数，它是跨时间的。例如，$\frac{2023\text{年产出}/2023\text{年投入}}{2020\text{年产出}/2020\text{年投入}}$。

替代性生产率指标的因子并不是典型的包括在生产率概念内的，但却与之有着密切的关系，如客户满意度、利润、效果、质量、效率等。

表 8-9 列出了代表性的物流生产率指标，并分别列出了制造商、批发商和零售商使用各项指标的百分比。

表 8-9　物流生产效率绩效指标

绩效指标	按行业分类（%）		
	制造商	批发商	零售商
每个雇员发送的单位	54.8	53.1	61.4
每个劳工货币的单位	51.9	43.7	63.9
每个销售代表的订货量	38.7	51.7	15.5
与以往的标准对比	76.3	74.6	86.4
目标计划	76.2	69.2	82.1
生产率指数	55.8	44.9	56.3

（4）资产管理

资产管理的焦点在于为实现物流目标而对投入设施和设备的资本以及用于存货的流动资本的使用。物流设施、设备和存货是一个公司资产的重要组成部分，对批发商来说要占其总资产的 90%以上。资产管理指标着重对存货等流动资本的周转速度，以及固定资产的投资报酬率等进行衡量。表 8-10 列出了代表性的物流资产管理指标，并分别反映了制造商、批发商和零售商使用各项指标的百分比。

表 8-10　物流资产管理绩效指标

绩效指标	按行业分类（%）		
	制造商	批发商	零售商
存货周转	81.9	85.2	82.6
存仓成本	68.6	68.3	55.6
存货水平，日供应量	86.9	80.7	74.1
过时存货	85.7	79.7	73.1
净资产收益率	66.9	65.9	55.0
投资报酬率	74.6	74.8	67.9

（5）质量

质量指标是针对全过程评估的最主要的指标，它用来确定一系列活动的效率而不是个别的活动。然而，由于质量的范围大，所以很难加以衡量。表 8-11 列出了具有代表性的物流质量指标，并分别列出了制造商、批发商和零售商使用各项指标的百分比。从表中可以清楚地看出，只有少数厂商将质量看得比其他物流绩效特征更重要。

表 8-11　物流质量绩效指标

绩效指标	按行业分类（%）		
	制造商	批发商	零售商
损坏频率	67：4	44.7	60.8
损坏总货币金额	74.6	55.6	67.1
贷方追讨次数	75.7	68.9	67.5
客户退货数	77.1	69.0	63.9
退货费用	68.0	57.7	54.2

当今日益引起兴趣的衡量概念是“完善订货”。完善订货关注的是总体的整合物流厂商绩效，而非单个功能。它考察一张订单是否顺利地通过了订货管理的各个程序。从运作观察，完善订货应符合下列标准：完成所需的各项发送；根据客户申请的日期，允许发送偏差在一天之内；精确无误地完成订货所需的文件，包括包装标签、提单和发票；状态良好，即安装无误，外形正确，客户检查无损。

然而，有许多障碍影响着达到如此成功的水平，比如订货单进入错误、文字工作错误、发票错误、遗失信息（如产品编码）、延期发运、超额收费错误、不适用于订货项目、延期到达、客户折扣、赊账、未完成文字工作、支付手续错误、不能按期发运、提前到达、挑选错误、运输货损等。

2. 外部绩效评价

外部绩效评价主要是对供应链企业之间运行状况的评价。外部绩效评价的主要指标有客户满意度、最佳实施基准等。

（1）客户满意度

对客户满意度进行正规的衡量是向顶尖物流绩效攀升的一个重要的因素。客户满意度信息可以通过调查机构或系统的订货追踪获得。这种调查一般是询问一系列关于厂商和竞争者的绩效，或者专门就某一特定的订货询问。调查可以由厂商自己实施和管理，或由顾问公司、发运代理或由专业组织来负责。

（2）最佳实施基准

最佳实施基准也是综合绩效衡量的一个重要方面。越来越多的厂商应用基准，将自己的运作与相关行业和非相关行业的竞争对手和顶尖厂商进行比较。特别是一些制造商常在重要的战略领域将基准作为校正物流运作的工具。表 8-12 列出了一些关键的领域以及在每个领域中厂商使用基准的比例。

表 8-12　按领域和行业类型分的定基实施

定基领域	制造商	批发商	零售商
资产管理	36.6	30.3	24.3
成本	78.1	59.7	56.4
客户服务	84.8	53.7	40.3
生产率	57.5	41.5	46.8

续表

定基领域	制造商	批发商	零售商
质量	79.1	46.2	38.2
战略	53.0	27.8	39.2
技术	47.2	36.4	34.8
运输	56.3	44.4	60.5
仓储	51.1	51.5	57.9
订货处理	51.9	39.5	28.8
全部	59.6	43.1	43.4

企业常综合使用三种定基方法。第一种是使用公开出版物中的数据。这类数据较容易获得，但其公开的性质很难提供竞争的利益。第二种方法是对其行业内部或相关行业的非竞争性企业作私人定基，通过考察别的公司的指标、实施和程序，提高自身改进绩效的能力，这种双边的研究能提供有深度的知识，但不能提供特别广阔的视角。第三种方法是构建组织联盟，经常系统地共享风险基准数据。这种联盟需要更多的努力去维持，但通常较前面所述的两种方法更能提供重要的信息。

三、供应链综合绩效评价

根据供应链管理运行机制的基本特征和目标，供应链绩效评价指标应该能够恰当地反映供应链整体运营状况以及上下节点企业之间的运营关系，而不是孤立地评价某一个供应商的运营情况。

通常用于整个供应链的总体衡量体系包括四种类型的度量和监督内容。度量类型反映了对有效的供应链管理必须加以监督的绩效尺度。它按客户满意度/质量、时间、成本和资产分类，并对每一个质量体系，同时按结果和诊断进行监督。结果指标着重于总过程的结果，诊断指标着重于过程内的特定活动。

1. 客户满意度/质量

以结果为基础的客户满意度/质量的衡量包括完成完善订货、客户满意度和产品质量。完善订货是在规定的时间内，以准确的单证，在完美的情况下完成发送。

客户满意度可以通过以下因素来衡量。

（1）按委托日期或提前完成订货的百分比。

（2）担保费用，即以收入的百分比表示的平均担保成本。

（3）客户询问反映和解决时间。询问反应时间是从接到客户电话到合适的公司代表与其联系时的时间；询问解决时间是彻底解决一个客户询问需要的平均时间。

2. 时间

时间量度能测量厂商对客户要求的反应能力，是指从客户购买时到客户可用到产品时为止，需要多少时间。它包括按计划送入订单的时间、可装运的时间、送达客户的运输时间和客户接受的时间。对时间因素的考察可以从以下几方面入手。

（1）制定货物来源周期时间

如果没有存货，或存货只能满足部分订货，那么为获得一个可装运的产品所需的外部和内部的前置时间。

（2）供应链反应时间

认识到市场需求有较大转移的理论时间，发现、重新计划需求和以 20%的幅度增加生产的内部转化的时间。

（3）产品计划成就

完成产品计划的平均实际频率（±5%）。

3. 成本

供应链成本是第三个量度类型。单个成本元素包括总的供应链费用。表 8-13 列出了主要的用于追踪总的结果成本的因素。

表 8-13　供应链成本组成

成本类型	组成
订货完成成本	新产品投放和维持 客户订货产生 订单进入和维持 合同与项目管理 安装计划 订单完成 配送 安装 客户会计
原材料获取成本	货物管理和计划 供应商质量管理 运输费用和税收 应收款项 收入检查 部件工程 工具
总的库存运行成本	资本机会成本 跌价 保险和税收 过时
与物流有关的财务和管理信息系统成本	财务 管理信息系统 供应链物流支持成本

续表

成本类型	组成
制造劳动力 和库存成本	直接劳力 间接劳力 制造和质量工程 信息系统 残值和返修 折旧 租赁费用 工厂占有 设备维持 外在支持 环境

4. 资产

最后的量度集中在资产利用上。物流管理牵涉多种资产，包括库存、设施以及设备等，所以综合绩效度量必须融入一个资产维。资产量度基本上集中在特定资产水平支持下的销售水平。以结果为基础的资产量度测量现金到现金的周期时间、库存的供给天数，以及资产的绩效。测量现金利用有效性的“从现金到现金”周期时间，是将使用 1 单位货币获得的原材料，转化成为 1 单位货币的最终产品所需要的理论时间。“从现金到现金”的周期时间会因为获取原材料而发生的支付，或因迅速地向顾客交付而从顾客那里收到款项而增值。

库存供给天数可用以测量库存速度或周转量。供给天数被定义为按以现有活动水平为基础的工厂完成的货物和所有的营业区域完成的库存换算的销售的日历天数。这是因为，高速度的库存或周转会导致相对库存未增加的销售量的增长，意味着在没有附加运行费用的条件下也能获取附加利润。

对资产因素的诊断有以下几点。

（1）预测精确度：使用最近的三个月时间平均的产品预测精确度。

（2）库存过时：由于库存价值降低而招致的费用，用平均总库存价值百分比表示。

（3）能力利用：现在总的可利用能力的百分比，即现在的实际生产量除以 7 天运作、每天 24 小时取得的生产量。

案例导入

盒马鲜生的供应链创新

在审视新零售竞争的多元化视角中，除技术优势、大数据运用、人工智能系统应用以及配送能力等方面外，衡量一个新零售企业实力的重要指标便是供应链管理及创新能力。新零售竞争的序幕从供应链前端便已拉开。

谈及新零售领域的领军企业盒马鲜生（以下简称盒马），其卓越的供应链模式值得我们重点关注。盒马鲜生由原京东物流负责人侯毅创立，侯毅本身即为供应链领域的专家，这使得盒马鲜生的供应链管理更具看点。盒马鲜生提出“传统商超+外卖+盒马 App”的多元化业态，并创新性地提出5公里（现调整为3公里）范围内半小时送达的零售新概念，使每一家盒马单店的覆盖半径和销售效率实现了质的提升。为实现这一目标，盒马鲜生在供应链管理方面开创了诸多先河。

我国传统商超的商品来源主要有两种模式。一是联营，即供应商向商场提供商品进行销售，销售后双方按约定比例分成，此为联营倒扣分成；二是代销，即供应商向超市提供商品，由超市代为销售，销售后商场提取一定比例的分成，此为代销倒扣抽成。盒马鲜生则开创了真正考验商业企业的第三种模式：自采自营。自采自营可视为盒马供应链管理的核心内涵，以下便列举了盒马围绕自采自营所进行的供应链管理创新实践。

1. 大数据策略

盒马通过App和店内信息采集系统建立了完备的销售信息，包括顾客的购买行为和偏好等，从而指导采购计划和库存管理。

2. 供应链赋能

盒马通过与生产基地合作，控制损耗并确保产品鲜度和品质，优化流程、减少中间环节和降低成本。

3. 仓储物流共享

盒马通过与其他企业共享福利，如与菜鸟进行合作，提供物流配送支持。

4. 以门店为核心

盒马的物流设计从基地到门店，采用整托盘集约模式以减少成本和提高效率。

5. 调度智能化

盒马采用智能履约集单算法和智能调度系统，优化配送路线和门店库存管理，提高配送效率和顾客满意度。

通过上述措施，盒马能够实现准时送达、确保产品质量和鲜度、降低成本，并通过数据分析和智能化调度提高供应链效率和销售业绩。盒马的供应链系统将成为中国新零售的标杆，引发中国商业产业链全流程的变革。

任务三　毕马威模型

供应链管理体系的建立不仅仅是构筑一种协调性的生产管理、物流管理和信息管理体系，更是企业之间在文化、战略、体制上的重大变革和融合，没有后者，仅靠前者无法保证供应链管理能顺利发展，并产生明显绩效。

著名会计师事务所毕马威（KPMG）从企业内供应链和企业外供应链两个方面来说明供应链管理体系的组成，也就是说，真正有效的供应链体系应当是在企业内部各业务流程有机整合的状况下，再与其他企业进行融合或协作，以发挥整个产业链的整体绩效。因此，要构筑供应链体系，就应该在培育业务调整和管理能力的基础上，实现从内到外的发展。具体来讲，首先应该是将企业内的业务职能加以分解并逐渐延伸到企业间。所以，根据毕马威的研究分析方法，企业供应链管理体系的构筑首先是企业内业务流程的再造，其次是企业间业务流程的调整和能力整合。具体来讲，整个供应链管理的构筑流程分为如下几个阶段。

一、对传统组织结构的认识

实施供应链管理的第一阶段是对传统组织结构的认识。目前，大多数企业所采用的组织结构都是垂直型的，其根本特点在于以大量消费者为目标市场，通过大量生产和大量销售，以低成本和部门内的效率化作为战略重点，来获得竞争优势，实现战略目标。从这种组织形式的各职能看，物流、商品、店铺、财务、企划广告宣传、信息系统等职能是相互独立的，职能之间或部门之间存在着沟通的障碍，而且在管理权限上有严格的分工，即依靠一种金字塔状的组织和权力结构来管理企业，并做出相应的决策。这种组织结构下，不仅企业之间很难形成协调关系，而且部门之间的协调和管理也是摆在高层管理人员面前的一个相当大的课题。

二、企业内组织结构的变革

在充分理解传统组织架构和供应链运作的基础上，供应链管理的第二阶段目标是迅速、灵活地满足客户需求，对企业内部的整个组织体系和业务流程进行重塑。这一阶段的目的是通过整合和协调企业内各职能，以最大限度地满足客户需求，为发展企业间供应链奠定基础。为实现此目标，在具体业务管理中，不仅要对商品管理进行控制和协调，还需全面管理商品信息提供、适度促销策略与方法、合理定价、快速物流以及合理库存管理等业务流程。

为实现这一目标，首先要变革垂直型组织结构和企业运作方式，构建扁平化管理组织。通常，生产企业可考虑实施以客户为导向的项目团队，针对特定渠道或主要客户建立跨职能的网络结构。在每个项目团队中，原有企业的各项职能都得以保留，既有利于职能间的协调和综合管理，又有助于针对特定客户迅速、高效地进行商品开发和运作。目前，另一种流行的组织结构是按照商品类别建立项目团队，这种模式在零售企业中广泛应用。

1. 商品品类管理

商品品类管理在狭义上也称为店铺货架管理系统，全美食品业协会将其作为 ECR 的重要组成部分。其具体运作是将所有商品按照不同的类别进行划分，然后对各类别有针对性地进行组织、运作、评价等全方位的管理。例如，围绕清凉饮料这一商品类别，广告宣传、补货、商品陈列、销售促进以及与此相关的营销等活动都由项目小组来综合管理。商品大类经理的主要职责是制定商品计划、选择品种、进货、促销、补货等。这种组织形式的最大好处在于它有利于零售企业对单品实行全面控制，防止滞销品的产生，商品的经营和管理活动具有针对性。

这样，一方面生产企业采用以顾客分别为基础的项目小组，另一方面零售企业采用以商品类别为基础的项目小组，产业链中不同阶段、不同类型企业的经营绩效都能够得到提高，从而为日后企业间供应链的构筑奠定基础。否则，仅仅单个企业内部的效率化无法真正实现整体的效率化，这也是毕马威模型中强调组织内业务流程再造的根本原因。换句话说，如果产业链中的任何企业做不到组织内部的效率化，就无法通过企业间供应链的沟通来提高效率。

2. 标准 EDI 的采用

要提高企业内部经营效率，除了组织结构变革，还需在业务层次上创新。这涉及两方面：一是组织内部业务流程管理，即不同职能、部门间业务整合；二是企业间业务流程管理，涉及与外部企业业务往来。

目前，ERP 常用于组织内部业务管理，它整合客户需求、企业生产活动和供应商资源，体现供应链管理思想。组织间业务流程最初通过 POS 实现数据共享，后来广泛采用 EDI 实现业务整合。

在供应链第二阶段，企业间仅在业务层次上协调，这对各方都有益，降低生产和经营风险。标准 EDI 是组织内部效率化的重要标志，特别是 ASN 系统，能降低物流成本。具体应用中，零售商通过 EDI 向生产商、批发商订货，生产商或批发商在发货前将物流信息用 EDI 告知进货方。同时，在集装箱上贴条形码，便于零售企业安排人员和验货，提高物流效率。因此，EDI 广泛采用的是提高作业效率和构建供应链体系的必要条件。

3. 拉式供应链

在经营管理的目标上，这一阶段企业主要通过 POS 数据分析，及时把握消费者需求动向，开发满足大多数顾客需求的商品，并进行大量生产和销售。与推式供应链管理不同，这一阶段的供应链管理由消费者需求引导，即拉式供应链。企业分析不同地域、店铺的 POS 数据，识别差异化购买模式，制定相应的商品经营和管理政策。在订货和备货管理过程中，企业与生产商或物流服务提供商建立合作关系，共享 POS 数据，实现信息共享。生产方通过分析历史出货信息和 POS 数据预测需求，合理安排生产计划，同时根据销售情况合理配置物流中心和运输工具，实现有效的物流管理。

4. 信息共享

在第二阶段无论是零售业者还是生产商，为了满足不同地域消费者的差异化市场需求，就必须有宏观营销的观念，即在生产和销售的连接上，不仅实现 POS 数据的共享，而且要试图通过 EDI 的广泛实施，寻求整个业务流程的短缩化和快速化，以及所有业务信息的共享。一般 EDI 运用的范围包括从订发货、商品进货等到预先发货通知、新商品信息、销售促进信息、电子结算（EFT）等各种经营管理活动信息的交换与共享，这样不仅可以提高企业内的业务效率，其他企业也因为信息的共享而取得较好的绩效。因此，企业在第二阶段必须有信息共享的意识并为之付出努力。

5. 直接转运

直接转运的目的在于尽可能实现配送中心或店铺的零库存。以配送中心为例，货车到达进货地点后，尽可能及早完成开包、检查、分拣等活动，及时向出货环节移动，这样配送中心内商品在库的时间大幅缩短；同样在店铺，商品运达后尽可能直接上架，甚至进货时就已经完成货架设计，像货盘配送、衣架展示进货都属于这种类型，这样大大减少了商品经营管理费用，也消除了店内库存所产生的诸如商品风险增加、机会损失加大等一系列问题。当然，要实现直接转运就必须建立自动化的分销中心，该中心能对应不同的店铺实行库存管理，确定商品进出货的流程并实现自动补货，这时也需要建立和运用 EDI 特别是 ASN 系统。

6. 计算机辅助自动补货系统

除了直接转运外，还有一个需要推进的业务革新是计算机辅助自动补货系统（computer assistant reordering，CAR）。具体讲，就是企业的总部在充分掌握第一线经营信息的基础上，根据商品别归纳分析销售、订货、结算、配送中心内或在途商品、供应商过去的配送情况、缺货等各种信息，再根据安全库存水平，向店铺或一线部门发出补货的指令和建议，这样一线部门既能及时有效地供给商品，又能防止商品滞销，做到单品管理。显然，CAR 系统建立的关键在于通过 EDI 的确立实现信息共享，否则没有各种信息，仅仅根据安全库存标准来补货无法真正做到单品管理，因为补货的提前期和补货量必须在全面考虑销售、物流以及供应商情况等综合信息的基础上确定。

三、企业间业务流程的融合

在第二阶段企业之间虽然形成了战略联盟，但是从总体上看，这种合作的范围十分有限，即仅在部分业务层次上实现合作，因此不可能发挥非常大的供应链效应。而进入第三阶段就需要真正按照供应链管理的思想，以企业战略为核心，实现所有企业组织、战略和业务流程的全面结合。目前，从国际各产业的情况来看，能做到这一点的只有世界级的零售企业、食品制造业和汽车产业。

1. 沃尔玛式的信息共享

在第三阶段，企业之间的信息共享不是部分信息的共享，而是信息的全面共享，通过这种全面的信息共享，最终可实现企业之间高效率、协调化的经营和管理。处于这一阶段的典型企业就是沃尔玛，可以说它已逐步向第四阶段发展。

沃尔玛的信息系统中，核心地位当属其庞大的数据库，通过这一数据库，沃尔玛长期累积了众多与顾客消费相关的数据。这些数据主要包括过去 65 周各类单品、各个店铺、各个时期的销售数据，同时还涵盖当前时刻不同店铺、不同单品的库存数据，配送中心内的信息，运输途中的数据，退货记录以及商品补货订货所需的信息等。据资料显示，沃尔玛的数据库容量已高达 100 000 GB，其计算机中心的规模堪比一个体育馆。凭借先进的数据库技术，沃尔玛实现了对旗下 6 万件标准店单品、10 万件超市中心单品以及全球范围内 4 000 多家店铺的全面信息管理，所有这些信息均根据不同标准进行趋势分析、库存分析和顾客分析。

2. 合作文化的形成以及互联网的全面采用

在第三阶段，需要构筑一种企业之间相互信赖、相互协调的企业文化，在此基础上推动跨越企业界限的团队活动，即由参与企业共同来对供应链全过程的活动予以管理和控制。

从方法和工具上讲，企业之间共同管理活动的实现是通过互联网技术进行的，因此，企业内部网和企业间互联网的全面采用的第三阶段的必要手段，否则信息共享、共同预测和共同计划就无法实现。除此之外，还有一个问题是值得关注的，即供应链管理系统和软件环境的标准化，没有这一条件，企业之间就很难有效地进行沟通和互动，难以实现乘数效应。因此，产业标准的制定是第三阶段一个很关键的问题。

3. 针对性营销的实施

在第三阶段所表现出来的一种营销范式是企业根据顾客数据分析和宏观市场分析，切实地把握消费者的动向，并将这种对消费者动向的把握及时转化到整个供应链运作中，形成确定的商品和消费者群体，结果供应链与供应链之间的竞争日益激烈，消费者之间的分化愈益明显，这要求企业的各种营销活动必须针对特定的顾客群体来进行，实现实效营销。

四、实现价值网络

供应链发展的第三阶段主要是特定产业链中企业之间的合作，而第四阶段则是为了实现整个产业效率的最优化，形成和发展价值网络。在这个网络中的虚拟企业本身可能就是一个小型网络，它进一步融合其他网络和没有形成供应链体系的单个企业，共同构成价值创造的综合网络体系。这种价值网络的一个最大特点是它能有效地响应多样化的顾客需求，并在最短的时间内对不同的顾客需求做出反应。小型网络之间或者小型网络与单个企业之间有时是一种竞争关系，有时又是一种合作伙伴关系，这样始终保持着一种灵活、动态的联盟关系。

在价值网络的形成过程中，必须注意以下几点。

1. 核心企业或价值网络中的关键性企业必须具备卓越的核心能力

由于价值网络本身具有动态性和易变性，因此，如果特定企业不具备长远的核心能力，就有可能被排除在价值网络之外，从而丧失发展的机遇。正如我们前面探讨供应链发展过程中的问题时所指出的那样，如果企业不具备长远发展和革新的能力，就有可能使建立的供应链体系或价值网络最终崩溃。

2. 企业必须培育能对任何不确定性做出敏捷反应的能力

这种能力突出地反映为企业能根据市场的变化和顾客需求的变化，在最短的时间内调整业务流程、物流、营销和生产管理，真正做到一对一的定制化经营（即在最短的时间内生产出符合顾客特定需要的商品，并将商品配送到顾客手中）。

3. 积极推动非核心业务的外包

外包是解决企业自身能力和资源不足的有效方法，它通过企业之间业务的合作来共同创造价值，既降低了企业的风险和费用，又提高了价值网络对市场的敏捷反应能力。因此，外包在供应链管理中已经成为一种重要的战略工具。

知识拓展

现金流量周期模型

现金流量周期是当今企业供应链运作绩效测评的一种重要工具和手段，其基本思想是单位货币从原材料投入市场价值实现的周期时间，这一工具所揭示的含义涉及整个供应链活动的全过程，不仅包括企业内部的各种作业活动，如采购、仓储、生产、分销等作业，而且也涵盖了企业外部的经营行为，如客户服务等活动。可以根据库存商品所产生的收益周期来进行计算。一些学者认为现金流量周期能够帮助企业建立良好的绩效检验工具或矩阵，以优化企业的供应链物流行为，确立优化的商业运作模式。现金流量周期已经为一些先进企业所采用，并取得了良好的效果。

现金流量周期模型是一种用于分析和管理现金流量的方法。它主要侧重于预测和优化现金流在一个特定业务周期内的动态变化，以帮助企业更好地管理资金，并确保其健康地经营。

现金流量周期模型一般包括以下几个阶段。

1. 采购阶段

该阶段涉及企业进行原材料、设备、库存等采购的过程。这会导致现金的流出，并为生产和运营做准备。

2. 生产阶段

在这个阶段，企业将进行原材料的加工和生产。这涉及成本支出，包括工资、能源费用等，同时还需要关注生产效率和质量问题，以确保产品能够按计划交付。

3. 销售阶段

在销售阶段，企业将产品推向市场，并实现销售收入。这会导致现金流入，但需要注意市场反应、竞争、销售渠道等因素。

4. 运营阶段

在运营阶段，企业将根据销售需求进行生产和交付，并在此过程中管理供应链、控制成本、遵循供应商和客户的付款周期等。

5. 收款阶段

最终，企业将收到来自客户的付款，作为销售的回报。这将产生现金流入，并对现金流的净现值产生重要影响。

现金流周期模型的关键目标是优化现金流的管理，确保企业在不同阶段都能维持健康的现金流动性。通过合理预测和管理现金流的时间和规模，企业可以更好地应对突发事件、投资需求、资金调配等方面的挑战，并提高财务运营的稳定性和可持续性。

需要指出的是，现金流量周期模型是一个基于周期性业务活动的简化模型，实际的现金流量可能会受到多种因素的复杂影响。因此，在应用模型时，应结合实际情况进行调整和优化，以满足企业的具体需求。

任务四　供应链企业激励机制

企业犹如个体，具备需求、行为、动机、目标、心理活动以及惰性等特质，同样需要激励。供应链激励是供应链管理的核心环节。供应链涵盖组织层（即供应链层）、企业层和车间层等三个层面，激励对象包括供应链本身、成员企业、企业管理层以及全体员工。其中，管理层和员工的激励属于企业激励机制范畴，因此，供应链激励主要关注供应链环境下的成员企业。

供应链企业的激励过程可参照传统的激励过程模型进行描述。供应链激励机制涉及激励对象（又称激励客体、代理方）、激励目标、供应链绩效评估（包括评价指标、指标评估和考核评价）以及激励方式（正激励和负激励，物质激励、精神激励和情感激励等）。实际上，根据供应链激励的特性，还隐含着两个要素：供应链协议和激励者（又称激励主体、委托方）。对激励主体的实质进行考察，是为了明确实现激励行为的角度和目标。

一、供应链协议

供应链激励需要一个好的规则来评判好与坏。供应链协议充当了这个角色。供应链协议是将供应链管理工作进行程序化、标准化和规范化的协定。供应链协议为激励目标的确定、供应链绩效测评和激励方式的确定提供基本依据。

供应链协议是根据供应链产品生产模式的特点，结合 GATT（《关税和贸易总协定》）、ISO9000、EDI、TCP/IP 等多方面知识，将供应链管理工作程序化、标准化和规范化，使供应链系统能有效控制、良好运作、充分发挥功能。简单地讲，供应链协议就是在一系列标准（供应链协议标准，简称 SCP 标准）的支持下，拥有许多条目的文本（供应链协议文本，简称 SCP 文本），并且这些文本固化于一个网络系统（供应链协议网络系统，简称 SCPnet）中。供应链协议强调供应链的实用性和供应链管理的可操作性，重视完全信息化和快速响应的实现。供应链协议的内容分为以下三部分。

1. 供应链协议文本

供应链协议文本是供应链管理规范化、文本化、程序化的主体部分，包含 10 项内容，见表 8-14。

表 8-14　供应链协议文本包含的内容

序号	内容
1	定义
2	语法规范
3	文本规范
4	供应链的组建和撤销
5	企业加入供应链的条件、享受权利、应担风险以及应尽义务
6	供应关系的确立与解除
7	信息的传递、收集、共享与发布
8	供应、分销与生产的操作
9	资金结算
10	纠纷仲裁与责任追究

2. 供应链协议标准

供应链协议标准包括产品标准、零配件标准、质量标准、标准合同、标准表单、标准指令、标准数据、标准文本以及供应链协议网络系统标准等。

3. 供应链协议网

供应链协议网分为硬件和软件两部分。硬件为 Internet/Intranet/Extranet、客户机、工作站、网管中心。软件为数据库、网络系统、供应链协议网支撑软件。

二、激励的方式

通常的供应链激励方式有以下几种。

1. 价格激励

在供应链环境下，各个企业在战略上是相互合作的关系，但是各个企业的利益不能被忽略。供应链的各个企业间的利益分配主要体现在价格上。价格包括供应链利润在所有企业间的分配、供应链优化而产生的额外收益或损失在所有企业间的均衡。

价格激励能增强企业的积极性，但也隐含着一定的风险，这就是逆向选择问题。即制造商在挑选供应商时，由于过分强调价格，往往选中报价较低的企业，而将一些整体水平较高的企业排除在外，结果影响了产品的质量、交货期等。

2. 订单激励

供应链获得更多的订单是一种极大的激励，在供应链内的企业也需要更多的订单激励。一般地说，一个制造商拥有多个供应商，多个供应商竞争来自制造商的订单，多的订单对供应商是一种激励。

3. 商誉激励

商誉是一个企业的无形资产，对于企业极其重要。商誉来自供应链内其他企业的评价和在公众中的声誉，反映企业的社会地位（包括经济地位、政治地位和文化地位）。企业应该从长远发展的角度出发，重视商业信誉，提高自身的代理水平和合作水平，培养良好的合作精神，使企业获得更多的订单。

4. 信息激励

在当今信息时代，信息对企业意味着生存。信息对供应链的激励应该说是一种间接的激励模式，但其激励作用却不可低估。供应链企业群体中利用信息技术建立起信息共享机制，给企业获得信息带来了便利，企业能快捷地获得合作企业的需求信息，并采取相应的措施提供优质的服务，以提高合作方的满意度。信息激励机制的提出，也在某种程度上克服了由于信息不对称而使供应链中的企业相互猜忌的弊端，消除了由此带来的风险。

5. 淘汰激励

淘汰激励是一种负激励，它在供应链系统内形成一种危机激励机制，让所有合作企业都有一种危机感。对于优秀的企业，淘汰弱者使其获得更优秀的成绩；对于业绩较差者，为避免被淘汰的危险它更需要上进。这样一来，企业为了能在供应链管理体系获得群体优势的同时自己也获得发展，就必须承担一定的责任和义务，对自己承担的供货任务，从成本、质量、交货期等负有全方位的责任。

6. 新产品/新技术的共同开发

新产品/新技术的共同开发和共同投资也是一种激励机制，它可以让供应商全面掌握新产品的开发信息，有利于新技术在供应链企业中的推广和开拓供应商的市场。

7. 组织激励

一个组织良好的供应链对供应链及其内部的企业都是一种激励。减少供应商的数量，并与主要的供应商和经销商保持长期稳定的合作关系是制造商采取的组织激励的主要措施。有些企业对待供应商与经销商的态度忽冷忽热，零部件在供过于求时和供不应求时对经销商的态度两个样，产品供不应求时对经销商态度傲慢，供过于求时往往企图将损失转嫁给经销商。这样就会得不到供应商和经销商的信任与合作。产生这种现象的根本原因，还是由于企业管理者的头脑中没有建立与供应商、经销商长期的战略合作意识，管理者追求短期业绩的心理较重。如果不能从组织上保证供应链管理系统的运行环境，供应链的绩效也会受到影响。

案例导入

九州通：打造全产业链的智能化医药供应链服务大平台

九州通医药集团股份有限公司（简称九州通）连续多年位列中国医药商业企业第4位，2019年含税销售收入超过1 100亿元。在新冠疫情暴发后，作为湖北省防控应急物资统一采购储备企业之一，九州通充分发挥自身丰富的上下游客户、健全的医药行业供应链体系、专业的物流信息技术、强大的营销配送网络等优势，以及覆盖全国的B端、C端电子商务与互联网平台，动员全集团员工奋战在抗疫前线，先后投入资金40余亿元，采购1.5亿件（盒、套）抗疫物资，有力地保障了武汉乃至全国的各种防疫物资和药品的供应。

疫情防控期间，九州通利用B2B电商平台，紧急上线电子合同、电子发票、电子证照、电子报告单等功能，减少人员接触，提升交易和服务效率。湖北药店在该平台上的在线采购同期增长超过100%。智药通App平台为供应商提供产品库存、购销数据和客户铺货数据的管理，供应商可随时自助开具销售单，管理市场人员的日常工作等。

得益于多年来构建的医药供应链服务平台体系，疫情防控期间，九州通有力地保障了武汉乃至全国的各种防疫物资和药品的供应。

九州通集团供应链的基本模型如下。

（1）集团内部实行全员管理一体化

管理规则、管理系统、物流系统全国统一，真正做到内部二级公司（省级）、三级公司（地市级）、配送站的协同，提升各级公司管控的严谨性，降低经营风险。

（2）集团外部通过信息平台建立与供应商、B2B电商的高效协同

具体而言，九州通集团以B2B和智药通App为核心，实现从厂家（F端）到九州通（大B端）到零售商（小B端）到消费者（C端）的FBBC平台的连通。

连通小B端的是云药店和云医疗，覆盖了零售终端单店客户、中小零售连锁客户、小型代理商客户、非公诊疗客户（民营医院和诊所），核心服务是智能采购决策、智能库存控制、大数据会员动销。

延伸到C端的是B2C和O2O平台，基于O2O的一小时送达体验、更实惠的综合购买成本和日常健康资讯与咨询服务，帮助好药师和药店对接C端的健康医药消费目标人群。

与上游供应商之间通过智药通App来实现市场管理平台、营销协同平台、采购协同平台的协同。与下游九州通物流和第三方物流通过物流集成调度平台提供的物流信息服务进行协同。

学习完本项目的内容后，认真完成表8-15的实践清单。

表 8-15　实践清单

物流成本控制与优化实践	
实践任务	假设你是一家电子产品制造公司的物流经理。公司近期面临物流成本上升和效率低下的问题，因此你被委托负责物流成本控制的实践项目。你的任务是对现有物流流程和成本进行分析，并提出具体的成本控制和优化方案
实践目标	（1）熟悉物流成本控制的概念、方法和工具； （2）掌握分析物流流程和成本的技巧和方法； （3）能够提出有效的物流成本控制和优化方案； （4）培养团队合作和解决问题的能力
实践步骤	（1）收集公司的物流数据，包括运输、仓储、包装等方面的成本； （2）地图绘制物流流程，标记出各个环节的成本和时间消耗； （3）分析物流流程中可能存在的问题和瓶颈，如高库存费用、交通拥堵等； （4）根据分析结果，确定成本控制和优化的目标，如降低成本、提高效率等； （5）设定具体的指标和目标，如降低运输成本 10%、提高出货准时率等； （6）针对各个环节的问题，提出具体的改进方案，如优化运输路线、减少包装材料使用等； （7）基于成本效益分析，选择最合适的方案实施，并估算潜在的成本节约和效益； （8）协调相关部门和合作伙伴，推动成本控制方案的实施； （9）设立监测指标和评估体系，定期跟踪和评估成本控制效果； （10）根据实际情况，及时调整和优化成本控制方案
实践提示	（1）在收集数据时，确保数据的准确性和完整性； （2）实施成本控制方案时，与相关部门和合作伙伴保持良好的沟通和合作； （3）注意综合考虑成本和效率的关系，避免盲目追求成本降低而牺牲服务质量； （4）鼓励团队成员提出创新的成本控制和优化方案； （5）关注可持续发展，考虑环境和社会责任
实践总结	

完成以上实践后，认真完成表 8-16 的实践评价。

表 8-16　实践评价

评价内容	分值	得分
绘图能力	25	
协调能力	25	
团队合作能力	25	
对物流成本控制的掌握程度	25	
教师点评：		

项目小结

物流成本是绩效控制的重要方面，包括运输成本、仓储成本、人力成本等。有效的物流成本控制可以提高企业的经济效益。供应链绩效评价是对供应链和物流系统的综合评估，包括内部绩效评价和外部绩效评价。内部绩效评价关注企业内部流程的优化和整合，外部绩效评价则关注供应链与合作伙伴的协同效应。企业需要建立有效的供应链综合绩效评价体系，以全面了解供应链和物流系统的运行状况。

传统组织结构是供应链管理的基础，但在新的竞争环境下，企业需要认识到传统组织结构的局限性，积极推动企业内组织结构的变革，以适应新的业务需求。同时，企业间业务流程的融合也是实现高效供应链的重要途径。通过实现价值网络和建立供应链协议，企业可以更好地协调和优化供应链流程，提高整体竞争力。激励的方式对于绩效控制也非常重要，企业需要建立有效的激励机制，以提高员工的工作积极性和效率。

思考练习

1. 物流成本统计的影响因素有哪些?
2. 企业常综合使用定基方法有哪些?
3. 供应链企业激励的方式有哪些?

项目九

电子商务下的供应链与物流管理

项目导读

在电子商务环境下，供应链与物流管理面临着新的挑战和机遇。电子商务通过互联网技术实现了企业间的在线交易和信息共享，使得供应链管理更加透明化和实时化。物流作为供应链的重要组成部分，在电子商务环境下得到了更多的关注和发展。电子商务对物流的影响主要体现在物流流程和作业流程的改变，物流变得更加高效、快捷和智能化。同时，电子商务中物流的特点和优势也得到了充分的发挥，如快速响应、降低成本、提高客户满意度等。我国物流现代化的发展前景十分广阔，随着信息技术的发展和物流基础设施的完善，我国物流业将迎来更多的发展机遇。

学习目标

知识目标

（1）电子商务对物流的影响。

（2）传统商务供应链的物流流程所带来的负面影响。

（3）信息技术对供应链管理的影响。

技能目标

（1）掌握使用仓储管理系统、运输规划软件等物流管理工具。

（2）能够对物流数据进行分析和利用，制定合理的决策。

（3）了解和使用物流追踪技术，实时掌握货物的位置和状态。

（4）熟悉 EDI 技术，能够与供应链中其他环节进行有效的数据交换。

素质目标

（1）使学生能够与供应链中的各个环节进行有效地沟通和协调，实现供应链协同。

（2）使学生能够分析和解决物流过程中的问题，及时应对各种突发情况。

（3）使学生能够适应快速变化的市场需求和供应链环境，及时做出调整和优化。

思政目标

（1）使学生遵守国家相关法律法规，积极履行社会责任。

（2）使学生保持诚信，建立良好的商业伦理和商业信誉。

（3）使学生重视环境保护，积极推进绿色物流和可持续发展。

（4）使学生关注社会问题，积极参与社会公益活动，传递正能量。

案例导入

戴尔公司的电子商务化物流

戴尔公司是商用台式电脑市场的第二大供应商，其销售额每年以40%的增长率递增，是该行业平均增长率的两倍。戴尔公司每天通过网络售出的电脑系统价值逾1 200万美元。面对骄人的业绩，总裁迈克尔·戴尔简言地说，这归因于电子商务物流的巧妙运用。

在现实企业的经营中，电子商务的实现的确可以使销售过程的中间环节成为多余，并可以构造一条最简短的流通渠道。这条渠道可以由专业的流通企业经营，也可以由专业的制造企业经营，还可以由信息网络服务商来经营。制造商从事电子商务的情况比较普遍。

1. 戴尔公司电子商务的八个步骤

在戴尔的直销网站上，提供了一个跟踪和查询消费者订货状况的接口，供消费者查询已订购的商品从发出订单到送到消费者手中全过程的情况。戴尔对待任何消费者（个人、公司或单位）都采用定制的方式销售，其物流服务也配合这一销售政策而实施。

（1）订单处理

在这一步，戴尔要接受消费者的订单，消费者可以通过拨打800免费电话或浏览戴尔的网上商店进行订单订购。检查订单是否填写完整，并按付款方式将订单分类。信用卡支付的订单将得到优先处理，其他付款方式需要等待支付确认。确认支付后，订单将自动进入生产数据库，转至生产部门进行下一步处理。消费者可通过查询表格追踪产品的生产、发货日期和运输状态。提交查询表格，包括戴尔订单号和校验数据。戴尔将通过因特网将查询结果传送给消费者。通过以上流程，消费者可以方便地进行戴尔产品的订购，并随时了解订单状态和物流信息。。

（2）预生产

从接收订单到正式开始生产之前，有一段等待零部件到货的时间，这段时间叫做预生产。预生产的时间因消费者所订的系统不同而不同，主要取决于供应商的仓库中是否有现成的零部件。一般地，戴尔要确定一个订货的前置时间，即将产品送到消费者手中的时间，该前置时间在戴尔向消费者确认订货有效时会告诉消费者。订货确认一般通过两种方式，即电话或电子邮件。

（3）配件准备

当订单转到生产部门时，所需的零部件清单也就自动产生，相关人员将零部件备齐传送到装配线上。

（4）配置

组装人员将装配线上传来的零部件组装成计算机，然后进入测试过程。

（5）测试

检测部门对组装好的计算机用特制的测试软件进行测试，通过测试的机器被送到包装间。

(6) 装箱

测试完后的计算机被放到包装箱中，同时要将鼠标、键盘、电源线、说明书及其他文档一同装入，运送给顾客。

(7) 配送准备

一般在生产过程结束的次日完成送货准备，但大订单及需要特殊装运作业的订单可能花的时间要长些。

(8) 发运

将顾客所订货物发出，并按订单上的日期送到指定的地点。戴尔设计了几种不同的送货方式，由顾客订货时选择。一般情况下，订货将在2~5个工作日送到订单上的指定地点，即送货上门，同时提供免费安装和测试服务。

戴尔的物流从确认订货开始。确认订货是以收到货款为标志的。戴尔在我国的福建厦门设厂，其产品的销售物流委托货运公司承担。由于用户分布面广，戴尔向货运公司发出的发货通知可能十分零星和分散，但戴尔承诺在款到后2~5天送货上门。同时，对某些偏远地区的用户，每台计算机还加收200~300元的运费。

2. 电子商务化物流的好处及隐患

电子商务化物流使戴尔公司既可以先拿到用户的预付款，待货运到后货运公司再结算运费。(运费还要用户自己支付) 戴尔既占着用户的流动资金，又占着物流公司的流动资金，按单生产又没有库存风险。戴尔的竞争对手一般保持着几个月的库存，而戴尔的库存只有几天，这些因素使戴尔的年均利润率超过50%。当然，无论什么销售方式，首先必须对用户有好处。戴尔的电子商务型直销方式给用户的价值包括：一是用户的需求不管多么个性化都可以满足；二是戴尔精简的生产、销售、物流过程可以省去一些中间成本，因此戴尔的价格较低；三是用户可以享受到完善的售后服务，包括物流、配送服务，以及其他售后服务。

决定戴尔直销系统成功与否的一个关键是要建立一个覆盖面较大、反应迅速、低成本的物流网络和系统。如果戴尔按照承诺将所有的订货都直接从工厂送货上门，就会带来如下两个问题。

(1) 物流成本过高

如果用户分布的区域很广，订货量又少，则这种系统因库存降低减少的库存费用无法弥补因送货不经济导致的运输及其他相关成本上升而增加的费用。

(2) 交货期过长

传统的销售渠道是消费者面对现货；在戴尔的销售方式下，用户面对的是期货。此时，消费者看重的是名牌企业，因而有可能等待但这并不是消费者期望的事情，所以像戴尔这样依赖准确的需求预测，电话订货或网上订货，然后再组织生产和配送的模式，实际上蕴藏着较大的市场、生产及物流风险，不是很容易办到的。

任务一 电子商务与物流

为了促进供应链中物流、信息流、资金流的顺畅流动，并实现精确、可靠、高效的信息采集与传输，供应链管理必须依托电子商务，运用先进技术优化业务流程，降低运营成本。电子商务的迅猛发展将有助于提升和优化供应链管理水平。要实现供应链管理的优化，除了需要高效、高速的物流和资金流，更重要的是确保信息流的快速且准确传递，否则，优化供应链管理的目标将难以实现。电子商务的发展为信息流的迅速和准确传递提供了有力保障。

设想一个包括制造商、配送中心、批发商、零售商的供应链，整个供应链内部已建立 Intranet 并实现信息共享。在这种情况下，零售商的客户消费数据和某产品的市场销售情况等信息，能通过网络迅速反馈到制造商。制造商据此对产品进行合理改进，有望提高市场份额和市场占有率，从而使整个供应链能迅速响应市场需求，带来显著的经济利益。

此外，供应链上的各家企业应充分利用互联网，寻求新的增长点。电子商务使得企业能在更广泛的范围内开展跨行业经营活动，从而获得可观的经济效益。

一、电子商务的概念模型

电子商务

电子商务概念模型是对现实世界中电子商务活动的一般抽象描述。它由电子商务实体、电子市场、交易事务和信息流、商流、资金流、物流等基本要素构成。

在电子商务概念模型中，电子商务实体是指能够从事电子商务的客观对象。它可以是企业、银行、商店、政府机构和个人等。电子市场是指电子商务实体从事商品和服务交换的场所。它由各种各样的商务活动参与者，利用各种通信装置，通过网络连接成一个统一的整体。交易事务是指电子商务实体之间所从事的具体的商务活动的内容，例如询价、报价、转账支付、广告宣传、商品运输等。

电子商务中的任何一笔交易，都包含着四种基本的“流”，即信息流、商流、资金流、物流。

1. 信息流

信息流既包括商品信息的提供、技术支持、售后服务等内容。也包括诸如询价单、报价单、付款通知单、转账通知单等商业贸易单证，还包括交易方的支付能力、支付信誉等。

2. 商流

商流是指商品在购、销之间进行交易和商品所有权转移的运动过程，具体是指商品交易的一系列活动。

3. 资金流

资金流主要是指资金的转移过程，包括付款、转账等过程。在电子商务下，以上三种“流”的处理都可以通过计算机和网络通信设备实现。

4. 物流

物流，作为四流中最为特殊的一种。是指物质实体（商品或服务）的流动过程，具体包括运输、储存、配送、装卸、保管、物流信息管理等各种活动。对于少数商品和服务来说，可以直接通过网络传输的方式进行配送，如各种电子出版物、信息咨询服务、有价信息软件等。而对于大多数商品和服务来说，物流仍要经由物理方式传输，但由于一系列机械化、自动化工具的应用，准确、及时的物流信息对物流过程的监控，将使物流的流动速度加快、准确率提高，能有效地减少库存，缩短生产周期。

在电子商务概念模型的建立过程中，强调对信息流、商流、资金流和物流的整合。其中，信息流最为重要，它在一个更高的位置上实现对流通过程的监控。

知识拓展

电子商务

电子商务是经济和信息技术发展并相互作用的必然产物。顾名思义，其内容包含两个方面，一是电子方式，二是商贸活动，即利用电子方式或电子信息技术来进行商务活动。电子商务是在网络环境下特别是在Internet网上所进行的商务活动。其目的是充分提高商务活动的效率。

1. 狭义的电子商务

狭义的电子商务也称作电子交易，一般是指基于数据（可以是文本、声音、图像）的处理和传输，通过开放的网络（主要是Internet）进行的商业交易。它主要是利用Web提供的通信手段在网上进行的交易活动，包括通过Internet买卖产品和提供服务。产品可以是实体化的，如汽车、电视，也可以是数字化的，如新闻、录像、软件等。此外，还可以提供各类服务，如安排旅游、远程教育等。

2. 广义的电子商务

广义的电子商务是指一种全新的商务模式，是包括电子交易在内的利用Web进行的全部商务活动，如市场分析、客户联系、物资调配等。这些商务活动包括企业内部的业务活动，如生产、管理、财务等，以及企业间的商务活动，利用网络方式，将顾客、销售商、供应商和企业员工连在一起，将有价值的信息传递给需要的人们。它不仅仅是硬件和软件的结合，还是把买家、卖家、厂家和合作伙伴在Internet、Intranet和Extranet上利用Internet技术与现有的系统结合起来进行商贸业务的综合系统。

广义的电子商务系统也称为企业电子商务系统，这个电子商务系统是以实体企业的基本职能和业务模块为背景构造和运行的。

企业的基本职能和业务模块的组成大同小异，企业电子商务系统是指企业商务活动的各方面，包括供应商、客户、银行或金融机构、信息公司或证券公司以及政府等，利用计算机网络技术全面实现在线交易电子化的全部过程。该系统由多个子系统组成，包括企业前端客户关系管理（CRM）系统、企业交易流程中的供应链管理（SCM）系统、企业后台的资源计划（ERP）系统、企业的门户电子商务交易（EC）等子系统。企业的电子商务系统以客户为中心，基于供应链管理，组成虚拟企业。所有操作均可以网络为平台进行。

二、电子商务对物流的影响

从总体上来说，电子商务的发展要求物流更加适应电子商务和供应链管理的模式和环境。具体而言，电子商务对物流的影响突出体现在以下几方面。

1. 对物流观念的影响

应该说，在传统商务模式下，物流作为企业内部生产销售的辅助功能，其作用是长时间被忽视的。正是由于电子商务、供应链管理的兴起，商务活动被理解为信息流、商流、资金流、物流的有机统一，物流活动才真正被业界所重视。而第三方物流、第四方物流等物流形式的产生，更是与电子商务的影响分不开的。另一方面，由于电子商务、虚拟经济已经成为一种大的环境，物流系统的管理也从对有形资产存货的管理转为对无形资产（信息或知识）的管理，如图 9-1 所示。

图 9-1　电子商务下的物流管理

2. 对物流系统结构的影响

电子商务对物流系统结构的影响，主要表现在以下几个方面。

（1）由于网上客户可以直接面对制造商并可获得个性化服务，故传统物流渠道中的批发商和零售商等中介将逐步淡出，但是区域销售代理将受制造商委托逐步加强其在渠道和地区性市场中的地位，作为制造商产品营销和服务功能的直接延伸。但是，渠道中的中间商并非完全消失，它们面临的是功能的转换，即从传统的商品转售发展为提供附加价值。

（2）由于商流的加速，导致企业交货速度的压力变大，因此，物流系统中的港、站、库、配送中心、运输线路等设施的布局、结构和任务将面临较大的调整。在企业保留若干地区性仓库以后，更多的仓库将改造为配送中心。由于存货的控制能力变强，物流系统中仓库的总数将减少，而配送活动将更加专业化和社会化，配送的服务半径也将加大。

（3）对那些能够在网上直接传输的有形产品来讲，其物流系统逐渐隐形化。这类产品主要包括软件等数字化商品以及电子杂志等传统物质商品的电子化形式。

3. 对物流效率的影响

电子商务作为一种先进的商务模式，对商务活动的效率有飞跃性地提高。物流作为商务活动的一种，自然也受其影响。电子商务的技术和手段使物流活动的效率得到了提高，如降低了采购成本、加快了运输速度、提高了配送的及时性和准确性等，从而也在整体上提高了物流业的客户服务水平，促进了物流业的发展。

4. 对存货的影响

在某种程度上，物流的核心要素便是库存。普遍观点认为，电子商务提升了物流系统中各环节对市场变化的敏感度，从而减缓存货积压，节约成本，甚至实现零库存。然而，从物流的角度来看，这实际上是利用信息分配在供应链中对存货进行了重新配置。虽然存货在供应链中的总量有所减少，但在结构上，存货将向供应链的下游企业逐步转移。也就是说，经销商的库存向制造商转移，制造商的库存向供应商转移，成品的库存转变为零部件的库存，而零部件的库存则进一步转变为原材料的库存等。

三、电子商务中物流的特点、优势和作用

1. 电子商务中物流的特点

电子商务时代的来临，给全球物流带来了新的发展，使物流具备了一系列新特点。

（1）信息化

通过网络使物流由信息武装起来，实行信息化管理是电子商务下物流的基本特征。传统物流只提供简单的位移，现代物流则提供增值服务。传统物流一般是指产品出厂后的包装、运输、装卸、仓储，而现代物流提出了物流系统化或叫总体物流、综合物流管理的概念，并付诸实施。具体地说，就是使物流向两头延伸并加入新的内涵，使社会物流与企业物流有机结合在一起，从采购物流开始，经过生产物流，再进入销售物流，与此同时，要经过包装、运输、仓储、装卸、加工配送到达用户（消费者）手中，最后还有回收物流。可以这样讲，现代物流包含了产品从“生”到“死”的整个物理性的流通全过程。

（2）现代化

传统的物流虽然也具备相当的现代化，但要求并不十分严格，与电子商务下的物流相比，无论在水平、范围、层次等环节上都有很大的不足和缺陷。现代化程度的高低是区别电子商务下物流和传统物流的一个重要特征。传统物流实行人工控制，现代物流实行信息管理。

（3）社会化

社会化程度的高低也是区别电子商务下物流和传统物流的一个重要特征。传统物流配送中心往往是某一企业为给本企业或本系统提供物流服务而建立起来的。有些配送中心虽然也有为社会服务的，但同电子商务下物流所具备的真正社会性相比，具有很大的局限性。传统物流是被动服务，现代物流是主动服务。传统物流侧重点到点或线到线服务，现代物流构建全球服务网络。传统物流是单一环节的管理，现代物流是整体系统优化。

2. 电子商务下物流的优势

（1）物流配送反应速度快

电子商务下的物流服务提供者对上游需求的反应速度越来越快，前置时间、配送时间越来越短，商品周转次数越来越多。

（2）物流配送功能集成化

电子商务下的物流配送着重于将物流与供应链的其他环节进行集成，包括：物流渠道与商流渠道的集成、物流渠道之间的集成、物流功能的集成、物流环节与制造环节的集成等。

（3）物流配送服务系列化和配送作业规范化

电子商务的物流强调物流配送服务功能的恰当定位与完善化、系列化，除了传统的存储、运输、包装、流通加工等服务外，还在外延上扩展到市场调查与预测、采购及订单处理，向下延伸至物流配送咨询、物流配送方案的选择与规划、库存控制策略建议、贷款回收与结算、教育培训等增值服务，在内涵上提高了以上服务对决策的支持作用。电子商务物流强调功能作业流程、作业、运作的标准化和程序化，使复杂的作业变成简单的易于推广与考核的运作。

（4）物流配送目标系统化

新型物流配送从系统角度统筹规划一个公司整体的各种物流配送活动，处理好物流配送活动与商务活动及公司目标之间、物流配送活动与物流配送活动之间的关系，不求单个活动的最优化，但求整体活动的最优化。

（5）物流配送网络化和手段智能化

为了保证对产品促销提供快速、全方位的物流支持，新型物流配送要有完善、健全的物流配送网络体系，网络上点与点之间的物流配送活动保持系统性、一致性，这样可以保证整个物流配送网络有最优的库存总水平及库存分布，运输与配送快捷，既能铺开又能收拢。电子商务的新型物流配送使用先进技术、设备与管理为销售提供服务，生产、流通、销售规模越大、范围越广，物流配送技术、设备及管理越现代化。

（6）物流配送经营市场化

新型物流配送的具体经营采用市场机制，无论是企业自己组织物流配送，还是委托社会化的物流配送企业承担物流配送任务，都以“服务—成本”的最佳配合为目标。

（7）物流配送流程自动化

物流配送流程自动化是指运送规格标准、仓储、货箱排列、装卸、搬运等按照自动化标准作业，商品按照最佳配送路线流转等。

3. 物流在电子商务中的作用

亚马逊网站可谓是电子商务领域的先锋，然而它的竞争对手零售业巨头沃尔玛也开始涉足网上销售，虽然目前沃尔玛只是把它的网站当作信息浏览的窗口，尚未大规模开展网上销售，但亚马逊已看到最大的挑战来自沃尔玛拥有遍布全球的由卫星通信联系起来的商品配送体系。尽管沃尔玛网上业务开展的时间比亚马逊晚了3年，然而沃尔玛网上商店的送货时间却比亚马逊早了许多。亚马逊意识到这个对手的可怕时，便立刻奋起直追，一改以零库存著称的商业作风，也开始兴建大规模的储物仓库，并在全球分设配送中心，用物流体系的完善来为自己的网上销售锦上添花。

商家们之所以更加意识到物流体系的重要，并把发展现代物流提上日程，归根结底是物流在电子商务过程中能够发挥不可替代的重要作用。具体地说，电子商务物流起到的作用如下。

（1）物流是实现电子商务的可靠保证

没有一个高效的、合理的、畅通的物流系统，电子商务所具有的优势就难以得到有效地发挥，没有一个与电子商务相适应的物流体系，电子商务就难以得到有效地发展。

（2）物流是影响电子商务运作质量的重要因素

物流是一种服务，面临着服务信誉和服务质量的问题。对电子商务企业来说，货物配送可能是客户在购物过程中唯一一次与商家面对面交流的机会。物流服务的质量，将直接影响企业在客户心中的形象。

（3）物流是实现电子商务企业盈利的重要环节

良好的物流管理可以大大降低企业的成本。在传统的商品成本中，物流成本可以占到商品总价值的30%~50%。而现代物流业可以大大降低来自该部分的成本。

知识拓展

我国电子商务发展中的物流矛盾

电子商务与物流的发展是相辅相成的关系，然而我国目前的物流体系对电子商务的发展还存在一些制约因素，主要表现如下。

（1）社会上重电子、轻商务，重商流、轻物流，重信息网、轻物流网的倾向比较严重。

(2) 适合电子商务发展的物流体系没有建立起来。

(3) 物流基础设施不配套。

(4) 物流管理手段落后。

(5) 第三方物流服务滞后。

(6) 传统储运的观念、体制及方法是现代物流发展的巨大阻力。

因此，我国的电子商务发展目前仍处在比较困难的成长阶段，尤其是物流、配送体系的完善是电子商务发展必须解决的问题。

四、我国物流现代化的发展前景

在电子商务时代由于企业销售范围的扩大，企业和商业销售方式及最终消费者购买方式的转变，使得送货上门等业务成为一项极为重要的服务业务，促使了物流行业的兴起。物流行业是能够完整提供物流服务，如运输配送、仓储管理、分装包装、流通加工等，并收取报偿的行业。信息化、国际化、多功能化和一流的服务水平，已成为电子商务下物流企业追求的目标。

1. 多功能化

在电子商务时代，物流发展到集约化阶段，一体化配送中心不单单提供仓储和运输服务，还必须开展配货、配送和各种提高附加值的流通加工服务项目，还可按客户的需要提供其他服务。

2. 一流的服务

在电子商务下，物流业是供货方和购货方之间的第三方，以服务为宗旨。从目前的物流现状来看，物流企业需要为本地区和长距离提供服务，因为客户的服务点不仅限于一处。因此，如何提供优质服务成为物流企业管理的核心问题。成功的物流企业如美国、日本等，十分注重研究客户服务。首要的是在概念上进行转变，从“推送（push）”到“拉动（pull）”。物流企业应更多考虑客户希望我们提供什么样的服务，而不仅仅考虑我们能为客户提供什么服务。

配送中心与生产厂家保持紧密伙伴关系，并直接与客户联系，能够及时了解客户需求并反馈给厂商，起到桥梁作用。物流企业不仅为货主提供优质服务，还需要具备运输、仓储、进出口贸易等相关知识，深入研究货主企业的生产经营流程，并设计提供全方位的系统服务。优质和系统的服务使物流企业与货主企业形成战略伙伴关系，一方面帮助货主企业的产品快速进入市场，提高竞争力；另一方面也为物流企业提供稳定的资源。对于物流企业而言，服务质量和水平逐渐成为比价格更重要的竞争因素。

3. 信息化

在电子商务时代，为了提供最佳的服务，物流系统需要具备良好的信息处理和传输系统。例如，美国洛杉矶的西海报关公司与码头、机场、海关进行信息互联，客户可以准确地获取货物到达时间和位置，以便收货人与仓储、运输公司等做好准备，实现快速流动直达目的地。

良好的信息系统能够提供优质的信息服务，赢得客户的信任。在电子商务下，由于全球经济一体化趋势，物流业正向全球化、信息化、一体化发展。商品和生产要素在全球范围内以空前的速度自由流动。电子数据交换技术和国际互联网的应用使物流效率的提高更依赖于信息管理技术。计算机的广泛应用提供了更多需求和库存信息，提升了信息管理的科学化水平，使产品流动更加快速和便捷。

物流信息化包括建立商品代码和数据库、优化运输网络、系统化销售网络和电子化物流中心管理等。可以说，现代化的物流离不开现代化的信息管理。

4. 国际化

20世纪90年代初期，由于电子商务的出现，加速了全球经济的一体化，致使物流企业的发展达到了多国化。它从许多不同的国家集中所需要的资源，经加工后再向各国出口。全球化的物流模式，使企业面临着新的问题。例如，当北美自由贸易区协议达成后，其物流配送系统已不是仅仅从东部到西部的问题，还有从北部到南部的问题。又如，从加拿大到墨西哥，如何来运送货物，又如何设计合适的配送中心，还有如何提供良好服务的问题。

5. 专业化和个性化

专业化是社会和经济发展的必然趋势。专业化包括：面向某一领域或行业的电子商务进一步发展，如建材、食品等；面向特定产品与服务的电子商务进一步发展，如书籍、咨询等。

个性化包括电子商务平台的个性化和用户需求的个性化两方面。

任务二　电子商务下的物流作业流程

在传统商务下，为了提高物流作业的效率，引入计算机管理系统，用计算机自动处理代替原来的手工作业，最后取得的效果并不太理想。这是由于原来的物流作业流程中存在着很多不合理的部分。电子商务下的物流不能简单地理解成物流的电子化，而应该是全新意义上的物流，即物流的电子化与重构的物流流程结合起来。重构的物流流程应该是剔除原来流程中的无效活动，重新设计适合电子化的物流流程。

一、电子商务下的物流流程

电子商务的本质特征是生产者与消费者的关系是直接的，减少中间环节，拉近企业与客户之间的距离。电子商务利用互联网技术，将供应商、企业、客户以及其他商业伙伴连接到现有的信息技术上，达到信息共享，彻底改变现有的业务作业方式及手段，实现充分利用资源、提高效率、降低成本、提高服务水平的目的。

电子商务下整个供应链是由供应商、制造商、物流中心和客户所组成的。供应商、制造商、物流中心和客户通过 Internet 共享需求信息；供应商根据客户的需求，生产所需要的原材料；原材料经过制造商的加工、包装等一系列作业后，将产品集中到物流中心；物流中心根据客户的订单情况，将货物送到客户手中。

与传统商务相比，供应链环节减少了，物流中心的作用变得越来越显著，物流中心既是制造商的仓库，又是客户的实物供应仓库。如果上述流程再简化一下，就变成了电子商务环境下生产企业与客户之间的物流运行过程。

可以看出，客户通过网上的虚拟商店购物，并在网上支付，信息流资金流的运作过程很快就能完成，剩下的工作就只有实物的物流处理了，物流中心成了所有企业和供应商对客户的唯一供应者，可见，物流中心的作用越来越突出。

二、电子商务下物流业的作业流程

现代物流企业一般由物流业务管理部门和仓储中心所组成，为了详细说明其作业流程，将其作业流程分为三个部分讨论：采购作业流程，销售作业流程，仓储中心作业流程。

1. 采购作业流程

电子商务下的采购作业流程如图 9-2 所示。

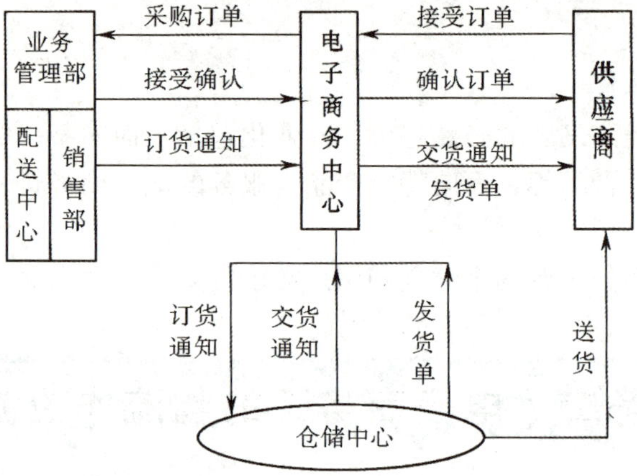

图 9-2　电子商务下的采购作业流程

为了进一步说明采购作业流程，我们将采购作业的业务分成如下步骤。

（1）业务管理部门根据仓储中心的商品库存情况，向指定的供应商发出商品采购订单。

（2）电子商务中心将业务管理部的采购订单通过 Internet 传递给供应商。

（3）供应商在收到采购订单后，根据订单上的要求，通过电子商务中心进行订单确认，即确定订货的品种、数量及交货期。

（4）电子商务中心将供应商发出的采购订单确认信息发送至业务管理部。

（5）业务管理部根据采购订单的确认，向供应商发出订货信息。

（6）同时，业务管理部向仓储中心发出订货通知，以便仓储中心安排检验和仓储空间。

（7）供应商收到业务管理部的订货通知后，通过电子商务中心向仓储中心发出供货通知和供货单。

（8）仓储中心收到供货通知和供货单。

（9）供应商开始供货。

（10）货物送达后，仓储中心根据供应商发来的供货单进行商品检验，二者相符后，安排入库或根据配送要求进行备货。

2. 销售作业流程

销售作业的业务流程可分成如下步骤。

（1）客户通过电子商务中心向业务管理部发出订单。

（2）电子商务中心将客户的订单通过 Internet 传递给业务管理部。

（3）业务管理部在收到订单后，根据订单上的要求，通过电子商务中心进行订单确认，即确定订货的品种、数量及交货期。

（4）电子商务中心将业务管理部发出的订单确认信息发送给客户。

（5）业务管理部在订单确认后，向仓储中心发出配送信息。

（6）仓储中心通过电子商务中心收到配送信息，安排配送。

（7）仓储中心收到业务管理部的配送通知后，通过电子商务中心向客户发出送货通知和送货单。

（8）客户收到送货通知和送货单。

（9）仓储中心开始根据订货情况进行配送。

（10）货物送达后，客户根据仓储中心发来的送货单进行商品检验，进行数量和质量的核实。

3. 仓储中心作业流程

仓储中心受业务管理部的统一管理，它的主要作业区是收货区、拣货区和发货区。仓储中心作业流程如图 9-3 所示。

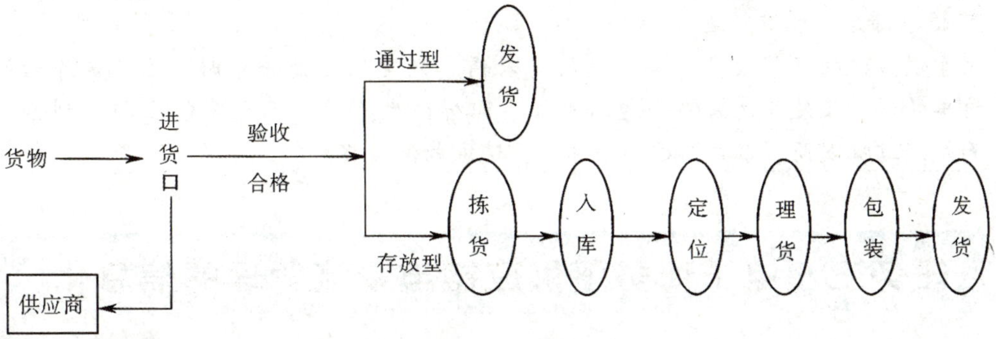

图 9-3　仓储中心作业流程

仓储中心作业的业务流程分为如下步骤。

（1）供应商将商品送到仓储中心后，卸在指定的进货区，在进货区对进入的商品进行验收，然后对验收合格的商品办理入库手续，对于验收不合格的商品办理退货或调换手续。

（2）对于验收合格的商品，要填写验收合格单和入库单（包括商品的名称、数量、存放期限、存放位置等信息）。

（3）对于即将入库的商品，一部分是通过型商品，一部分是存放型商品。通过型商品是指不在仓库中停留、直接发货的商品。

（4）对于存放型的商品，利用电子化的物流设施送入指定存放区的库位。

（5）当仓库收到配送中心的配货清单后，按照清单的要求开始备货。

（6）备货结束后，开始送货，同时将配送信息反馈给配送中心，以便配送中心进行库存量统计。

（7）商品送到用户手中后，用户有检验商品的过程，如果商品与送货单不符或者商品出现破损等情况时，用户要求退货。对于退货的商品要送回仓储中心进行处理。

知识拓展

传统商务下的物流作业

在传统商务下，供应链系统是由供应商、制造商、批发商、零售商和顾客组成的。物流流程是供应商根据市场调研结果进行分析预测，制订生产计划、组织生产；生产的原材料达到一定的库存以后，根据制造商的需求送往制造商的仓库；制造商接到货物后开始进行生产，生产的产品根据批发商的要求送往批发商的仓库；批发商发货给零售商；最终由零售商将商品卖给顾客。其商流与信息流的流向与物流正好相反，信息的传递方式是通过邮寄、电话或当面洽谈的方式进行的，订单一般是通过邮寄或人工送达的方式进行的。

传统商务供应链的物流流程所带来的负面影响如下。

1. 需要配备大面积仓库

从传统商务的物流流程上来看，无论是原材料生产企业、产品生产企业还是批发商，都要配置大面积的仓库，当产品缺乏市场时，会造成大量的产品积压。

2. 信息滞后，物流延迟

由于供应链的环节太多，当用户的需求信息到达供应商手中时，已不是原始的信息，订单的送达及处理也需要一定的时间。同样，生产的产品也不能立即交到顾客手中，而是经过批发商、零售商这两个环节，造成物流延迟。

任务三　电子商务下供应链与物流管理的信息化

在信息社会中，信息已成为企业生存和发展的最重要资源。信息技术的发展为很多行业都带来了冲击，同时也促进了这些行业的发展。企业是一个多层次多系统的结构，信息是企业各系统和成员间密切配合、协同工作的黏合剂。信息技术的引入，为供应链与物流管理领域注入了新的血液。

一、信息技术对供应链管理的影响

随着全球竞争的加剧、经济的不确定性增大、信息技术的高速发展以及消费者需求的个性化增加等环境的变化，当今世界已经由以机器和原材料为特征的工业时代进入了以计算机和信息为特征的信息时代，原有的企业组织与管理模式越来越不能适应激烈的市场竞争，从而开始了探索能够提高企业竞争力的新型管理模式的艰苦历程。

图 9-4 为企业的信息层次结构模型。为了实现企业目标，需要不断传递信息。这包括纵向的上下信息传递，以协调不同层次的经济行为，以及横向的信息传递，以协调各部门

和岗位的经济行为。因此，企业面临着信息集成的问题。作为一个“扩展”的企业，供应链的信息流动和获取方式与单个企业的情况不同。

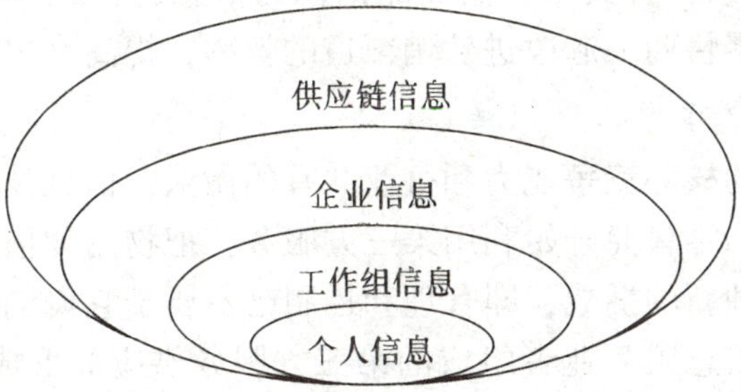

图 9-4　企业的信息层次结构模型

在网络信息系统构成的信息社会中，不同种类的企业相互依赖，形成了一个生物化的企业环境，供应链就像一个“食物链”中的一环。企业通过网络收集和传播内外两个信息源的信息，捕捉能创造价值的经营方式、技术和方法，建立网络化的企业运作模式。在这种模式下，供应链管理的信息系统与传统的企业信息系统不同，需要新的信息组织模式和规划策略。因此，研究供应链管理模式需要从改变原有的企业信息系统结构入手，建立面向供应链管理的新型企业信息系统。这是实施供应链管理的前提和保障。

供应链管理主要涉及产品、生产、财务与成本、市场营销/销售、策略流程、支持服务、人力资源等多个方面，通过采用不同的信息技术，可以提高这些领域的运作绩效。

信息技术的发展改革了企业应用供应链管理获得竞争优势的方式，提高了供应链管理的运作效率，增强了供应链管理的决策能力。研究表明，将信息技术应用在供应链管理过程中，可产生以下八个方面的效果。

1. 建立新型的客户关系

信息技术使供应链管理者通过与它的客户和供应商之间构筑信息流和知识流来建立新型的客户关系。例如，GE 公司建立了一个开放式的在线互联网络 TPN（trading process network），用来招标采购企业所需的原材料和零部件。GE 公司把企业内部各个部门的采购需求集中起来通过电子市场进行招标，不仅可以发现优良的供应商，节约采购成本，使采购业务合理化，而且为公司内部的采购人员提供了进入全球市场的机会。对于广大的供应商来说，通过 GE 开放式的在线互联网络，可以在任何时间进入 GE 的招标电子市场，了解 GE 的需要，参加投标活动。

2. 了解消费者和市场需要的新途径

用互联网络等信息技术来交换有关消费者的信息，成为企业获得消费者和市场需要信息的有效途径。例如，供应链的参与各方通过信息网络交换订货、销售、预测等信息。对于全球经营的跨国企业来说，信息技术的发展可以使它们的业务延伸到世界的各个角落。

3. 改变产品和服务的存在形式和流通方式

产品和服务的实用化趋势正在改变它们的流通和使用方式。例如，音像等软件产品多年来一直是以 CD 或磁盘等方式投入市场进行流通销售，这需要进行大量的分拣和包装作业。现在，许多软件产品通过互联网直接销售，无需分拣、包装、运送等物流作业。

4. 开发高效率的营销渠道

企业利用互联网与它的经销商协作建立零售商的订货和库存系统，通过这样的信息系统（如 VMI 系统）可以获知有关零售商商品销售的信息，在此基础上，进行连续库存补充和销售指导，从而与零售商一起改进营销渠道的效率，提高客户满意度。

5. 构筑企业间或跨行业的价值链

通过利用每个企业的核心竞争能力和行业共有的做法，信息技术开始用来构筑企业间的价值链。当生产厂家和零售商开始利用第三方服务，把物流和信息管理等业务向外委托的时候，它们会面对一种新的挑战，即管理和控制已不属于它们的供应链。然而，生产厂家、零售商以及由物流信息服务业者组成的第三方服务供应商形成了一条价值链。另外，在航空运输行业，航空公司采用全行业范围的订票系统，而不是各个企业独自的订票系统。

6. 具有及时决策和模拟结果的能力

信息技术的发展使得供应链管理者在进行经营革新或模拟决策结果的时候，可以有大量有效的信息可利用。例如，企业在转移仓库设施或变换生产场所时，通过模拟可计算出会出现什么结果。许多企业基于详细的销售服务信息和成本信息，对应市场的变化做出最佳决策。

当前，由于进行决策时涉及的变量越来越多，范围越来越广，信息的多样性和复杂性使得传统的决策模型不能适应供应链管理的需要。在这种情况下，许多适应于供应链管理的决策模型软件被开发出来，如 WMS、ERP、SCP、CAPS LOGISTICS 等。

7. 具有全球化管理和基于消费者要求的大批量定制的能力

经营的全球化一方面要求企业在全球市场进行经营活动，另一方面要求企业按照当地的需要、习惯、文化等从事经营活动。

在美国计算机市场，DELL 公司在应用信息技术的基础上建立了根据消费者要求的生产系统，消费者通过 DELL 公司的网页在订货时说明自己对购买产品的功能要求。DELL 公司根据消费者的具体要求生产产品，迅速地配送给顾客。

DELL 的电子商务和大批量定制战略的效果表现在，能直接与最终消费者建立信赖关系，高效率地向消费者销售产品、提供服务，减少与流通库存和营销业者运行有关的供应链成本。

8. 不断学习和革新

供应链管理者需要不断地改善他们的运作过程，在供应链内部和企业内部分享有用的信息。信息技术使企业有能力获得关于供应链革新和增强供应链能力的信息。

二、供应链与物流管理中的信息技术

我国的许多学者认为，供应链过程中的物流信息技术包括条码技术、射频技术、电子数据交换、Extranet/Internet、全球卫星定位技术和地理信息系统。供应链与物流管理中的信息技术大致可以归纳为以下 39 种，见表 9-1。

表 9-1　供应链与物流管理中的信息技术

序号	技术名称
1	电子邮件（electronic mail）
2	专家系统（expert system）
3	电话会议（teleconference）
4	电子数据交换（EDI）
5	行政信息系统（EIS）
6	计算机辅助软件工程（CASE）
7	面向对象的编程技术（OOT）
8	客户/服务器（client/server）
9	数据库管理信息系统（DBMS）
10	广域网（area net）
11	局域网（local area net）
12	可视技术（imagine technique）
13	因特网（Internet）
14	电子商务（electronic business）
15	决策支持系统（DSS）
16	地理信息系统（GIS）
17	全球卫星定位（GPS）
18	射频技术（radio frequency）
19	WWW 技术
20	Extranet/Intranet
21	条码和扫描技术
22	计算机辅助合作网（computer-aidded net）
23	卫星通信（satellite communication）
24	增值网络（value-added net）
25	企业虚拟工作间（corporate virtual workspace）
26	图像处理（image processing）
27	并行系统（parallel system）
28	神经网络（neual net）
29	信息高速公路（information superway）
30	工作流自动化（work flow automation）
31	多媒体（multi-media）
32	制造需求计划（MRP）
33	制造资源计划（MRP Ⅱ）
34	即时系统（JIT）
35	高级即时供应系统（JIT Ⅱ）
36	分销资源计划（DPR）
37	企业资源计划（ERP）
38	跨组织信息系统（IOIS）
39	供应链管理信息系统（SCMIS）

为了更好地理解信息技术对供应链管理的支持作用，可以将所使用的信息技术分为核心信息技术和信息系统。核心信息技术是指基础的单元信息技术，例如编码技术、自动识别和数据采集技术、电子数据交换技术。而信息系统是以计算机为核心的集成系统或产品，例如企业资源计划（ERP）、计算机集成配送、自动补货系统、财务系统等。

当然，信息系统一般是多种核心信息技术的综合应用。例如，POS 系统不仅应用了产品编码技术，还应用了条码和扫描技术。又如自动补货技术应用了条码和 EDI 技术等。一般集成的信息系统包含多种信息系统和核心信息技术的集成。将信息技术分为核心信息技术和信息系统的目的是发现供应链管理中的相关信息技术。

1. AIDC 技术

自动识别和数据采集（AIDC）技术使用自动识别项目标识信息的方法，将数据输入计算机或其他控制设备，无需人工操作。AIDC 技术包括条码、射频识别、磁识别、声音识别、图形识别、光字符识别和生物识别等多种技术。在选择 AIDC 技术时，应考虑数据实时性、自动化和经济性，并考虑抗干扰能力和识别距离等因素。目前，在供应链管理中，最常用的是条码和射频识别技术。

条码技术是最早出现的、应用最成功的 AIDC 技术。它将数据编码为机读符号，扫描器和解码器将符号图像转换为计算机可处理的数据并进行校验。条码技术广泛应用于门禁控制、物品跟踪、图书和文档管理、危险废料跟踪、包裹跟踪和车辆控制与识别等领域。

射频识别（RFID）技术是一种较新的自动识别技术，利用感应、电波或微波能量进行非接触双向通信，实现识别和数据交换。系统由射频标签和读写器组成。射频识别技术具有非接触识别、高速运动物体识别、抗恶劣环境和保密性强等特点，广泛应用于制造业和其他不适合使用条码的环境。在供应链过程控制中，射频识别技术被广泛应用于运输工具的自动识别、物品跟踪与监视、店铺防盗系统、高速公路收费和智能交通系统、生产线自动化和过程控制等方面。

2. EDI 技术

电子数据交换（electronic data interchange，EDI）技术将商业或行政文档按照一个公认的标准形成结构化的数据，实现从计算机到计算机的传输，EDI 的侧重点是自动化，它以节约成本、提高工作效率为主要目的。

EDI 主要应用于国内外经济贸易过程中，同时也应用于制造业、运输业、零售业以及卫生保健和政府部门。

3. EOS 系统和 POS 系统

电子订货系统（electronic ordering system，EOS）是指将批发、零售商场所发生的订货数据输入计算机，即刻通过计算机通信网络连接的方式将资料传至总公司、批发商、商品供货商或制造商处。它目前主要应用在零售业、连锁业。

EOS 与 EDI 的区别在于传输文件的双方是否有共同标准。前者没有标准，各商家自定格式，适合信息系统比较简单、交易关系比较单纯的贸易伙伴；对于 EDI 的系统，商家间的传输标准有共同制定的格式，比如 UN/EDIFACT 就是其中之一，适合信息系统比较完整、交易关系比较复杂的贸易伙伴。

销售点管理系统（point of sale，POS）是供应链中零售端最接近客户的部分。通过

POS的硬件和软件可以在销售的过程中实时获得客户的数据，为商品的补货、管理提供决策性的数据。因此，它在供应链管理中是一个很重要的前端应用系统。

目前的POS包括POS终端（收款机、PC、服务器、工作站、网络设备等）和POS软件两个组成部分。它的任务主要是进行商品的销售管理、收款结算作业、交易信息收集与传递、补货作业、在架商品管理、盘点作业，报表处理等。

4. GIS

地理信息系统（geographical information system，GIS），是20世纪60年代开始迅速发展起来的地理学研究新成果，是多个学科交叉的产物。它以地理空间数据为基础，采用地理模型分析方法，实时地提供更多的、动态的地理信息，是一种为地理研究和地理决策服务的计算机技术系统。GIS的基本功能是将表格型数据（无论它来自数据库、电子表格文件或直接在程序中输入）转换为地理图形显示，然后对显示结果浏览、操作和分析。其显示范围可以从洲际地图到非常详细的街区地图，显示对象包括人口、销售情况、运输线路等。

国外公司已经开发出利用GIS为物流分析提供专门分析的工具软件。完整的GIS物流分析软件集成了车辆路线模型、最短路径模型、网络物流模型、分配集合模型和设施定位模型等。我国迄今为止还处于起步阶段，对GIS的应用主要是物流分析和物流研究。

5. GPS

全球定位系统（global position system，GPS），由美国从20世纪70年代开始研制，具有在海、陆、空进行全方位实时三维导航与定位能力的新一代卫星导航与定位系统。经近30年我国测绘等部门的使用表明，GPS以全天候、高精度、自动化、高效益等显著特点，赢得广大测绘工作者的信赖。

随着全球定位系统的改进和硬件、软件的完善，其应用领域正在扩大，已渗透到各个经济部门，并逐渐融入人们的日常生活。

要实施有效的供应链管理，首先需要改善供应链的业务流程，然后以较低的成本将流程自动化，以降低供应链成本并缩短供应链时间。具体来说，需要集成条码、EDI、EOS、GPS、GIS、RF等技术，建立高效的供应链集成系统，确保产品从供应商到最终用户的无间断流动。同时，信息流必须在开放的供应链中循环流动，以满足客户对产品和信息的需求，为客户提供最优质的产品和及时准确的信息。

物流作为电子商务过程的重要组成部分，如果不能解决供应链中的物流问题，电子商务就无法真正实现。解决物流问题需要提高供应链管理的整体水平，并以各种现代信息技术为基础。

学习完本项目的内容后，认真完成表9-2的实践清单。

表 9-2 实践清单

熟悉电子商务下的物流流程	
实践任务	选择一个电子商务平台或企业作为研究对象，了解其物流流程及相关信息系统和技术，通过实践，了解电子商务中的物流流程，包括订单处理、仓储管理、配送和售后服务等环节，以及与之相关的信息系统和技术
实践目标	（1）理解电子商务中物流流程的重要性和作用； （2）掌握订单处理、仓储管理、配送和售后服务等环节的操作流程； （3）熟悉相关的信息系统和技术，如订单管理系统、仓储管理系统和配送跟踪系统等； （4）掌握物流流程中的关键指标和性能评估方法
实践步骤	（1）选择一个电子商务平台或企业作为研究对象，了解其物流流程及相关信息系统和技术； （2）分析该平台或企业的订单处理流程，包括订单接收、确认、分配和跟踪等环节； （3）探讨该平台或企业的仓储管理流程，包括库存管理、货物入库和出库、仓库布局和设备选用等方面； （4）研究该平台或企业的配送流程，包括运输方式选择、路线规划、运输跟踪和配送人员管理等环节； （5）研究该平台或企业的售后服务流程，包括退货处理、维修和客户投诉处理等环节； （6）使用相关的信息系统和技术，模拟或实际操作订单处理、仓储管理、配送和售后服务等流程； （7）根据实际情况，评估物流流程的效率和性能，并提出优化建议
实践提示	（1）需要选择一个典型的电子商务平台或企业，并与其沟通合作，获取相关数据和信息； （2）在实践过程中，要注意保护消费者隐私和数据安全； （3）需要结合理论知识和实践经验，分析和解决实际问题； （4）建议团队合作，分工协作，可以提高实践效果和成果的质量； （5）鼓励创新思维和提出改进方案，以优化物流流程和提升服务质量
实践总结	

完成以上实践后，认真完成表 9-3 的实践评价。

表 9-3　实践评价

评价内容	分值	得分
实际问题处理能力	25	
分析能力	25	
信息系统使用能力	25	
对电子商务下的物流流程的熟悉程度	25	
教师点评：		

项目小结

在电子商务环境下，供应链与物流管理得到了更多的关注和发展。电子商务通过互联网技术实现了企业间的在线交易和信息共享，使得供应链管理更加透明化和实时化。物流作为供应链的重要组成部分，在电子商务环境下得到了更多的关注和发展。信息技术对供应链管理的影响十分重要，它使得供应链和物流管理更加高效、智能化和实时化。同时，信息技术在物流流程和作业流程中的应用也大大提高了物流效率和服务质量。未来，我国物流现代化的发展前景十分广阔，随着信息技术的发展和物流基础设施的完善，我国物流业将迎来更多的发展机遇。

思考练习

1. 电子商务对物流的影响有哪些?
2. 采购作业流程有哪些?
3. 将信息技术应用在供应链管理过程中可以产生哪些方面的效果?

项目十

物流与供应链数字技术

项目导读

物流与供应链数字技术是利用现代信息技术，如物联网、大数据、人工智能等，对物流和供应链过程进行数字化管理。这些技术可以帮助企业实现物流信息的实时获取、处理和分析，提高物流效率和降低成本。

学习目标

知识目标

（1）了解物流信息的内容及功能。

（2）了解物联网对智能物流供应链的影响。

（3）了解供应链数字平台架构包含的内容。

技能目标

（1）掌握供应链数据分析技术，能够基于数据进行供应链决策和优化。

（2）能够利用数字平台实现供应链各环节的协同和信息共享。

（3）了解供应链风险，能够利用数字技术进行风险监测和应对。

素质目标

（1）培养学生的团队合作和协调各环节合作伙伴的能力。

（2）培养学生的创新思维，能够解决供应链中的问题和挑战。

（3）培养学生的跨文化沟通和管理的能力。

思政目标

（1）引导学生传承和践行社会主义核心价值观，树立正确的世界观、人生观和价值观，注重社会责任和可持续发展。

（2）培养学生的法律意识和合规意识，遵守相关法律法规，诚信经营，在供应链活动中注重合规和法律风险管理。

案例导入

服装供应链中数字技术的运用

冯氏集团旗下的利洋针织长期致力于将虚拟设计技术应用于服装供应链管理，经过多年实践，已崭露头角，成为行业内的虚拟技术先锋。此前，利洋针织面临生产难题，即订单准时完成率仅约为70%，主要原因在于客户对工厂提供的产前样衣的审批率极低，通常不足10%。2D设计图与样衣在线条、质感及松紧度等方面的表现存在较大差异，导致样衣需经过多次调整方能获得客户认可。因此，大量时间耗费在等待过程中，货物交付日期往往晚于预期。为解决此问题，利洋针织引入3D设计技术，使厂商与客户得以清晰地查看效果图，并展开充分沟通。结果，工厂提供产前样衣时，客户满意度大幅提升至80%~90%。样衣准确度提高，审批时间缩短，实现了多方共赢。

此外，为进一步推进数字化管理，利洋针织与一家创新伙伴在香港共同设立了CS创新实验室。CS创新实验室设有设计中心及先进创新中心，旨在提升利洋针织在虚拟设计领域的实力，优化从设计到生产流程的效率。实验室内配备多台织机，除具备精湛的针织功能外，还可远程安排生产计划、排单、派单、监控，并实时获取生产现场数据。利洋针织结合数据分析及处理平台，打造了一种创新的实时供应链生产管理模式，具有高效生产、高度透明数据、有效质量保障、保护产品产权等优势，同时缩短了常规生产周期，提高了跨地域生产调度的灵活性。

冯氏集团利洋针织的实践充分证明，数字技术不仅极大地提升了供应链运营效率，缩短了运营周期，提高了市场响应速度，还通过技术应用与赋能，协同各方为客户提供独特的服务方案，开启了前所未有的业务发展机遇。

任务一　信息在物流系统中的作用与要求

物流信息在现代物流管理中占有越来越重要的地位，它使企业管理方式和管理效率发生了翻天覆地的变化。企业投入越来越多的努力以信息替代资源来削减物流成本，信息化的物流管理成为今天物流管理甚至供应链管理的核心，没有相应的信息技术，物流管理就失去了发挥作用的基础和平台。

一、物流信息概述

1. 物流信息的内容

物流信息包括两个方面的内容：一是狭义范围，二是广义范围。

狭义范围来看，物流信息涉及运输、保管、包装等物流活动。这些信息有助于运输工具选择、路线确定、批量运输等决策，同时支持库存管理、订单管理、仓库作业管理等。

广义范围来看，物流信息不仅涉及物流活动，还涵盖商品交易和市场信息。商品交易信息涉及销售、订货和货款等，而市场信息包括消费者需求、竞争者和商品、销售促进活动等。

在现代经营管理活动中，物流信息与商品交易信息和市场信息有着密切的联系。广义的物流信息不仅能起到连接整合从生产厂家经由批发商和零售商最后到消费者的整个供应链的作用，而且在应用现代信息技术（如 EDI、EOS、POS、互联网、电子商务等）的基础上能实现整个供应链活动的效率化。具体地说就是利用物流信息，对供应链各个企业的计划、协调、顾客服务和控制活动进行更有效地管理。所以物流信息不仅对其他物流活动具有支持保证的功能，而且具有连接整合整个供应链和使整个供应链活动效率化的功能。

正是由于物流信息具有这些功能，物流信息在现代企业经营战略中占有越来越重要的地位。建立物流信息系统，提供准确、及时、全面的物流信息是现代企业获得竞争优势的必要条件。

2. 物流信息的特征

（1）信息量大

物流信息随着物流活动以及商品交易活动的展开而大量发生。多品种少量生产和多频度小批量配送使库存运输等物流活动的信息大量增加。零售商广泛应用 POS 系统读取销售时点的商品品种、价格、数量等即时销售信息，并对这些销售信息进行加工整理，通过 EDI 向相关企业传送。同时为了使库存补充作业合理化，许多企业采用 EOS 系统。随着企业间合作意向的增强和信息技术的发展，物流信息的信息量将会越来越大。

（2）更新快

物流信息的更新速度快。多品种少量生产，多频度小批量配送，利用 POS 系统的即时销售，使得各种作业活动频繁发生，从而使得物流信息不断更新，而且更新的速度越来越快。

（3）来源多样化

物流信息不仅包括企业内部的物流信息，如生产信息、库存信息等，而且包括企业间的物流信息和与物流活动有关的基础设施的信息。企业竞争优势的获得需要供应链上各个参与企业之间相互协调合作。协调合作的手段之一是信息即时交换和共享。许多企业把物流信息标准化和格式化，利用 EDI 在相关企业间进行传送以实现信息共享。因此物流信息还包括企业间的物流信息。

另外，物流活动往往利用道路、港湾、机场等基础设施。因此，为了高效地完成物流活动，必须掌握与基础设施有关的信息。例如，在国际物流过程中必须掌握报关所需信息、港湾作业信息等。因此，物流信息还包括与物流活动有关的基础设施的信息。

二、物流信息化的过程

物流业在整个国民经济中的地位越来越突出，从 2004 年开始，国家就出台了一系列关于物流业调整和振兴等加快发展的规划。在国家大力支持和重视下，近几年我国物流业发展迅速，为国民经济的运行提供了一个良好的基础性支撑环境。纵观物流业的发展，可以将其分为以下几个阶段。

1. 传统物流

20 世纪 80 年代开始我国正式引入“物流”的概念，将物流定义为物品从供应地向接收地的实体流动中，根据实际需要，将运输、储存、装卸、搬运、包装、流通加工、配送、信息处理等基本功能有机结合起来以满足用户要求的过程。在此阶段，更多关注货物的运输，俗称“搬运”，物流活动中没有太多的技术含量。

2. 现代物流

进入 21 世纪以来，现代信息技术的大规模应用和普及将物流行业带入现代物流时期，人们越来越认识到信息技术在物流业中的作用。信息技术开始为物流行业助力，并成为持续推动物流行业飞速发展的最关键动力。

现代物流指的是将信息、运输、仓储、库存、装卸搬运以及包装等物流活动综合起来的一种新型的集成式管理活动，其任务是尽可能降低物流的总成本，为顾客提供最好的服务。现代物流的核心是信息化，没有信息化就没有真正意义上的现代物流。

3. 智能物流

2009 年，时任国务院总理温家宝在无锡考察时提出要迅速建立中国的传感信息中心或“感知中国”中心，一夜之间，物联网的概念传遍神州大地，智能化的理念深入人心，由此也产生了一系列应用，如“智能物流”“智能交通”“智能家居”“智慧城市”等，自此，物流业开始朝着更智能化的方向发展。

智能物流就是利用条形码、射频识别技术、传感器、全球定位系统等先进的物联网技术，将信息处理技术和网络通信技术平台广泛应用于物流业运输、仓储、配送、包装、装卸等基本活动环节，实现货物运输过程的自动化运作和高效率优化管理，提高物流行业的服务水平，降低成本，减少自然资源和社会资源的消耗，如图 10-1 所示。

图 10-1　物流中的条形码使用

如果说信息化使得物流业从手工化、半自动化发展到自动化，那么智能化就是自动化的发展和提升，自动化过程中包含更多的机械化成分，而智能化过程中包含更多的电子化成分，如集成电路、计算机硬件软件等。

任务二　物流信息技术

一、条形码概述

条形码技术对现代物流至关重要。条形码是按规定的编码原则及符号印制标准将文字、数字等信息在诸如标签、吊牌等平面载体上印制成有光学反射差异的条、点、块状图形，这种图形可用扫描器阅读、识别、解码并传入计算机。

1. 条形码的类型

常见的条形码有两种体系，其中一种是国际通用的 EAN 商品条形码体系，适合制造商、供应商和零售商共同使用，包括商品条形码、储运条形码和 EAN-128 码。

（1）商品条形码

商品条形码是商品身份的统一编码。它将商品的编码数字用平行线条式的符号代替，以便扫描器读入计算机，经解码后再转成数字代码，由计算机处理。商品条形码主要是印在零售包装上，作为商品从制造、批发到销售等一连串作业过程的自动化管理符号。

商品条形码有标准码与缩短码两种。

① EAN-13（标准码）：通常用于一般商品，由 13 位数字组成，如图 10-2 所示。

② EAN-8（缩短码）：用于包装面积或印刷面积不足以印刷标准码的商品，由 8 位数字组成，如图 10-3 所示，加入校验码是为了防止扫描器阅读条形码时发生误判。

9 787541 082283 >

图 10-2　EAN-13

72020013

图 10-3　EAN-8

知识拓展

商品代码的设定原则

商品代码是按消费者购买商品的单位由申请厂商自由设定的，其设定原则如下。

1. 食品、杂货类

(1) 商品名称不同。

(2) 体积或重量不同，如 100 克、200 克等。

(3) 包装形式不同，如罐装、瓶装、袋装等。

(4) 零售单位不同，如 1 粒、1 盒、1 瓶等。

(5) 原料或质量不同。

(6) 大小不同，如大、中、小号等。

(7) 为成套商品，但组合方式或价格不同。

2. 衣料、服装类

(1) 品牌不同。

(2) 出厂厂名不同。

(3) 售价不同。

(4) 质料不同，如 100%棉、50%棉。

(5) 零售单位不同，如一打装、三双装。

(6) 尺码不同，如 XL、L、M、S 等。

(7) 组合商品，但价格或组合方式不同。

3. 新商品应使用新代码

对已编码的旧商品，若改变包装或体积等，应重新设定代码。在促销时，若对单一商品打折，可沿用原来的代码；若组合成套出售，则需另外编码。

(2) 储运条形码

储运条形码是用于商品装卸、仓储、运输等配送过程中的识别符号，通常印在包装外箱上，用来识别商品种类及数量；亦可用于仓储批发业销售现场的扫描结账。储运条形码符号的应用面向国内储运业界（制造商、批发商、零售商）。

零售店将配送包装单位当做销售单位时（如家电或整箱销售的商品），即可用外箱上的储运条形码扫描结账；批发业或零售业在进行进货、点货或库存盘点作业时，对以配送单位包装的商品可扫描储运条形码，对以零售单位包装的商品则扫描原印条形码。总之，其应用场合包括自动装卸货、拣货、分货、进出货自动登录与传输，以及订单收货作业。

储运条形码的基本结构为原印条形码，当同一商品的包装数量不同或同一包装中有不同商品组合时，就必须加上储运标识码以便识别。

储运条形码包括 14 位标准码与 16 位扩大码两种。若有以重量计算的商品，还可追加使用 6 位加长码，其代码结构如下。

① DUN-14 码（标准码），其基本尺寸（即倍率为 1.0 时）为：（高）31.8 mm×（宽）122.428 mm。

② DUN-16 码（扩大码）其基本尺寸（即倍率为 1.0 时）为：（高）31.8 mm×（宽）138.684 mm。

③ 加长码（在标准码或扩大码不足以计算商品时，可再加 6 位加长码来补足）其基本尺寸（即倍率为 1.0 时）为：

条形码符号的基本尺寸（即倍率为 1.0 时）为：（高）31.8 mm×（宽）57.404 mm。

条形码符号倍率范围为 0.625~1.2 倍。直接印在瓦楞纸箱上时，最好是标准尺寸的 1.0~1.2 倍，印成条形码标签时可缩至 0.625 倍。

为节约成本，条形码符号的底色可为瓦楞纸箱原色；而条色为黑色最理想，也可以是紫色、蓝色、绿色。在自动化的仓储和配送作业中，当商品在传送带上运动或在货架上静止时扫描储运条形码。因此，储运条形码的印刷位置对配送包装商品的自动化处理是非常重要的。为方便扫描，应在纸箱的四个立面或相邻两面都印制或粘贴储运条形码。

（3）EAN-128 码

商品条形码与储运条形码都属于不携带信息的标识码，在物流配送过程中，如果需要将生产日期、有效日期、运输包装序号、重量、体积、尺寸、送出地址、送达地址等重要信息条形码化，以便扫描输入，这时就可应用 EAN-128 码。

EAN-128 码可携带大量的信息，所以其应用领域非常广泛，包括：制造业的生产流程控制，批发物流业或运输业的仓储管理、车辆调配、货物追踪，医院血液样本的管理以及政府对管制药品的控制追踪等。应用 EAN-128 码的主要效益如下。

① 自动输入信息，节省信息传递及输入的成本。

② 保证信息传输的正确性和及时性。

③ 生产、配送、零售等各环节都能掌握商品动态。

④ 降低配送过程所造成的损耗。

EAN-128 码是根据 EAN/UCC-128 码的定义标准将数据转变成条形码符号，为识别所携带信息的意义，用不同的应用识别码进行识别。编码时，应用识别码定义其后码的长度的意义，而信息码则是固定或可变长度的数字，EAM-128 码的代码结构如下。

① 符号的尺寸。符号长度取决于所编码的字元数目，为（11N+46）个模组，N 为数据字元的个数加上辅助字元的个数。每个模组基本宽度为 1.0 cm。因此，条形码符号总宽

度为（11N+46）cm。条形码符号的基本高度为 31.8 cm。

② 条形码符号的倍率。为正常尺寸大小的 0.25 倍~1.2 倍。

③ 条形码符号的颜色。条形码的底色可为瓦楞纸箱原色，条色可为黑、紫、蓝或绿色。

二、条形码在物流作业中的应用

条形码在物流领域中的应用包括如下方面。

1. 订货作业

以超市价格卡与便利店订货簿为例。在超市的货架上，每种商品陈列处都贴着价格卡，其用途有两个：一是向顾客告知商品价格；二是可按卡上所注的订货点，指引工作人员计算商品所剩的陈列量是否低于设定的订货点，若需订货，使用手持式条形码扫描器读取价格卡上的商品条形码，就可自动输入商品货号。

连锁总部定期将订货簿发给各便利店，订货簿上有商品名称、商品货号、商品条形码、订货点、订货单位、订货量等，工作人员拿着订货簿巡视各商品以确认所剩陈列数，记入订货量；回到办公室后，用带条形码扫描器的掌上终端机扫描欲订商品的条形码并输入订货量，再用调制解调器传出订货数据。

2. 进货验收作业

在配送中心，对整箱进货的商品，其包装箱上有条形码，放在输送带上经过固定式条形码扫描器的自动识别，可接收指令传送到存放位置附近。

对整个托盘进货的商品，叉车驾驶员用手持式条形码扫描器扫描外包装箱上的条形码标签，利用计算机与 RFDC 系统，可将存放指令下载到叉车的终端机上。

3. 补货作业

基于条形码进行补货，可确保补货作业的正确性。有些拣货错误源于前项的补货作业错误。商品进货验收后移到保管区，需适时、适量地补货到拣货区。为避免补货错误，可在储位卡上印上商品条形码与储位码的条形码，当商品移动到位后，以手持式条形码扫描器读取商品条形码和储位码条形码，由计算机核对是否正确，这样即可保证补货作业的正确性。

4. 拣货作业

拣货有两种方式：一种是按客户进行的摘取式拣货；另一种是先将所有客户对各商品的订货汇总，一次拣出，再按客户分配各商品量，即整批拣取、二次分货，称为播种式拣货。

对于摘取式拣货作业，在拣取后用条形码扫描器读取刚拣取商品上的条形码，即可确认拣货的正确性。

对于播种式拣货作业，可使用自动分货机，当商品在输送带上移动时，由固定式条形码扫描器判别商品货号，指示移动路线与位置。

5. 交货时的点交作业

交货时的点交作业通常分为两种形式，一种是由配送中心出货前复点数量，另一种是交由客户当面或事后确认。

对于配送中心出货前的复点作业，由于在拣货的同时已经通过条形码确认过，就无须进行复点作业。

对于客户的当面或事后确认，由于拣货时已用条形码确认过，交货时无须双方逐一核对；若不放心，可在客户处用条形码扫描器进行当面或事后确认。

条形码技术是最早、最知名且最成功的自动标识与数据采集（AIDC）技术。AIDC技术涵盖了多种方法，包括条形码、射频识别（RFID）等。当前，射频识别是最热门的技术。尽管已问世较长时间，但各厂商间的格式一直未能实现兼容，目前该项技术正由国际标准化组织进行标准化工作。

射频识别技术提供了无需直接接触即可采集物品信息的方式，其读写距离可在数毫米至数米之间调整。射频识别标签有多种形式，实际应用中，技术的实施取决于制造商和具体应用环境。所用频率范围覆盖较广，从125 kHz至5.8 GHz。尽管制定射频识别标准面临诸多挑战，但标准化工作已正式启动。

射频识别技术的核心优势在于非接触性能，阅读距离可达数十米。然而，这也为其带来了一定的局限性，如在同时阅读多种标签时需采取相应措施以解决干扰问题。

三、条形码对物流信息化的影响

条形码是一种简易可自动识别的符号，可利用相关自动化设备自动阅读，从而简化跟踪、监管、录入作业。因此，条形码识别技术是目前最普及的识别方法，无论制造业、商业或服务业，在商品制造、销售与运输过程中均能见到条形码识别系统的应用。在自动化的物流系统中，条形码识别技术可以辅助物品装卸、分类、拣货、库存，使作业程序简单且准确。详细来说，条形码的特殊优点如下。

1. 高速自动输入数据

通过键盘输入13个数字约需6秒，而接触式扫描器扫描条形码只需一两秒，若用固定式扫描器，瞬间即可完成读取。

2. 高读取率

读取率是指对条形码扫描的总次数中能够有效识读的百分比，这取决于包装纸、纸箱、标签纸的印刷精度及条形码扫描器的光学分辨力。

3. 低误读率

利用校验码可以将误读率控制在几十万分之一以内。

4. 非接触式读取

以手持式扫描器读取条形码几乎不省力。而使用非接触式扫描器能够读取输送带上迅速移动的物品上贴的条形码，叉车驾驶员可以读取高处或远处的货架或托盘上的条形码，这些能力在物流作业现场是非常有用的。

5. 容易操作

任何种类的条形码扫描器都很容易操作。

6. 设备投资低

条形码扫描器可以使用七年以上，每年一两次的保养费也很低；而印制条形码标签的费用也很低，若在包装上直接印制条形码，几乎不增加任何费用。

7. 可广泛用于多种作业

扫描条形码可自动、迅速、准确地收集数据，目前在商品流通的很多领域都已广泛应用。

流通业未来的需求趋势是多品种、少批量、多频率、及时制，若仍依赖人工作业，就无法满足顾客需求，因为人无法持续、长时间地进行识别和寻找作业，作业效率与正确率也会递减；而条形码自动识别系统最符合物流作业的高速化、正确化、效率化的新需求。

任务三　物联网与智能物流

一、物联网概述

1. 物联网的概念与本质

2005 年国际电信联盟（ITU）在信息社会世界峰会上发布《ITU 互联网报告 2005：物联网》，正式提出了“物联网”的概念，并指出“物联网时代即将到来”，由此，各个国家开始积极推进物联网的发展，物联网成为这个时代的骄子，它不仅成为新一代信息技术的重要组成部分，而且也是信息化时代的重要发展阶段。依托众多科技创新，物联网正以兼容并蓄的姿态成为整个信息科技的集大成者，改变着整个社会的前进步伐。

物联网的具体内涵就是通过射频识别（RFID）、红外感应器、全球定位系统、激光扫描器等信息传感设备，按约定的协议，把任何物品与互联网连接起来，进行信息交换和通信，以实现智能化识别、定位、跟踪、监控和管理的一种网络。简单来看，物联网最终要打造物物相连的网络。

物联网的本质主要体现在三个方面：一是互联网特征，即为需要联网的物打造互联互通的网络；二是识别与通信特征，即纳入物联网的“物”一定要具备自动识别与物物通信的功能；三是智能化特征，即网络系统应具有自动化、自我反馈与智能控制的特点。

2. 物联网的特征

和传统的互联网相比，物联网有如下鲜明的特征。

（1）它是各种感知技术的广泛应用

物联网上部署了海量的多类传感器，每个传感器都是一个信息源，不同类别的传感器所捕获的信息内容和信息格式不同。传感器获得的数据具有实时性，按一定的频率周期性地采集环境信息，不断更新数据。

（2）它是一种建立在互联网上的泛在网络

物联网技术的重要基础和核心仍是互联网，通过各种有线和无线网络与互联网融合，将物体的信息实时准确地传递出去。物联网上的传感器定时采集的信息需要通过网络传输，由于其数量极其庞大，形成了海量信息，在传输过程中，为了保障数据的正确性和及时性，必须适应各种异构网络和协议。

（3）物联网能对物体实施智能控制

物联网将传感器和智能处理相结合，利用云计算、模式识别等各种智能技术扩充其应用领域。从传感器获得的海量信息中分析、加工和处理有意义的数据，以满足不同用户的不同需求，发现新的应用领域和应用模式。

3. 物联网技术的组成部件

（1）传感器技术

传感器技术在物联网体系中占据举足轻重的地位。在物流管理领域运用物联网技术时，首要任务便是实现传感器的部署与配置。安装传感器的初衷在于将整个物流体系，包括各类设备终端的物理、化学、生物等各项指标，转化为可供相关设备读取的信号。传感器主要由敏感元件、转换元件、测量元件以及辅助电源构成。其中，敏感元件负责感知待测信息，转换元件则将感知到的信息通过特定方式转变为其他形式的信息并输出。传感器技术为物联网提供了基础支持，鉴于若无此项技术，物流活动便无法直接转化为物流信息，后续的信息处理与应用亦无从谈起。

（2）射频识别技术

射频识别（RFID）也是一种传感技术，RFID 技术是融无线射频技术和嵌入式技术为一体的综合技术，RFID 在自动识别、物品物流管理方面有着广阔的应用前景。通过 RFID 技术，可以将设备末端的数字信号和模拟信号转化为信息流并传递到物联网上的每一个环节。RFID 技术包括以下几个部分：标签，由耦合元件及芯片组成，每个标签具有唯一的电子编码；附着在物体上标识目标对象的阅读器，也就是读取（有时还可以写入）标签信息的设备，可设计为手持式 RFID 阅读器或固定式阅读器；超高频手持机天线，用于在标签和阅读器间传递射频信号。

（3）纳米技术

纳米技术是用单个原子、分子制造物质的科学技术。纳米技术一方面是很多现代科学技术的基础，另一方面又是现代科学（混沌物理、量子力学、介观物理、分子生物学）和现代技术（计算机技术、微电子和扫描隧道显微镜技术、核分析技术）结合的产物。物流系统中使用物联网技术时不可避免地要采用纳米技术，利用纳米技术制造的一些物联网器材，寿命更长、质量更轻、硬度更大。因此，纳米技术是物联网技术很有前景的发展方向。

（4）全球定位技术

利用人造地球卫星，在全球范围内进行实时定位、导航的系统，称为全球卫星定位系统，简称 GPS。利用 GPS 实现全球定位、实时跟踪物流信息是物联网技术支持下物流管理的一个显著特点。GPS 定位的基本原理是将高速运动的卫星的瞬间位置作为已知的起算数据，采用空间距离后方交会的方法确定待测点的位置。其定位效果好，定位速度快，对当代物流管理做出了重要贡献。

（5）二维码技术

二维码是某种特定的几何图形按一定的规律在平面（二维方向上）分布所形成的黑白相间的图形、数据、符号信息等；在代码编制上巧妙地利用构成计算机内部逻辑基础的“0”和“1”比特流概念，使用若干与二进制相对应的几何图形来表示文字数值信息，通过图像输入设备或光电扫描设备自动识读以实现信息的自动处理。二维码能够在横向和纵向两个方位同时表达信息，因此占用的面积很小。《物联网“十二五”发展规划》中提出将二维码作为物联网的一个核心应用，使得物联网从“概念”走向“实质”。

二、物联网对智能物流供应链的影响

随着物联网技术的持续演进与提升，我国物流产业的拓展空间得以扩大，发展前景愈发远大。此外，物流产业正朝着更加专业化的方向迈进。物联网智能物流供应技术能够实现各领域同类资源物流信息的集中化管理，完成横向整合。同时，该技术针对各物流产业中的物流资源，进行专业化物流信息采集，实现物流资源信息的分层整合优化，从而推动纵向整合。

物联网智能物流供应链管理将供应链上的企业制造商、企业批发商、企业运输商及企业零售商所提供的物流资源与物流资金流进行信息整合，便于企业进行物流供应链信息的决策管理。物联网智能物流供应链管理体现在信息共享的同步化、管理过程的优化、供应链的可视化以及网络的无缝化等方面。

1. 同步化信息共享

物联网的智能物流供应链管理目标为信息同步化与信息共享，并且在物联网智能物流供应过程中，对物流供应链中的物流资源进行追踪。同时，向物流供应链中所有企业进行实时的物流资源信息传递，并保证物流资源信息的准确性，从而避免物流资源信息失真的情况发生；高效地进行物流资源信息传输，对物流市场需求进行准确的预测，从而减少各物流企业的库存量。

2. 管理过程优化

在物流供应链管理过程中要优化企业供应链，并将传统供应链管理中物一人一物的模式转变为物一物模式，使企业物流供应链得到优化。在物流供应物与物的供应传输模式下，能提高整个物流供应的供应链效率，同时能降低管理人员进行物流管理工作时的出错率，从而实现物流供应运行中物与物之间的直接传输，并对物流供应过程中的物流资源进行实时监控与追踪管理。

3. 供应链可视化

在物联网的智能物流供应链管理过程中，以物联网为基础的供应链能够实现可视化。物联网智能物流供应链在网络运行中，可对物流中的每一个产品进行产品物件标记工作，相当于对资源产品贴“标签”，其“标签”内容为此资源产品的产品信息与互用性信息，从而使供应链管理人员通过“标签”内容便可对物流资源产品进行识别，进而使物流资源供应链实现网络内部企业资源信息共享与交换，实现零透明度供应链管理，保证了供应链管理的公开化。

4. 网络无缝化

伴随着我国经济社会的蓬勃发展，消费者个性化需求日益凸显。为此，网络无缝化工程须不断优化升级，以满足消费者多样化需求。同时，物流资源供应企业亦需提高资源补给速度，确保资源供应的灵活性和适应性。然而，这种资源补给模式势必会增加管理成本。因此，运用智能供应链网络成为必然选择，以提升资源供应信息交流、资源资金流动以及资源供应控制水平。借助智能供应链网络，企业能选择最合适的资源补给路线，从而降低库存，提高运输效率，实现物流资源供应链的资源重塑。

三、基于物联网的智能物流供应链管理系统

在快速发展的物流产业中，很多的数据在各个企业的生产运行过程中形成，怎样提取丰富有效的信息决定了现代化企业决策的准确性。传统意义上的物流管理信息系统仅仅分析和处理简单的数据，然而不断发展的物联网技术可以在建构智能物流供应链系统的基础上，摆脱固有的物流信息系统的束缚，建构立体性与多视角的数据信息，且可使决策的准确性提高，从而有助于物流企业迅速响应市场。

1. 工作流程

智能物流供应链系统以信息流动为核心，通过高效运用现代信息技术、自动化技术及物流技术，实现资源在物流全过程的优化配置，统一资金流动、产品制造及物流信息，进而构建高效运作的物流服务体系。RFID 物流管理系统作为物联网技术的基础，主要包括 Savant 系统、RFID、EPC、PML 服务器与 PNS 服务器。在应用这一系列技术的前提下，从供应商到客户的产品全面管理流动形成于物联网。工作流程的重心在于利用 RFID 阅读器获取唯一的电子物品代码，通过 Savant 系统持续传输代码，借助 ONS 服务器获取 PML 服务器 IP 地址，进而获得查询物品电子代码的 PML 服务器，实现物流全部信息的查询。在获取信息的过程中，企业内部管理系统可自动处理物品。

2. 系统功能

基于 RFID/EPC 技术的物联网，在应用实践中主要在销售环节、运输环节、仓储环节、生产环节影响供应链，供应链的零售商、输送商、批发商、生产商借助物联网智能物流系统，对产品的现状进行动态跟踪，迅速地对市场做出反应，实现企业的高收益与零存货。企业内部信息系统根据数据仓库技术，进行人工智能分析、数据挖掘、OLAP 分析等等，最终实现生产采购管理、销售管理、输送管理、库存管理、产品管理。

（1）生产采购管理

生产采购管理的目的是实现运作的自动化。借助 EPC 技术，生产最终产品预期的零部件与原材料能够在繁多产品的库存中准确地找到。识别跟踪整个生产线的产品、半成品、零部件、原材料，处理过程的自动化使人为管理会发生的管理费用与误判大大减少。借助信息的实时反馈，生产管理员可以对进度与生产进行科学地组织，确保流水线运行的稳定性，最终保证产品的质量。

（2）销售管理

销售管理的目的是对消费者的需要快速响应。应用物联网技术，可以实时地对产品进行补货，以使顾客等待的时间减少，显著提升顾客的满意度。并且，顾客可以借助智能秤对产品的性能、外观、生产日期等一系列信息进行获取，进而确保消费者在真正把握产品信息的情况下购买到适宜的产品，防止出现产品过期的情况，以减少法律纠纷。

（3）输送管理

输送管理的目的是实现流程化的输送。应用物联网技术，将 EPC 标签贴在输送车辆上，将 RFID 接收器安装在输送线路的关键节点上，可以对车辆的输送状态进行全程跟踪，进而了解预计到达的时间与货物位置，倘若输送过程中车辆发生故障，也可以及时进行补救。

（4）库存管理

库存管理的目的是实现管理的准确性与快速化。对出入库产品应用物联网技术，可及时盘点货物，减少库存、实时补货、准确发货。自由放置的仓储产品使空间的应用效率提升。管理的自动化使人工费用减少，并且使送错、损害、盗窃等情况减少。

（5）产品管理

在产品通过供应链成员节点的情况下，RFID 阅读器自动捕获产品的电子代码，Savant 系统自动收集这个时候的状态信息。状态信息涵盖供应链成员的地点、时间、阅读器号、企业名称、角色等，输送企业、批发商、零售商、制造商可实时查询这一系列信息，并可基于此加强防伪管理。

任务四　供应链数字技术与数字平台

一、供应链数字技术概述

1. 大数据分析

大数据分析（big data analytics，BDA）是基于大量数据的知识提取，促进了数据驱动的决策。在实际生产过程中记录的数据越多，在 BDA 应用的帮助下评估海量数据就越重要。传统的 ERP 系统通常难以实现该目标，其原因在于来自智能网络的内部和外部数据通常是非结构化的。因此，要使不同形态、不同来源的数据能够对供应链运营产生作用，可使用以下数据分析工具来重新格式化和检测数据。

（1）描述性分析旨在记录一个产品或业务的条件、环境和功能。

（2）诊断性分析旨在剖析导致业务成功或失败的原因。

（3）预测性分析旨在识别将要发生的事物状态。

（4）处置性分析旨在找到解决问题或者改善绩效的方法。

因此，在运用 BDA 促进数字供应链发展的过程中，需要关注信息的两个维度：一是信息源，即需要同时获取和把握企业内外的各类信息数据；二是信息的类型，即需要同时关注显性以及隐性的信息数据。只有同时实现这两个维度，BDA 才能对供应链管理产生巨大影响。

2. 人工智能

人工智能

人工智能（artificial intelligence，AI）是一种机器能力，它能模仿人类能力，并与人类进行交互。因此，AI 能够更精确、更高速地解决供应链运营中存在的问题，例如，库存控制与规划、运输网络设计、采购与供应管理、需求规划与预测、订单选择问题、客户关系管理以及电子协同供应链运营。具体来讲，AI 技术在供应链运营中至少能够起到如下作用。

（1）从传感器采集的数据中转换获取所需信息

比如，从物流运载车辆的物联网（IoT）传感器所采集的视频图像中通过 AI 图像识别技术识别车辆驾驶人员的身份信息；产品通过安全检测后，检测人员通过语音进行确认，经 AI 语音识别系统核实后，为产品信息附加检测人员的电子签名，录入数据库。

（2）对传感器数据进行实时监控与分析

例如，钢材成品可能存在内部气泡，也就是缺陷，而超声波探伤技术是探测钢材内部气泡的有效途径之一，通过分析超声波穿透钢材成品过程中振动传感器所返回的振动图像的形态，AI 能够对可能存在缺陷的钢材成品实时报警以提高质检效率。根据实时收集到的运输、物流、市场信息，通过神经网络等 AI 技术，及时发现供应链运行中的薄弱环节，优化调整生产规划、库存和供应网络，以保证供应链高质量运行。

（3）AI 技术能够实现人机交互并收集交互信息

例如，在驾驶过程中车辆驾驶人员可实时通过语音识别系统与 AI 交互了解冷链运输的实时温度和湿度。

（4）AI 能够对物理世界资产在参与方账本中的数字投影进行更新

在货品运输过程中，货运车辆入库可通过 AI 图像识别技术从车辆图像中识别车辆的唯一 ID（比如车牌号），并由流程触发对货运车辆入库后的一系列货品验收等流程环节。

3. 5G 技术

无线网络的每一代进化都使智能手机的运行速度更快且更实用。1G 为第一款手机铺平了道路，2G 首次启用了文本，3G 实现了从文本到在线的飞跃，4G 提供了客户今天所能享受的速度。但随着用户的不断增长，4G 已经达到用户智能手机和设备的数据极限。现在，技术已经向 5G 发展，5G 允许多种集成的无线/接入解决方案，从而极大地推动数字供应链的发展。

（1）5G 对采购供应的影响

5G 的高速使企业更容易与供应商沟通和协同工作，从而实现成本优化和整体效率的提高。速度并不是 5G 的唯一优势，较低的延迟将意味着更少的互联网中断，这些因素将使采购形成很多新的价值机会，并降低在采购供应沟通中发生的各类成本。

（2）5G 对生产活动的影响

5G 在供应链中的一个关键应用领域为生产网络，其主要作用在于利用 5G 技术协调机器操作、读取统计数据及日志文件，并进行相应编程。为实现这一目标，网络需具备较高的可靠性与较低的延迟特性。未来工厂将呈现高度灵活与定制化的特点，为确保这一目标达成，工厂内的机器设备需频繁重新编排或移动，以创建新的物理布局。在此过程中，众多设备需单独进行系统更新以实现重新编程，尽管每次更新规模较小，但累计数据量仍可能较大。5G 技术的应用可有效缩短工厂重新配置所需时间，降低生产新产品时停机时间。此外，5G 还能增强设备间数据交换能力，有利于紧密监控与控制生产过程，从而显著提升供应链运营质量。

（3）5G 对运营的影响

4G 无线移动技术改变了消费者市场，而 5G 将重塑整个业务前景。由大量的传感器和执行器组成的工业应用将是 5G 的创新应用之一。它将一些便携式或移动应用程序和服务（如工业自动化和虚拟现实）结合在一起，通过提供超低延迟的通信实现智慧运营。智能供应链不久将使用传感器来监控操作供应链的各个方面和各个环节，5G 网络将具有高容量和无线灵活性，这将使任何供应链参与者都能够收集实时数据，并利用这些信息来了解和优化运营，以获得最佳输出。

（4）5G 对物流的影响

物流是指在正确的地点、正确的时间将正确的产品送达正确的地点，它是驱动供应链的支柱。5G 和 IoT 的结合使用可以为供应链参与者提供从工厂到客户的实时信息。5G 网络和 IoT 的结合使得物流中的所有载体之间能够进行实时的信息交互，进而使得实时、透明交付成为可能，这将提高仓库和分销商之间的效率，使物流运作和管理的效率和效能大为提升。

知识拓展

6G 的发展与应用

6G 是指第六代移动通信技术，作为对 5G 的后续发展，它将带来更高的速度、更低的延迟、更大的容量和更广泛的应用。尽管 6G 技术还在研发阶段，但已经开始涉及以下几个关键方向的发展和应用。

1. 更高的频谱利用率

6G 将进一步扩展频谱资源的利用，包括使用更高频率的波段，例如太赫兹频段和光无线通信技术。这将提供更大的带宽和容量，支持更快的数据传输速率和更多的连接设备。

2. 延迟进一步降低

随着物联网和智能化应用的扩展，对实时性要求的需求将进一步增加。6G 将提供极低的延迟，通信系统将能够几乎实现即时响应，满足增强现实、虚拟现实、云游戏等对低延迟的高要求。

3. 强大的智能化

6G 将进一步融入人工智能、机器学习和大数据等技术，实现智能感知和智能决策。通过智能化的网络管理和资源调度，6G 将能够提供个性化的网络服务，同时最大程度地提高网络效率和用户体验。

4. 更广泛地连接

6G 将进一步拓展通信范围，包括深海、空中和极地等遥远地区。这将使得更多的设备和场景得以连接，例如远程医疗、环境监测、智慧农业等，为人们的生活和工作带来更多便利和创新。

5. 安全和隐私

随着物联网的快速发展，安全和隐私保护变得尤为重要。6G 将集成更强大的安全机制，如量子加密技术，以保护用户数据和通信隐私。

总的来说，6G 的发展将进一步推动移动通信技术的边界，打破现有的限制，实现更快速、可靠和智能的无线通信。目前 6G 技术仍处于研发阶段，预计将在 2030 年左右商用化。

4. 边缘计算技术

边缘计算是指在靠近物或数据源的一侧，采用集网络、计算、存储、应用核心能力于一体的开放平台，就近提供最近端服务。其应用程序在边缘侧发起，产生更快的网络服务响应，满足行业在实时业务、应用智能、安全与隐私保护等方面的基本需求。具体到供应链运营中，边缘计算技术主要用于衔接感知器和数据层之间的数据预处理环节，在数据预处理执行、数据处理程序的安全部署与更新以及数据在设备端可靠共享方面发挥核心作用。

(1) 降低数据层的计算负载

在靠近设备端的本地网关设备上运行可定制化的边缘计算处理程序，对设备数据进行特定分析场景所需的预处理，并将处理后的数据特征或摘要上传至数据层，可以大大降低数据层的计算负载。

(2) 增强数据处理的灵活性

在靠近设备端的网关，采用边缘计算技术能够实现数据预处理程序的自动化部署与更新，从而简化数据和感知对业务模式或流程的更新响应，增强数据处理的灵活性。

(3) 实现多方安全的数据共享

参与方通过设备拥有方的授权即可访问已部署于该设备网关上的指定边缘计算服务。设备数据使用方无须也无法获取设备原始数据，而是通过授权访问指定边缘计算服务获取数据处理结果，从而降低了设备拥有方泄露数据隐私的风险；同时又通过在设备侧引入基于身份识别模块的验证机制，使数据使用方可以验证所接收数据的真实性。

5. 云计算技术

前述物联网技术以及边缘计算技术在功能上主要着眼于设备端的数据采集和数据预处理，然而供应链运营的决策所需的数据通常不是单个传感器设备所能提供的，可能需要对整个供应链运营所涉及的大量设备的数据进行计算密集型的数据聚集、数据融合和特征提取，也需要对大量设备端的数据进行迭代式的数据模型训练。而这些场景非常适合采用云计算技术以发挥其在并行性和可伸缩性方面的优势。

(1) 历史业务交易数据分析

采用云计算服务可以加速从历史交易数据中抽取特征并计算运营模型，从而为供应链风险控制和供应链优化等分析需求构建价值模型。例如，对供应链上下游企业的历史货款应收应付的逾期情况和交易金额等敏感数据进行风控建模。

(2) 供应链设备端产生的操作数据分析

通过云计算，大数据分析设备端数据能够帮助供应链上下游企业从微观传感器数据中提取供应链全局特征，并以全局视角构建供应链优化模型，优化企业在供应链中的原料配置、产能安排以及交付日程等重要生产活动。

(3) 企业管辖范围内的设备端数据分析

例如，通过大型机床的生产和检修时间段，以及设备温度传感器与故障率之间的关联等因素，评估企业当前的最大月产能；通过各物流供应商的历史出车和故障率以及当前运载负荷等因素，评估供应商当前的可用运力等。

6. 区块链技术

作为一种分布式数字账本技术，区块链确保了透明度、可追溯性和安全性，在供应链运营中发挥着日益重要且不可替代的作用。本质上，区块链是一个分布式、不可篡改的数据库，能实现更高效、更透明的交易，通过一致性的记录验证消除了对可信中介的需求。由于区块链技术具有解决供应链中难点和痛点问题的特性，其必将彻底改变供应链流程。

区块链可分为公有链和联盟链两种常见形态：在公有链中，任何节点成员均可加入并获得相同的操作权限；而在联盟链中，需经专门机构审核许可、发放证书，不同身份的节点具有不同的操作权限。通常，具有身份管理权限的联盟链技术更适用于供应链网络的各类应用。具体来说，联盟链技术主要由以下四大类技术构成。

（1）共享账本

共享账本中以链式结构存储了交易历史以及交易以后的资产状态。每一个区块的哈希将作为下一个区块的数据头，如此一个一个地串联在一起。由于各个有存储账本权限的节点和相关方有相同的账本数据，因此通过哈希校验可以很方便地使得账本数据难以篡改。账本中存储了交易的历史，且这些交易都由交易发起方签名，由一定的背书策略验证过，并在达成共识以后写入账本。

（2）智能合约

智能合约描述了多方协作中的交易规则和交易流程。这些规则和流程将会以代码的形式部署在相关参与方的背书节点中。智能合约将由一个内外部事件来驱动执行。

（3）机器共识

机器共识保障，在分布式网络中，各个相关节点按照同样的顺序来执行所接收到的交易。这些交易都会通过智能合约所代表的逻辑来执行。这样就保障了各个账本中的交易记录和交易结果一致。

（4）权限隐私

所有加入联盟区块链网络的人、机、物、机构都必须获得授权。隐私保护保障共享账本的适当可见性，只有获得一定权限的人才可以读写账本、执行交易和查看交易历史。同时保证交易的真实可验证性，保证交易可溯源性，保证交易不可抵赖性，保证交易不可污蔑性。

二、供应链数字平台概述

1. 供应链数字平台的概念和特性

数字平台不是指将供应链运营局部业务模块化，或者在供应链运营活动中应用某些先进技术，促进业务之间的交互，而是支持供应链多边互动的综合服务和信息体系结构，结合模块服务和实现互补的接口，以支持信息共享、协作和/或集体行动，如图 10-4 所示。

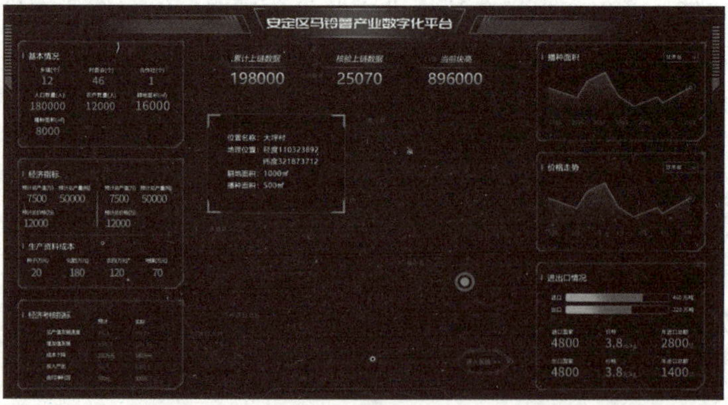

图 10-4　数字平台

数字平台不同于以往的商业平台，后者是由一个总体设计结构控制的各类模块组成的双边或多边市场，而数字平台则没有任何一个单一的主体控制平台的核心，而是更具松耦合特性的网络或生态，其特性见表 10-1。

表 10-1 数字平台核心概念的特性

概念	特性
多边平台	调解不同的用户群如买家和卖家
多边市场	将不同的群体聚合在一起，或匹配在一起，一个群体的价值随着另一个群体参与者数量的增加而增加
直接网络外部性	平台的价值取决于同一群体中的用户数量
间接网络外部性	平台的价值取决于不同群体中的用户数量
数字平台（技术视角）	一个可扩展的代码库，其中可以添加互补的第三方模块
数字平台（社会技术视角）	技术要素（软件和硬件）以及相关的组织流程和标准
生态（技术视角）	集合互补模块到核心技术平台，大部分模块由第三方提供
生态（组织视角）	一系列的企业通过互动贡献各自价值
应用	给客户提供可执行的软件，如 App、数字服务或系统
资源边界	通过技术和规制体系促进参与者之间的交易关系
平台开放性	平台边界资源支持的补充程度

2. 供应链数字平台的重要组件

（1）模块化或微架构的服务

模块化或微架构的服务包括围绕供应链形成核心的资源和能力部署（如供应链运营中技术、服务、资源、能力等基础要素的建构，通过这些要素的整合，促进定制化的供应链业务或服务）。此外，各类模块化的供应链能力要素能够实现标准化和灵活组配，以支持多变的供应链运营诉求。

（2）良好的界面

良好的界面是指数字平台能够有良好的链接，将内外不同的产业与金融资源和能力进行聚合，实现灵活构造和资源迅速配置。

（3）形成高度互补

形成高度互补是指聚集的产业与金融资源和能力能够产生巨大的效能，提升产业供应链的效率和效能。需要指出的是，这种聚合不是封闭的，能够形成既具有合力也不过于封闭的业务关系。

3. 供应链数字平台的功能目标

从以上数字平台的特征可以看出，数字平台将数字技术和供应链业务场景和服务高度结合，形成了一个整体化的技术和业务架构，这种架构的目标是要实现供应链运营中的三个可信和三个高效。

（1）可信交易链

在供应链运营中，各主体之间的交易流程需全面、真实地反映和管理。交易要素需确保真实，并动态展现交易过程，清晰追踪权益变动及交易主体发起情况，预测交易延续或结果。传统供应链运营难以实现全面、连续地追踪和反映，因涉及众多主体，各主体交易行为难以全面、连续地追踪和反映。此外，需构建透明、真实、实时的交易全要素管理体系。数字平台有助于解决这些问题，确保交易真实可靠，实现更优质的交易流程管理。

（2）可信资产链

反映资产流动状态及价值变化的过程。供应链运营涉及形态各异的业务或资产，如原材料、设备等。确保不同类型资产的真实性及权属明确，清晰追踪资产转移变化过程是供应链运营管理中的挑战。数字平台需清晰管理资产及其变化。

（3）可信行为链

交易主体的行为可识别、可追溯，交易与资产之间的对应关系可鉴别、可衡量。传统供应链运营中，行为的可识别是潜在挑战和风险，例如确认真实交易要素及交易对象的真实接受情况。此外，需确保交易与资产的对应关系，例如在供应链仓储融资中确保物权和货币权一致、货物与仓单一致。数字平台需实现这种行为的一致性，实现可信行为链。

（4）高效的异构组织链接

通过有效的数字平台将千差万别的异构组织链接起来，协同从事供应链运营。组织之间的协同与整合困难，因各自目标和战略趋向独立，信息化程度不同导致信息管理能力存在差异。数字平台能够将不同信息化能力的企业便捷地连接在一起，推动组织间无障碍交互。

（5）高效的技术架构搭建

所建构的供应链数字平台既能够促进供应链运营效率提升，又能够使建构数字技术平台的成本可控，能够在组织间迅速部署。数字技术能够提高供应链运营效率，增强信息实时性和透明性。但实施成本较高会影响目标实现，例如云计算处理和决策可能造成海量数据处理费时繁杂、实施代价高昂、信息通道堵塞。在建构过程中需权衡技术实施的成本和收益。

（6）高效的资源能力整合

借助供应链数字平台将内外部资源或能力迅速整合进平台，根据客户价值诉求和供应链运营目标高效组合、定制各类资源和能力。这些资源和能力包括供应链设计、运营、创新、执行、业务和金融能力。当这些能力充分整合在数字平台上时，数字技术与供应链能够高效融合，推动企业和产业发展。

三、供应链数字平台的架构

基于上述三个可信、三个高效的要求，供应链数字平台的架构包含后台、中台、前台以及控制塔等。

1. 供应链后台管理系统

供应链后台管理系统为企业核心资源管理系统，涵盖财务、风险管控、战略指挥、生产建设、仓储管理、运输管理以及人力资源管理等子系统。值得注意的是，供应链数字平台的后台系统不仅对企业内部各类资源进行管控，还需整合外部资源，构建产业资源生态和金融资源生态。产业资源生态包括供应链运营所需的各种资源能力，这些资源能够相互补充，整合为一体化能力，以满足供应链运营需求，实现价值流动。此外，金融资源生态的建设与整合亦至关重要，因为保持良好的现金流、优化产业资金配置、维持稳健持续的资金流是供应链运营的关键要素。

2. 供应链中台管理系统

在中台架构中，包含技术中台、数据中台、AI 中台以及组织中台和业务中台几个部分。

（1）技术中台

技术中台是供应链数字平台中台化建设中采用的支撑技术，这些技术既包括支撑中台化的信息技术，又包括支撑供应链运营的数字技术。前者是构建中台的基础，如微服务技术，即为了服务于多前台业务，所需要建立的标准化服务接口（REST 风格的同步 API、消息队列异步通信）、服务治理能力（服务框架、API 网关、APM 等）和敏捷的研发技术；实现微服务、自助式部署的 DevOps 技术；实现底层基础设施灵活可编程的云原生技术等。后者是提升供应链运营效率的各类数字技术，诸如移动互联、物联网以及区块链等技术。

（2）数据中台

数据中台是数字平台的核心系统，当供应链各参与企业的资源被数据化并连通到一个平台上，资源的供给、业务需求和协作界面都变得清晰可见。这实现了“全域数据化打通”。在构建数据中台时，元数据管理是首要任务，即管理数据来源或原生数据。如果无法有效了解和管理原生数据的来源和状态，就无法明确数据之间的依赖关系，导致数据质量受损。此外，数据治理也是关键，包括数据指标管理、数据服务系统、数据质量管理体系和数据安全管理系统等。这些是对数据的整体管理规则和体系的约定。最后，建立结构化和非结构化相结合、全周期管理的数据湖也是数据中台的重要内容。数据湖是一个大型仓库，存储企业的各类原始数据，可进行存取、处理、分析和传输。

（3）AI 中台

AI 中台也称为智能化中台，之所以提及 AI 中台，是因为随着可获得的数据越来越多，辨识有价值的信息、发现数据关系、洞察数据发展趋势都变得非常困难，因此，只有通过智能化手段对海量数据进行挖掘和治理，才能提升和创新业务，推动供应链业务的发展。AI 中台需要切合供应链业务的特点以及数据的特点，通过有效地建构模型算法、智能工场、数字孪生等，为供应链业务决策提供智能化服务。

（4）组织中台

在供应链数字中台的发展过程中，组织中台的建设是一个非常重要的方面，很多研究和讨论都提及数字化和中台化建设过程中的挑战和障碍，以至于数字化转型或者中台化建设的最终结果不仅没有提升企业或供应链的效率和效益，反而面临着更大的危机和失败。供应链数字平台的建设更是如此，不仅涉及相关企业内部不同部门的协同，更需要供应链参与企业之间的共同努力和合作，因此，建立一个跨越不同组织边界的组织中台非常重要。

（5）业务中台

供应链中台化建设的另一个领域是业务中台，业务中台将供应链中各个参与企业的核心能力以数字化形式沉淀为各种服务中心，其目的是“提供能够快速、低成本创新的能力”。业务中台的核心是构建供应链共享服务中心，通过业务微架构之间的链接和协同，持续提升业务创新效率，确保关键业务链路的稳定高效和经济性兼顾。

3. 供应链前台服务系统

供应链前台服务系统是灵活应对市场需求和价值诉求，从而灵活、高效地组织供应链运营和服务的体系和场景。在产业供应链运营中，客户会产生各种价值诉求，这就需要供应链组织和服务者能够切合市场和客户的价值诉求，提供定制化产品或服务。这类高度差异化、定制化的服务既包括产业运营服务，也包括产业金融服务；既包括微观的生产经营活动，也包括宏观的监管活动。因此，搭建符合客户和市场的多元化服务前台是供应链数字化需要努力的方向。

4. 供应链控制塔建设

供应链控制塔的概念最早由 Gartner、埃森哲、凯捷咨询等权威机构提出，其核心理念在于提供端到端的无缝整体可见性，实时数据分析，以及预测和决策能力，以便迅速解决问题，实现协同、一致、敏捷和需求驱动的供应链管理。显然，通过智能控制塔，我们不仅能够有效监控业务和资产的运行状态，还可以借助异常判断和根源分析进行风险预警，监测供应链及其金融活动的合规性，确保供应链金融的安全性和有效性。

学习完本项目的内容后，认真完成表 10-2 的实践清单。

表 10-2　实践清单

基于物联网的智能物流供应链优化	
实践任务	以实际物流供应链为背景，设计并实施一项基于物联网技术的智能物流优化方案。以提高供应链效率和降低成本为目标
实践目标	（1）理解物联网技术在智能物流供应链中的应用； （2）学习并运用物联网相关的概念、设备和技术工具； （3）培养解决实际问题、协作团队、项目管理等综合能力
实践步骤	（1）选择一个具体的物流供应链场景（如大型仓储物流中心、跨境电商物流等）作为实践背景； （2）设计并布置合适的传感设备和感知节点，用于实时采集与监测供应链环节中的关键数据，如温度、湿度、货物状态等； （3）利用物联网技术，建立数据传输通道，将感知设备采集到的数据传输到云端或中心服务器进行存储与处理； （4）运用数据分析工具和算法，对传输到云端的数据进行处理、分析，并提供决策支持，如预测需求、优化仓储布局和货物调度等； （5）设计合适的实验方案和指标，对优化方案进行验证和评估，比较与传统物流供应链的差异和改进效果

续表

实践提示	(1) 在实践过程中，密切关注实际问题，并结合物流供应链的特点提出合理的解决方案； (2) 合理安排项目进度和任务分工，培养协作和项目管理能力； (3) 注意数据安全和隐私保护，合规使用数据，并遵守相关法律法规和道德规范； (4) 注重实践成果的可视化呈现，例如设计实验报告、展示视频或演示文稿等，并准备相关宣传资料
实践总结	

完成以上实践后，认真完成表 10-3 的实践评价。

表 10-3 实践评价

评价内容	分值	得分
项目管理	25	
数据整理能力	25	
管理能力	25	
对物流供应链技术的掌握程度	25	
教师点评：		

项目小结

物流信息是物流管理的基础，通过物流信息化的过程，企业可以实现物流信息的数字化、标准化和共享，提高物流运作的透明度和准确性。条形码技术是物流信息化的重要手段，它可以快速、准确地识别和跟踪货物，提高物流作业的效率。物联网技术则可以进一步实现智能物流供应链的管理，通过物联网设备实时获取货物的位置、状态等信息，实现智能调度和优化管理。基于物联网的智能物流供应链管理系统可以实现供应链的数字化管理，提高供应链的透明度和效率。供应链数字技术是未来供应链管理的趋势，它将为企业带来更高效、智能和可持续的供应链管理。

思考练习

1. 物流信息的内容有哪些?
2. 物联网对智能物流供应链的影响有哪些?
3. 供应链数字平台架构包含的内容有哪些?

参考文献

[1] 宋华，于亢亢．物流与供应链管理［M］.3 版．北京：中国人民大学出版社，2024.

[2] 王道平，李小燕．供应链库存管理与控制［M］.2 版．北京：北京大学出版社，2023.

[3] 李海刚．电子商务物流与供应链管理［M］．北京：北京大学出版社，2024.

[4] 冯德华．供应链领导力如何在组织中成就卓越［M］．北京：人民邮电出版社，2024.

[5] 刘仁军．物流管理通论［M］．武汉：武汉大学出版社，2023.

[6] 王斌．智能物流系统构成与技术应用［M］．北京：机械工业出版社，2023.

[7] 王莉芳，温文，毕溪纯，等．区块链技术赋能物流供应链企业信任关系［M］．北京：科学出版社，2023.

[8] 宋华，于亢亢，钱程．数字供应链［M］．北京：中国人民大学出版社，2022.

[9] 刘伟华，李波，彭岩．智慧物流与供应链管理［M］．北京：中国人民大学出版社，2022.

[10] 中国物流与采购联合会．网店美工［M］.3 版．北京：人民邮电出版社，2022.

[11] 郭士正，卢震．供应链与物流管理［M］．北京：机械工业出版社，2021.

[12] 冯耕中，刘伟华，王强．物流与供应链管理［M］.3 版．北京：中国人民大学出版社，2021.